法律文书写作
思维与技能

许永盛 著

中国法治出版社
CHINA LEGAL PUBLISHING HOUSE

内容提要

法律文书是法律职业者的主要智力结晶之一，也是法律工作成果的重要表现形式。不过，总体上，学界和实务界较多地关注法律文书写作的形式要求，对法律文书写作的原理、基础及核心能力关注较少。基于此，作者凭借多年的法律工作经验，以在中山大学法学院开设的"法律文书写作课程"讲义为架构，通过对诉、辩、审三维思维能力的深度总结，重点展现和论述法律文书写作的原理、思维体系及核心技能。此为笔者所倡导的"诉辩观"，即法律工作者关于诉讼专业知识、原理、技能、态度以及行动方案的总的看法和观点。诉辩观的建立对于诉辩技能的发展和提升具有重要意义。

本书不只是简单地侧重于从写作形式或一般教义学角度进行论述，还直接深入法律文书写作的思维体系和写作技能，并将二者结合起来阐述。这不仅对法律文书写作具有直接参考意义，而且对诉、辩、审思维体系的完善也会稍有启发。当然，值得提醒读者注意的是，限于作者的职业及写作篇幅，本书更多以律师工作所涉及的常用法律文书为视角。

  本书按照课程发展层次要求，以"编""讲"方式展开，全书共有六编三十四讲及附录。本书以法律职业者应如何看待法律文书开篇，逐渐深入，分别论及作文方法对法律文书写作的启示和意义、法律思维与法律文书写作的关系、证据体系对法律文书写作的影响、民事诉讼法律文书写作技能、行政诉讼法律文书写作技能、刑事诉讼法律文书写作技能等内容。

序言 PREFACE

诉讼律师的梦想

有多少个年头,我已不能完整地将自己投进一场春雨,一阵晚风。

有多少个年头,我已不能清晰地走进故乡的晚霞和炊烟。

又有多少个年头,我已不能准确感知星空的深邃以及心灵的辽远。

我总在眼睛看得见的地方,咀嚼苍白的幻想,将酒水浸泡的诳语,晾晒在枯萎的窗前。

我甚至不知道,应该在哪里,找到一阵轻柔的风,和我,共进早餐。

……

我们似乎在机械的重复中,在不断涌起的欲望中,在精致利己主义的侵袭中,变得那么笨拙、虚荣和肤浅,又是那么短视而狂躁。我们的梦想,我们的荣光,我们的力量和尖锐,渐次脱落,只剩下斑驳而坚硬的躯壳,在无尽的时空中奋力挣扎,犹如一滴水要对抗整个太阳的热度。我们迷失了方向,在每天的平庸中,期待着不平庸,在荒芜的心灵里,幻想着绿洲和车马。仿佛做了很多,却似乎又那么空洞和苍白。

作为诉讼律师的你、我、他,或早或晚,抑或是当下,可能都会有这些感受。不,我们需要停止这一切!重新点燃我们的梦想,擦亮我们的憧憬,呵护我们的信仰,为心灵找到回家的路。"梦想如晨星,我们永不能触到,但我们可像航海者一样,借星光的位置而航行。"律师的梦想绝不在于光鲜亮丽,不在于左右逢源,更不在于那一点点蝇头小利。律师的梦想应该在于一个国家,一个民族,甚至是全人类法治文明的成长与共进,在于天下无讼的安泰,更在于每个案件的正大光明。或许,你会觉得这些都是那么的虚空,那么的遥不可及,但当你真正将它植根于心中,并为之倾注精力时,你会惊奇地发现它是我们力量的源泉,是我们前进道路上那片浩瀚的星辰大海。

朋友们,让我们一起敲碎坚硬的壳,从今天起在心中种下梦想的种子。从今以后,每一份文件的起草,每一次庭审,每一次会见,每一次被需要,甚至每一次委屈、枯燥,每一次绞尽脑汁、夜不能寐,都不再仅仅是生计的劳累,而是对梦想种子的一次浇灌,都饱含着激情和意义。因为,"梦想一旦被付诸行动,就会变得神圣"。

为梦想,为心中的坚持,为脚下的路,为所有平凡而独特的日夜,为一轮日出、一缕微风、一片月光、一朵花开,为一滴蜂蜜的香甜、一次海浪拍打岩石的声响,为下一个惊雷乍响的春天,坚定而有节律地奔跑在自己的生命中!

目录 CONTENTS

001 | 开篇：法律职业者如何看待法律文书

第一编 法律文书写作核心能力

007 | 第一讲 法律文书写作的基本问题
018 | 第二讲 法律文书写作辨识能力
022 | 第三讲 法律文书写作提炼能力
025 | 第四讲 法律文书写作关联能力
029 | 第五讲 法律文书写作架构能力
033 | 第六讲 法律文书写作贯通能力

第二编 法律文书写作表达方法

041 | 第七讲 作文方法对文书写作的启示和意义
046 | 第八讲 法律文书写作之谋篇布局
051 | 第九讲 法律文书写作之议论

页码	讲次	标题
061	第十讲	法律文书写作之记叙
067	第十一讲	法律文书写作之描写、说明
073	第十二讲	法律文书写作之抒情
078	第十三讲	法律文书写作之语言运用

第三编 法律文书写作思维内核

087	第十四讲	法律文书架构之法律思维
096	第十五讲	法律文书架构之类型化诉辩思维
103	第十六讲	民事诉讼攻防策略与法律文书架构
107	第十七讲	刑事诉讼攻防策略与法律文书架构
113	第十八讲	行政诉讼攻防策略与法律文书架构

第四编 法律文书写作证据体系

页码	讲次	标题
121	第十九讲	法律文书写作之证据意识
127	第二十讲	法律文书写作之证明责任规则
134	第二十一讲	法律文书写作之质证规则

第五编 民商事法律文书写作

147	第二十二讲	民商事法律文书撰写思维特点
159	第二十三讲	民事起诉状撰写方法
165	第二十四讲	民事起诉状撰写流程
170	第二十五讲	民事起诉状之诉讼请求
191	第二十六讲	民事起诉状之事实和理由
200	第二十七讲	民事答辩状撰写要点
208	第二十八讲	民事代理词撰写要点

| 213 | 第二十九讲　民事上诉状的撰写要点 |

第六编　行政及刑事法律文书写作

221	第三十讲　行政法律文书撰写思维特点
228	第三十一讲　行政起诉状的撰写要点
236	第三十二讲　行政答辩状的撰写要点
241	第三十三讲　刑事辩护词撰写思维特点
252	第三十四讲　刑事辩护词撰写之辩护思路

附录

265	附录一　民事法律文书的庭审表达
	——律师如何提升民事庭审效果
284	附录二　仲裁庭审程序推进的收放之道
291	附录三　律师出庭规范
300	附录四　民事起诉状示范文本

后记 / 318

开篇：法律职业者如何看待法律文书

文章当以理致为心肾，气调为筋骨，事义为皮肤，华丽为冠冕。

——颜之推

法律必须被信仰，否则它将形同虚设。

——哈罗德·J.伯尔曼

法律职业是一个应当将说写能力做到极致的行业。法律职业者的价值或产品主要在于经由法律逻辑思维，结合特定目的，生成精确、严谨、有效的口头表达或书面表达结果。法律文书便是这种表达结果之一。出具一份高品质的法律文书，不仅体现了法律职业者的专业水准，一定程度上也决定了其在法律服务市场的认可度。

有观点认为，法律文书不是文学作品，只要把事情说清楚就可以了，不必太过精雕细琢。其实不然，一份好的法律文书应该兼具"力"与"美"两种特质："力"指法律说服力、确信力；"美"指篇章结构美、表达形式美（见图1）。如何写出"力""美"兼修的法律文书呢？这就需要同时具备娴熟的法律逻辑思维以及精巧的写作手法，并将二者完美地结合起来。用法律思维彰显文书的外在架构，并推动法律逻辑的内在延展。在架构之下，延展之中，应该展现严谨、恰当的篇章体例以及端庄、成熟、凝练、自信的语言风格。

图1　法律文书写作的力与美

由于一个法律问题的确立、解决，往往依赖于既定的法律程序，如诉讼案件审理，需经过相应的民事、刑事、行政诉讼程序；非诉案件的办理，一般也需经过申请、审查、批准或其他类似流转、审议环节。无论是程序的启动、推进还是终结，大多需要提交或作出法律文书予以确定。由此可见，在法律事务处理的整个过程中，文书的作用不言而喻。但这种作用还仅仅是从形式上而言，也就是说，只要法律文书具备了相应的形式规范，能够被相关主体认可和接受，那么文书便具备了启动、推动、终结程序的效力性功能。这种效力性功能与法律文书写作能力的关联性不大，仅仅是法律所赋予符合形式要件文书的特定效力。

看待法律文书的作用时，若仅仅停留在上述特定的法律效力层面，那就不可能触及法律文书写作的要义和本质，也就无法构建法律文书的"力"，更不能展现法律文书的"美"。在这样的指导思想之下，法律文书将不可避免地沦为"八股文""公式化"等机械且不具有血肉、生命力的文字堆砌。这是在具体工作中需要时刻注意的，并且应更多地去关心法律文书对事实问题描述的客观性、准确性、真实性；关心法律适用表达的逻辑吻合度、事实关联度、法律效力度；关心法律推理的概念是否周延，形式逻辑确立是否正确，以及逻辑推演是否遇到阻滞等更具有实质意义的事项。

如何最终实现事实认定清晰、法律适用准确、逻辑推理畅达的文书写作目的，除法律专业知识的积累，法律逻辑思维的训练外，还需要在体例安排、写作手法、遣词造句等方面多费功夫，并将这些写作技能熟练地运用到文书写作中去。当然，就法律文书的最终目的而言，法律思维永远是核心，也是内在的基础和推动力，只有法律思维清晰，文书结构才会合理，说理才会周延，结论才会具有说服力。从这个意义上来讲，法律思维是法律文书的内核，讲究稳定、通达、周全；而谋篇布局、层次架构、语言表达等属于法律文书的外观，侧重于美观、流畅、精准。将法律文书内核和外观衔接起来的是事理、逻辑和情感。所以，一篇精美的法律文书在"气"方面要做到"稳、通、全"，在"形"方面要做到"美、畅、准"。如此方可做到"事清""理达""情至"，所谓"气稳""形美""意至"。

Mindset & Skills for Legal Writing

第一编
法律文书写作核心能力

第一讲 法律文书写作的基本问题

法律文书写作从来都是一个系统工程，虽然特定的文书往往具有特定的目的，但就整个案件或待处理的法律事务而言，已形成并通过特定形式提交或交付的法律文书往往涉及整个法律处理方案，属于整体方案的一个部分。因此，在法律文书写作之前，理应三思而后行，不能一味求快求简、提笔便写。否则，一方面可能由于思考不足导致考虑不周，在程序推进过程中暴露出某些问题，另一方面甚至可能导致程序无法贯通。

本讲将首先谈一谈法律文书写作需要明确的基本问题，涉及"谁在写""写给谁""为何写""写什么""怎么写"等具体内容（见图2）。如果将其转化为教义学上的概念可以理解为写作主体、写作受体、写作客体、写作载体、写作方法等。

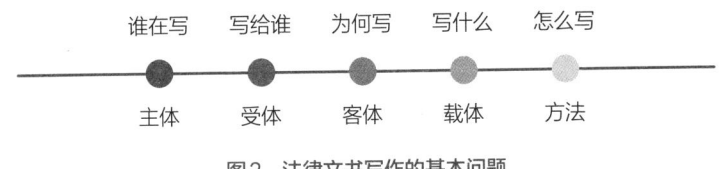

图2 法律文书写作的基本问题

一、法律文书写作基本问题之"谁在写"

"谁在写"解决的是写作者身份的法定性问题,有的文书对于写作者的身份具有特殊要求,如起诉状对原告身份的法定要求、行政处理决定书对相关行政机关职权的要求等。除此之外,法定性还需要考虑文书是以自然人身份发出还是以单位身份发出,是当事人自书还是代书,以及是需要具备法定、官方的形式、格式还是一般民间普通文书并无特定格式。这些都是思考"谁在写"时需要考虑的问题。

法律文书的核心功能在于传递信息,也是情感交流的媒介。基于此,在打开交流大门之前,必须认清楚"我是谁"。确定"法定性""身份性"问题后,还需要考虑写作者的"立场性""情商性"等问题(见图3)。"立场性"主要结合整体案件或法律事务考虑,写作者到底基于何种立场,是否需明确表达立场以及如何表达等。"情商性"解决的是在进行信息传递、观点表达时,如何做到表达方式、语气语调容易被人接受,且不至于引起误解或广泛批评等问题。例如,在行政诉讼中,行政机关在拟写行政答辩状时,应结合自身行政管理职能的特性,恰当、平稳、客观地表达观点,而不能完全与原告就所有细节问题针锋相对。行政机关既要通过文书回应、反驳原告观点,同时又要树立其庄重、权威、谦和的社会形象。这就需要充分考虑"立场性""情商性"问题。又如,在婚姻案件中,虽然双方通过诉讼离婚,但毕竟曾经有过那么亲密的情感,即使做不了夫妻,也不一定要成为仇人,尤其是对生育有子女的夫妻而言更是如此。这类案件的法律文书更应注意立场性和情商性问题,在观点、语气、语调方面都要尽量考虑彼此的感受和曾经组建的家庭,以免因表达不当引起各方反感,矛盾激化。还有人身损害赔偿案件，对受伤害者表达同情、悲悯，是作为善良人的基本情感，需要首先予以关注，其次才是在法律层面进行责任的划分。同样，在劳动纠纷案件中，用人单位在面对劳动者时也要适当考虑自己作为提供劳动机会者的情怀和胸襟，有事说事，无须锱铢必较。因此，在思考"谁在写"时，应首先界定写作者的法定性、身份性问题，然后才能结合"我"的身份、"我"的存在形式、法律或生活对"我"的特殊要求等因素，确定交流的情感基础、表达方式、展现方法等。否则，不仅可能会显得千篇一律，过于机械，甚至会出现表达不合时宜，格格不入的严重后果。

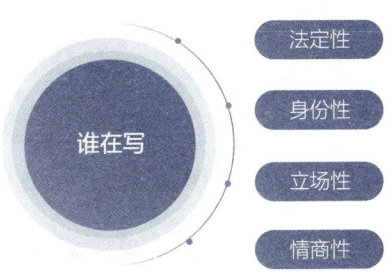

图3 法律文书基本问题之"谁在写"

二、法律文书写作基本问题之"写给谁"

从文书的信息交流功能出发，光解决"谁在写"的问题是不够的，原因在于既然是交流，至少应该是双向的，特殊情况下也可能出现多向交流。如提交给法院的起诉状、答辩状等材料，既是在跟裁判者交流，当然也不可避免地在与对方当事人、第三人甚至相关案外人交流。确定"谁在写"的同时，也要充分思考"写给谁"。单向交流时，"写给谁"的写作受体是固定的,只要进行针对性的思考就可以。但当面临双向甚至多向交流时,应该首先确定主要交流对象、次要交流对象以及附带交流对象。诉讼过程中提交给法庭的材料,大部分是辅助裁判者作出有利于己方判断的意见,主要交流对象是裁判者,对方当事人则是辅助交流对象,第三人、案外相关人再次之。在确定交流对象后,需要进一步思考"谁在看""看多久""怎么看""看什么"(见图4),这些都是"写给谁"所应当涵盖的问题。

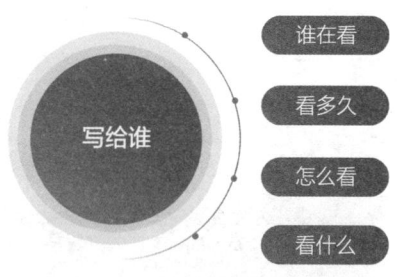

图4 法律文书写作基本问题之"写给谁"

为了让接收文书的一方能最便捷、最高效、最愿意理解文书所要传递的信息和情感,写作之前对阅读者的性别、年龄、职务、喜好、文化水平,甚至视力都应当尽可能作适当了解,并以此推断其大致能看多久、怎么看以及看什么内容。例如,对于年龄偏大、视力不好的阅读者,文书可以用更大的字体,更宽的行间距进行展示;又如,对于向领导反映问题的材料,应该充分考虑到时间性问题,一般不宜长篇大论,而应做到短小精悍,用最简洁的语言说清问题,表达诉求;再如,对于缺乏专业知识或文化程度较低的阅读者,表达时应适当考虑阅读者的理解能力,并有针对性地对文书进行调整。只有在每次写作前都刻意思考这些问题,才能形成写作习惯,精准、高效地表达观点,并最大限度协助阅读者理解和接受。这里值得重点提及的是"看什么"这一问题，写作前应尽可能做到知道阅读者想从文书中看到什么，是看到一个事实问题的说明，还是一个法律适用的解释，或者是一个推论过程的形成，又或者是对一个自由裁量权范围的确定……只有了解清楚阅读者想看到什么，才知道该重点写些什么，其次才能决定为何去写。

三、法律文书写作基本问题之"为何写"

"为何写"涉及"说事实""讲道理""明利弊""表情意"四个问题（见图5）。应该说，说清楚事实是基础，讲明白道理是目的，"明利弊"和"表情意"某种意义上可以说是手段。但不是所有的文书都涉及这四个方面的内容，有的可能仅仅是讲一个事实，有的只是为了说理。需要结合特定的写作目的，明白到底是为何写，再有针对性地去架构和表达，就能达到事半功倍的效果。对于"说事实""讲道理"想必大家都较为清楚，而对于"明利弊""表情意"可能并不熟悉。

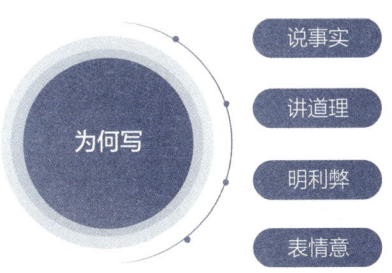

图5　法律文书写作基本问题之"为何写"

这里所提到的"明利弊"主要是要结合特定的案件事实，阐述相应处理方案可能形成的利益衡量，包括当事人之间的利益，案外人的利益，国家、集体、社会利益，道德和法律利益以及情感和物质利益等。甚至在某些情况下"明利弊"还包含了对案件裁断者自身利弊的陈情，以协助其进行自我说服。例如，在群体性案件，或可能成为类案的先例中，应该尤其关注"明利弊"这一问题，需要就可能的裁判结果进行利弊对照、关联，并通过文书清晰、准确地向裁判者强调处理结果对本案当事人，对其他潜在当事人，对相关群体、社会的好与坏的影响，甚至预估对法院的受案、审理压力，对社会稳定性的冲击等。又如，在"子告父债"即儿子起诉父亲偿还债务案件中，就不可避免地涉及法律价值和伦理价值的评判，文书中需要进行法律理性与道德感性的利弊衡量，并作出适当表达。而在类似于网约车是否属于非法运营的争议案件中，必然涉及对新生事物社会价值与滞后性法律价值的评判，需要在文书中予以合理架构。"表情意"主要指文书中是否应当，以及如何进行感情抒发。需要注意的是，"表情意"虽然也是"为何写"的一种情形，但"表情意"永远也不应当是法律文书写作的全部目的，不能为"表"而"表"，情意、情感的表达，最终是为了引起阅读者的共鸣，形成感同身受的观点支撑。

四、法律文书写作基本问题之"写什么"

明白"为何写"后，就可以做到心中有数，有的放矢，无论如何不至于脱离目标，可以达到文书的基本目的。当然"为何写"属于写作目的范畴，从方法论角度出发，还得搞清楚"写什么"，这是达成目标的载体或者说具体展现形式。"写什么"主要涉及"写证据""写法理""写推理""写情感"等具体内容（见图6）。

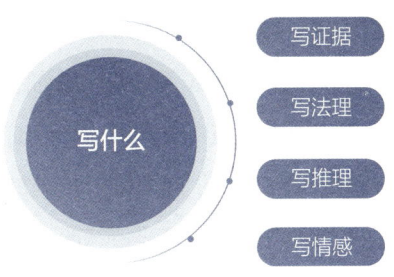

图6　法律文书写作基本问题之"写什么"

法律文书要达到说清事实的目的，主要应集中力量去对证据进行描写、叙述、说明。法律文书所展现的事实，在基本面上属于法律事实，即有证据证明的事实。脱离证据的事实，无论写得多么生动、具体，都难以被阅读者所接受。写作者所要做的是一方面客观地呈现法律事实，另一方面试图告诉阅读者，所呈现的法律事实与客观事实是相符的，或者无限趋近于客观事实，又或者可以使阅读者形成对事实的内心确信。"写法理"包括了确定司法三段论的大前提，即清晰、准确地引用所需要的法律条文。当法律条文不能完全对应或涵摄事实构成时，也需要进行法律理论、原则的阐述，同时可能需要运用法律解释、漏洞补充甚至不确定概念所涉及的价值补充。例如，在涉及不当得利与违约纠纷竞合的案件中，对于不当得利法律概念与合同违约事实之间的关系，及其对应的请求权基础的确定、选择，以及协议所约定的争议解决方式所涉及的管辖权问题等，可能无法仅仅从现有法律规定层面找到完全适用的法律规范，需要进行适当的法理阐述、法律解释等。

"写推理"主要涉及形式逻辑推理、实质推理等，最常见的推理形式即严格围绕司法三段论所确定的大前提、小前提、结论进行阐述。当然，根据现实情况的需要，可以综合运用归纳、类推、辩证等推理方式。以违约纠纷案件为例，其大体推理过程为：合同约定（大前提）—违约行为（小前提）—合同约定与违约行为比照（小前提归入）—违约认定（归入结果评价）—责任承担（结论）。在这一推理过程中，违约责任的承担是推理的终点，也是司法三段论推理的核心。但对于违约行为的认定，即小前提确定、归入、评价仍然需要综合运用归纳、类推、辩证等其他方式进行分析认定，或者形成新的第二层次的司法三段论推演。

至于"情感"，在婚姻家庭、人身损害赔偿、涉及公共利益等案件中可以适当展现。一般而言，人生价值、人格权益不能单纯地通过经济价值衡量，可以适当抒情，涉及国家、集体、公共利益的案件，因其脱离了私属性，亦可适当抒情。但对于一般经济纠纷、金钱债务应尽量避免抒情，或者说应避免在单纯的商事争议中过多地进行情感叙说。

五、法律文书写作基本问题之"怎么写"

我们常说，写文章得有章法，没有章法，文章就失去美感，也难以具有鉴赏性。这里的章法，就包括写作的基本步骤。开篇之前，应该调查什么、思考什么、体验什么，其实有意无意都是在为后续写作奠定基础。在获取基本素材和构架后，才可以开篇写作。如何开篇？先写什么，后写什么？详、略，表、里，起、承、转、合都得考虑进去，并按预设好的方案铺展开来，才能较为顺利地获取想要的思想成果，形成一篇四平八稳、工整且富有美感和力量的文章。

从写作客体及写作目标的角度看，"怎么写"主要涉及："事实真"，即法律文书涉及的事实应该有相应的证据支持，且符合社会生活常情常理，让人能相信其是真实的；"关系清"，即法律文书所表述的法律关系的类别、层次应该严谨、清晰；"联结准"，即事实和其所对应的法律定性、法律关系、法律规范应该准确、无误；"观点明"，即法律文书所表达的观点应该是坚定的、明确的（见图7）。

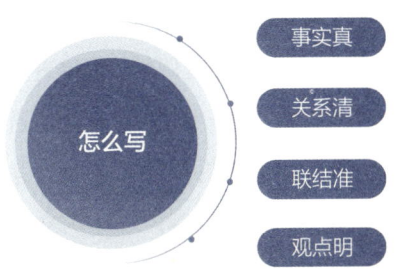

图7　法律文书写作基本问题之"怎么写"

从写作的进路看，法律文书写作同样有步骤要求。所不同的是，法律文书写作不仅需要遵循一般文章写作步骤，因其本身的专业性、特殊性，还需满足特殊程序性安排。具言之，法律文书写作从宏观层面要考虑思维导向和行为导向两个维度；而在具体写作过程中，要经由事实、案情、规范、认识、方案、文书等层面，通过思想和表达进行三重转换，最终形成法律文书。就思维导向而言，在面对任何一个案件或法律争议问题时，首先进入脑海的是关于这个案件或争议的整体方向，这是一个什么样的案件，法律性质是什么，法律关系是什么，等等。这是一种关于案件发展的方向性思维，是宏观层面的观点。正是因为其是方向性的考量，所以尤其需要慎重，不能出错或偏离，否则后续所有的工作都将失去意义，甚至产生反作用力。沿着这种方向性思维，带着这些宏观问题，首先，是有针对性地去观察、整理案件事实，达到了解案件事实的目的；其次，需要寻找大前提，确定相应的法律规范；再次，需要锁定小前提，即通过筛选证据，取得需要的具体、关键事实；最后，才是推导结论，并以该结论为中心，衡量法律风险。就行为导向来说，这个过程恰好相反，或者说是逆转的，在取得思维层面的结论后，在行为方面，首先应将推导出的结论置于基础性，可随时观察、思考的首要位置；其次要进行证据筛选，哪些证据是基础性证据，哪些证据是辅助性证据，哪些证据是需要剔除的，这些都要在思维层面推进后，作出实质性的安排；再次是将这些固定的事实进行书面化，选择适当的语言表达方式和写作手法，在确定的体例、篇章结构安排下，将证据所体现的事实予以书面化，也就是写作小前提；最后是将锁定的事实装入规范，并完成推理，得出结论，即小前提归入。通过以上一正一反两个维度的推进，法律文书的基本构架就已形成。该过程具体如图8所示。

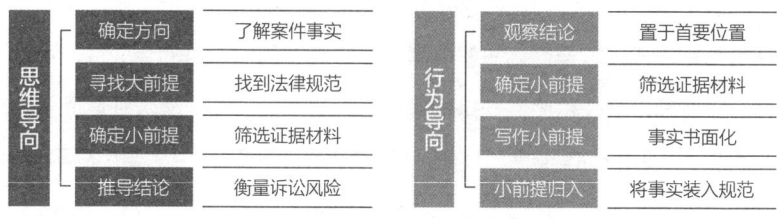

图8 法律文书写作的思维及行为导向

就具体写作过程而言，在"思维—行为"基本构架形成后，需要集合相关要素并形成至少三次转换后，才能完成文书的全部写作过程。第一个转换是"事实—案情"层面的转换。事实所需要的要素包括通过看、听、思直接获取及间接探究到的所有跟案件有关的实际情况，包括背景、发展、结果等。通过这个层面的转换，实现将客观事实或实然事实，转化为法律事实或应然事实即我们所称的案情，其经由的通道或借助的力量为证据链条。第二个转换为"案情—方案"层面的转换。案情所需要固定的要素主要是案件事实和法律规范，而方案指的是法律方案，主要包括法律认识、法律观点、法律推理、风险衡量等。这一转换需要借助的力量或通道就是上文所提及的"思维导向",也就是我们所应具备的法律思维。第三个转换是"方案—文书"的转换,这一转换需要借助的力量或通道就是上文所提及的"行为导向",也就是我们所说的"表达"。经过该三次转换,一份法律文书的基本要素以及内在要求和外在形式已基本完成,呼之欲出!这一过程,亦可以称之为法律文书的三重转换过程(也有观点将这个转换过程简化为双重转换,即去掉从案件客观事实至法律事实或案情事实之间的转换)①,具体如图9所示。

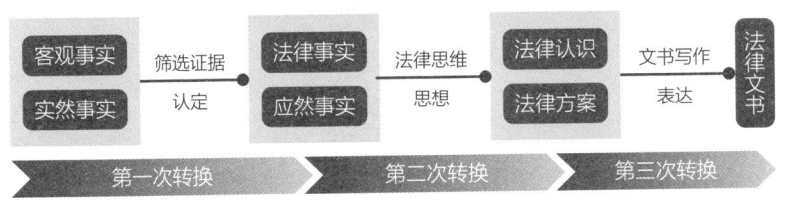

图9 法律文书写作的三重转换过程

"求其上者得其中;求其中者得其下;求其下者无所得"。法律职业者对于法律文书亦应持此姿态。严以律己,精益求精;热爱文字,敬畏语言;千锤百炼,觅其精要。思之,慎之,共勉之。

---

① 郭林虎主编:《法律文书情境写作教程》,法律出版社2018年版,第10页。

第二讲　法律文书写作辨识能力

> 创作最重要的是：充实的生活和对生活的正确的认识和分析。
>
> ——巴金
>
> 一般地说，法律，在它支配着地球上所有人民的场合，就是人类的理性。
>
> ——孟德斯鸠

谈及法律文书写作应具备哪些核心能力，我想不应该孤立地看待这个问题。也就是说，不能仅从写作的角度去理解，还应从案件争议解决或法律事务的处理这一宏观角度去统筹考虑，这才具有现实指导意义。笔者认为，写好法律文书至少需具备五项关键能力：辨识能力、提炼能力、关联能力、架构能力、贯通能力（见图10）。这五大能力应视为一个能力体系，其贯穿于了解案情、确定方案、安排结构、形成文书、做出行动等案件处理全过程，是诉讼律师处理法律事务的能力体系。该五项能力环环相扣，从进入案件、融入案件、分离案件到回望案件的全部办案阶段都离不开该五项能力。这里所讲的进入案件，主要是指通过证据材料或当事人的陈述，开始了解基本的案情，以代入的心态进入案件。融入案件，主要是指将自我代入案情以后，将自身沉浸在案件所体现的事实关系中，寻找事实争议焦点，完成法律关系预判，确定案件争议事项。分离案件，主要是指在融入案件并完成主要事实确立、核心焦点固定以及法律关系架设后，需要进行案件分离，一方面沿着梳理好的法律关系，将关键事实与非关键事实分离开来，将争议焦点与纷繁的争议事项分离开来；另一方面，也要将自身与案件分离开来，回到旁观者或者代理人的角度去回望整个案件。回望案件，即在分离案件完成以后，通过案件回望，以理性、专业的眼光去观察所分离的关键事实、争议焦点以及法律关系是否周全，最终促使我们形成适当的处理方案。上述辨识、提炼、关联、架构、贯通五项能力便是我们完成进入、融入、分离、回望案件等全部思考、推进工作的动力和钥匙。当然，基于案情或办案环节的不同需要，上述五项能力也可分离使用，而不应机械地轮回运转。

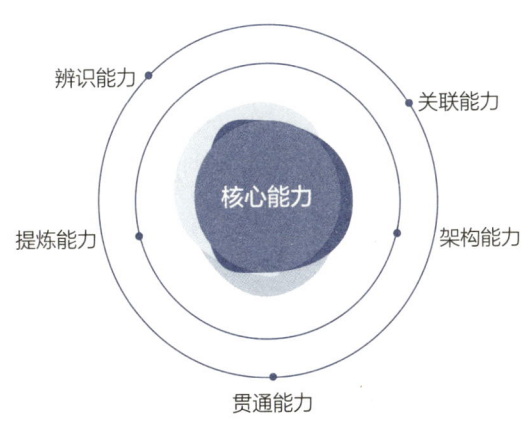

图 10 法律文书写作的核心能力

首先，辨识能力指对事实的辨认、识别。在办案过程中所接触到的事实，都是未经加工、整理，或者仅由当事人根据自己的生活经验和判断进行粗加工的事实。这些事实有些是处理案件时需要的，有些是对于案件完全没有影响的无效事实。这就好比人生病了去看医生，病人总会不停地向医生絮叨生病的原因、过程、症状等，甚至会自行作出诊断，提出治疗的方法。但对医生而言，相较于全而杂的病情信息，更需要精准识别那些与其作出诊断密切相关的信息，如对于腹泻患者的具体饮食情况，医生更关注的是患者的饮食时间以及具体喝了什么、吃了什么，一般无须关注患者和谁或是在哪里完成饮食的。在这个事实辨识过程中，时间和内容是有效的信息，而对象和地点是无效的信息。在办案过程中所说的事实辨识，就是办案者在众多的案件事实中，迅速辨识出那些与法律关系定性、小前提确立直接相关的有效事实而非那些无效事实。

这一点说起来容易，但做起来并非如此。我们要具有丰富的社会生活经验，通达人情世故，同时具备深厚的法律基本功，才可能在迅速理解当事人所主张的特定事实情境的同时通过对所积淀的案件办理经验及法律基础能力的搜索、匹配，反向辨识我们所需要的有效事实。在辨识过程中，有时我们是被动地听取，但当我们的经验足够丰富时，就可以主动去探寻，通过观察、询问甚至推理的方式辨识相关事实。

其次，辨识能力体现在对案件事实真实性、合理性、连贯性的整体判断上。当我们通过首次辨识获取了案件若干有效信息后，需要将这些有效信息整合起来，形成整体事实。通俗地讲，需要通过对有效信息的整理获得一个完整的故事。这个故事就是案件基本事实，包括背景事实、过程事实、结果事实等全部信息。同时需要运用辨识力，将获取的基本事实投放至我们的社会经济生活、人情世故中去比照、关注。这样做的目的，一方面要确保所获取事实的真实性，另一方面要确保其是合理的、连贯的。

最后,辨识能力体现在法律关系以及部门法适用的甄别上。当通过辨识获得案件的基本事实后,需要对这些案件事实所对应的法律关系以及特定事实所适用的部门法进行初步识别,如对于具体合同关系的辨别,违约和侵权的辨别,民事、行政、刑事部门法适用的区分或具有部门法交叉关系的辨别。这一辨识能力与后文提及的"关联能力"是一脉相承的,后文也将述及。

法律文书写作核心能力之辨识能力具体如图11所示。

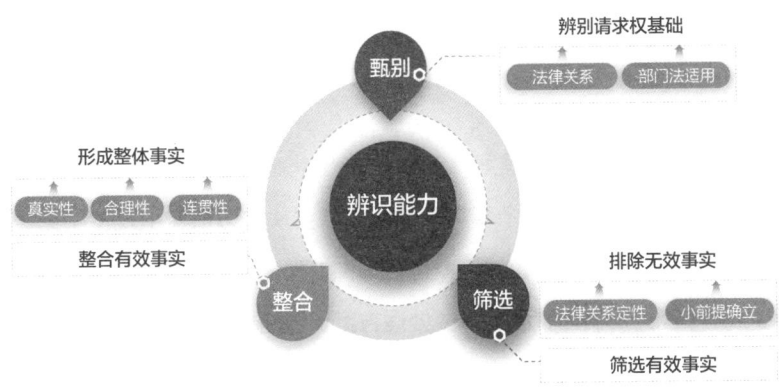

图11 法律文书写作核心能力之辨识能力

第三讲　法律文书写作提炼能力

随事立体，贵乎精要；意少一字则义阙，句长一言则辞妨。

——刘勰

简洁乃法律之友。

——法谚

按照解决问题、处理案件的一般思维进度，当通过辨识获取有效事实信息，并组合成一个事实整体后，需要从整体事实中找出关键事实及其所对应的法律争议。这就是在案件处理过程中需要掌握的提炼能力。提炼能力是快速、高效形成处理方案，进而推动法律方案形成的基础性能力之一。只有具备高超的提炼能力，才能找到问题的关键，形成有针对性的解决方案，才具备关联、架构和贯通的前提和基础。有的放矢、精准表达都需要先进行有效提炼，确立争议焦点后，再围绕争议焦点进行观点表达，此乃提炼能力的核心功能。

在运用和展现提炼能力时，表面上看是针对案件事实进行的，即在案件事实中寻找争议焦点，并由该焦点出发，固定相应的法律争议。但从笔者个人经验出发，提炼能力虽然以事实为基础，但并不发端于纯粹的事实。准确地说，在识别了整体事实和初步法律适用范围后，会在脑海中形成该事实所对应的法律坐标。该坐标的第一维度是部门法范围的确定；第二维度是部门法思维模式下具体法律概念、法律关系、法律推理的确定；第三维度是特定概念、关系、推理模式下相关要素、条件、要件的确立。在完成该三个维度的交叉思考、匹配后会获取一个精准点或关键位。围绕这一精准点，开始进行反向思维，以特定要素、条件、要件为对照，反观所识别的事实，并对这些事实进行分类、整理、判断，最终提炼出与法律坐标相关联的关键事实。举例而言，在处理民事侵权案件时，经过对当事人描述或证据证明事实的识别后，我们会将案件列入民法范畴，进而确定侵权法律关系，并运用侵权关系要件说确定事实、过错、结果、因果关系等要件。这就是经过三个维度交叉、匹配后所确立的精准点、关键位。围绕这些要件，运用反向思维去反观事实，最后提炼出案涉的侵权事实是什么，有无过错，有无损害结果，有无因果关系等关键事实，以及由该等事实所可能导致的法律争议，包括事实争议、程序争议以及责任认定等。

值得重点提示的是，一定不能将提炼简单地理解为对案件事实的直接分类、总结或者筛选。也就是不能在识别事实后，在脑海中尚未建立法律坐标之前，急于去提炼，这样可能导致提炼不准确、不全面，甚至会犯方向性错误。一定要在法律坐标形成后，用法律坐标所对应的一般性法律关系、原理、规范、要件等去反观事实，这样才能提炼出有效的事实及法律争议。与此同时，对所提炼事实的固定，对法律争议的分析，又能进一步夯实我们的法律坐标。另一个需要重点说明的是，这里所讲的提炼绝不是对事实的简单总结，而是按照法律坐标的指向，在对事实进行有效分类的基础上，对无争议事实的完全固定，对有争议事实的精准表达。在此基础上，对于事实所对应的法律概念、关系、规范、责任的争议需要同步加以提炼。这一点也同时体现在关联能力方面,我们将在下一讲予以重点讲解。

法律文书写作核心能力之提炼能力具体如图12所示。

图12 法律文书写作核心能力之提炼能力

第四讲　法律文书写作关联能力

关联并不等于因果关系。

——法谚

我们常说，世间万事万物都是相互联系的，没有完全孤立，不与任何外界事物发生联系的客观存在。这里所讲的联系是一般哲学意义上的联系，包括事物之间原本存在的客观关联性，无论我们是否认识到这种关联性，其都以一定的形式存在于事物之间。案件办理中所称的关联能力，更多强调的是一种主动联结能力。准确地说，是根据已辨识、提炼的事实，进行此事实与彼事实之间的联结，事实与法律之间的联结，法律与法律之间的联结等（见图13）。这三个联结，便是关联能力的具体体现形式。

首先，事实与事实之间的联结。当我们经过辨识、提炼获取了有效信息，并形成事实整体之后，还需要审视已提炼事实之间的联结是否顺畅，所提炼的事实与诉讼请求或答辩观点所对应的核心事实是否能够建立稳定的联系。同时也要关注所提炼的事实与对方所主张的事实或者与从对方视角，以对方利益为中心所反观的可能事实之间的联系状态。至少通过对这三个方面的审视，我们才能坚定而有效地提出主张事实，并且能有效地阻碍或反驳对方所主张的事实。当然，事实与事实的联结,还体现在另一个方面,那就是法律事实和客观事实的联结。而法律事实又需要考虑陈述事实与证据证明事实之间的联结状态。一般来说,我们所陈述的事实,应该可以从证据中直接予以证实,或者基本可以作出较稳定的推理判断,否则,所陈述的事实就会因为与证据之间缺乏有效的联结,而导致无效事实表达。

其次,事实与法律之间的联结。这是关联能力的核心功能所在,也是顺利确立三段论大前提和小前提的关键之举。经过辨识、提炼、关联后,已经可以对案件事实形成内心确信,尽管这种确信因办案者身份角色的不同会产生不同的显像。但无论是原告、被告、裁判者还是其他主体,在表达观点之前,一般都会形成与自己观点相适应、相匹配的内心确信。这种内心确信更多是基于对自己目标的支持而奠定的自圆其说或逻辑闭环。在前文讲述提炼能力时,提及通过提炼,基本可以做到事实坐标与法律规范之间的初步关联。而这里所讲述的事实和法律之间的关联,需要在事实和法律之间形成更深入、稳定的联结。当面对提炼后的事实时,我们需要闭上眼睛,将这些或宏大或细微的事实,或按时间顺序,或按事件发展的逻辑延展,甚至按我们认为合理的任何分类和顺序,组成事实影像,并将这些影像完整、准确地在我们的脑海中放映。在这个过程中,一方面我们依然在检视每一帧事实画面的影像是否真实、合理;另一方面我们应该迅速地将这些画面中的人物、利益、责任、关系、场景等信息与我们法律知识库中的主体、客体、权利、义务、法律关系、合同约定、法律规定、诉讼时效、免责事由等法律理论和规范进行比对、联结。通过这种放映、联结,可以在事实画面中确立一个或多个点位,并将这些点位与相应的法理、规范进行联结,形成一条或多条"事实—法律"线段。以诉讼请求或答辩意见为中心将这些或平行或交叉的线段以闭环的形式固定下来，其实就形成了我们对该案件的基础法律方案。

当然，不可否认的是，限于对法律知识的掌握程度，同样限于对事实的把握精度，可能无法形成有效、周全的"事实—法律"线段，或者有一部分线段会超出以诉请为中心所设立的半径范围，导致法律方案不周延。这一点是在进行关联时需要注意的。当出现这样的情形时，一方面需要对已建立的连接点进行检查，看是否存在错漏，另一方面需要借助工具或外力对法律知识库进行扫描，以避免知识盲区。形成检查结论后，再对法律方案进行修正。

最后，法律与法律之间的联结。通过前述联结，事实上已可以形成基础法律方案，可以围绕该方案进行相应的文书架构。但在正式架构之前，仍然建议大家，可以对已形成的基础方案，进行法律与法律之间的联结考量。这样做的目的无非有三：一为寻找更优法律方案，通过法律与法律之间的联结考量，可以有意识观察是否有其他更优的方案；二为查看是否存在法律适应方面的交叉关系，如是否存在民行交叉、民刑交叉、行刑交叉等；三为寻找其他法律助力，如在民事案件处理时，考虑是否可以通过行政程序、刑事程序，推动民事案件证据的完善，或为民事诉讼请求奠定前置性基础等。

关联能力的展现在整体法律方案形成过程中，处于法律方案设计的基础成形阶段，通过这一环节我们所要寻找、制订的法律方案蓝图已基本形成，接下来我们需要通过具体架构赋予其美感和力量。

关联能力

- 事实与事实
  - 联结是否顺畅
  - 核心事实之间能否建立稳定联系
  - 反观的可能事实之间的联系状态

  → 建立事实间的联系

- 事实与法律
  - 事实模块（人物、利益、责任、关系、场景）
  - 法律知识库（主体、客体、权利、义务、法律关系、合同约定、法律规定、诉讼时效、免责事由）

  → 形成"事实—法律"线段

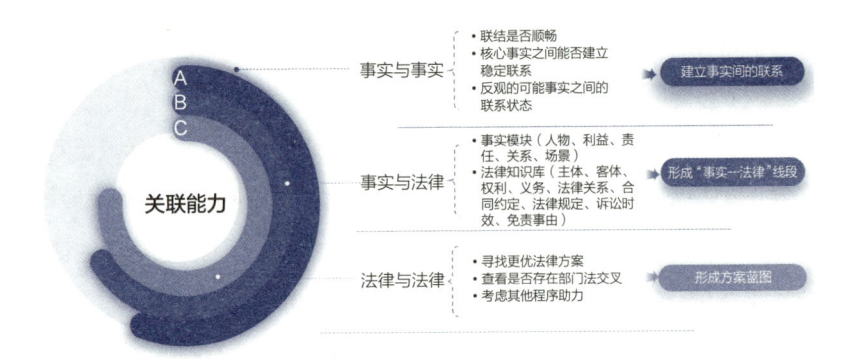

- 法律与法律
  - 寻找更优法律方案
  - 查看是否存在部门法交叉
  - 考虑其他程序助力

  → 形成方案蓝图

图13　法律文书写作核心能力之关联能力

第五讲　法律文书写作架构能力

文章之道，必先立本，本丰则末茂。

——魏禧

法律之解释，不外阐明、引申及限缩而已。

——法谚

　　相较于特定法律事务处理整体方案而言，架构能力主要体现为对每一项诉讼事务、每一份法律文书的具体安排，以及该种安排在整个法律事务处理过程中的意义。每一份具体法律文书只相当于整个法律服务方案的一个环节，具有特定的作用和目的。例如，民事诉讼中的原告，在提起诉讼前应当通过前述辨识、提炼、关联等步骤形成基础法律服务方案，也就是说行动的蓝图已基本绘就，等待开启。但原告所提交的起诉状仅是启动整个方案的基础性文件之一，如何将这一基础性文件置入整个法律服务方案中去综合考量，进而把握其应当展现的内容，如何展现以及与其他文书、程序如何衔接等，便显得尤其重要。对这些事项的考量，并做出适当的安排，便是我们所称的架构能力。

　　个人认为，案件处理的架构能力主要体现在三个方面：一是对特定文书在整个法律服务方案中位置、作用的架构；二是对特定法律文书中所涉及内容的选择、安排；三是对特定法律文书内容的展现形式、篇章结构的确定（见图14）。一份法律文书在整个法律服务中的位置、作用，除需要符合法定性要求，还要遵循一定的写作惯性。至于其他方面就可以由写作者根据自己的经验、案件的特殊考虑自由安排，如民事起诉状具有开启诉讼程序的法定功能，应该具备一些法定要素。除了这一基础性功能，民事起诉状对于诉请的表达、事实和理由的陈述，都属于基础性的表达，一般最容易被裁判者和相对方关注。其在整个诉讼方案中起基础性、先导性作用，我们在架构时，首先要考虑到诉状提交后，对方可能的答辩思路，裁判者将来可能的审理思路等。基于这些考虑，起诉状的表达应该预留相应的回应和准备通道，以使得将来不致出现事实矛盾或逻辑脱轨。另则，如代理词，其在诉讼程序中，属于总结性表达，主要作用是对裁判者所关注的核心问题进行总结性或补充性表达。基于这一目的，代理词应围绕裁判者所总结的争议焦点进行架构或者对此前表达不充足、表达错误的地方予以弥补和修正。如果不考虑法律文书的应用场合、作用作出相应的架构安排，将导致文书表达不合理，不能解决核心问题，严重的会导致观点冲突、前后逻辑混乱。

　　对特定法律文书中所涉及内容的选择、安排也是展现架构能力的重要方面。很显然，一般在诉讼、仲裁程序中，观点是随着诉讼程序环节的不断深入，随着对方辩驳，也随着裁判者关注而渐次展开的。我们通常不会在一份文书中一次性展现我们完整的法律方案和全部观点（尽职调查意见、非诉法律意见等除外）。尽管我们在出具这些文书或表达观点之前，已经就可能出现的相反观点或各种可能性设定了应对方案，却仍然会进行内容的取舍，作出技术性保留。这样做的原因是，一方面，我们在制作特定法律文书之前并不能预测相对方或裁判者的看法，无法先行表达观点；另一方面，受程序延展或法律特殊规定的限制，需要在技术上、对抗有利性上进行适当处理，如起诉状中，一般不会主动表达诉讼请求未过诉讼时效这一内容，原因就在于，诉讼时效需要依照相对方提出才产生审查可能性，对方不主张，法院或仲裁机构不应主动审查。基于这样的特殊规定，便无须在起诉状中对诉讼时效进行主动表达，而应做好应对准备，在将来的诉讼程序中，依照对方的主张进行针对性反驳。

除上述内容选择外，对于其他内容的表述，也要进行有针对性的考量，并作出相应安排。比如，对于案件事实的表述，当我们叙述某某合同约定的具体内容时，无须就所有合同内容进行抄录性表述，而应根据案情的需要，对于与小前提确立有关的重要事实，在前述辨识、提炼、关联的基础上进行有针对性的表述。

内容是本，形式为表。任何文书的内容都需要通过一定的形式予以展现。特定法律文书内容的展现形式、篇章结构的确定，也是架构能力的重要体现。从实用性角度而言，除法律对形式有特殊要求外，法律文书并不需要特定的形式，也不要求有固定的篇章结构。当然，对于初学者或经验尚不丰富的法律工作者而言，参照一定的版式进行表达，亦是妥当，不应急于标新立异，否则容易出错。而当经验逐渐丰富时，我们自然会有驾轻就熟、轻车熟路的感觉，这时便可以稍稍随心所欲一些。

尽管如此，在确定展现形式和结构时也必须遵从一些基本的阅读习惯、认知规律甚至审美常识。比如，就裁判思维而言，按照一般的认知规律，裁判者在接触案件之前，对于案件事实并不具有任何预知、预判，其对案件的认知一般开始于对事实的认知，对事实的认知一般开始于对原告诉称事实的表述，而对事实的最终判断还有赖于被告的答辩事实，以及自身的经验法则。基于这样的考虑，笔者一直认为，起诉状应侧重于展现案件事实，并使用自然记叙的方式展开。相应地，对于答辩状，则应侧重于对事实或理由的反驳性表达，其可以不采用自然记叙的方式，而采用直接立大标题，提取需要反驳事实的方式，有针对性地进行表述。如此一来，既符合认知规律，又有利于形成有效表达，也有利于裁判者快速进入案件，总结争议焦点，促进案件高效解决。

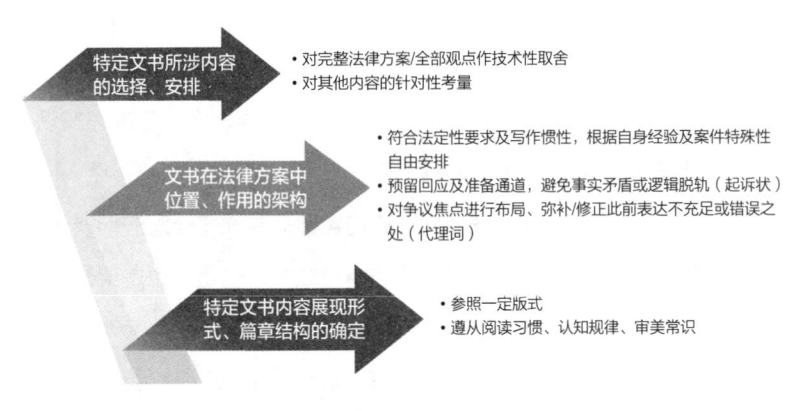

特定文书所涉内容的选择、安排
- 对完整法律方案/全部观点作技术性取舍
- 对其他内容的针对性考量

文书在法律方案中位置、作用的架构
- 符合法定性要求及写作惯性，根据自身经验及案件特殊性自由安排
- 预留回应及准备通道，避免事实矛盾或逻辑脱轨（起诉状）
- 对争议焦点进行布局、弥补/修正此前表达不充足或错误之处（代理词）

特定文书内容展现形式、篇章结构的确定
- 参照一定版式
- 遵从阅读习惯、认知规律、审美常识

图14　法律文书写作核心能力之架构能力

第六讲　法律文书写作贯通能力

文者，贯道之器也；不深于斯道，有至焉者，不也。

——李汉

事物的原则是其最强有力的组成部分。

——法谚

诉讼犹如棋局对垒，在作出一个动作或开启一个程序时，需要向后思考应对方法。高手一般可以向后预测很多步，而初学者可能只能观察到后一步，甚至对后手根本没有针对性的考量和安排。这样就可能使我们的主张在铺展过程中遇到阻滞，有时甚至可能导致程序受阻，不能有效进行而被迫中止、中断。这样的后果往往是我们不愿意看到的，有时甚至难以承受。这种向后思考的能力就是诉讼律师所应具备的贯通能力。贯通在法律文书写作中主要体现在三个方面：一为事实延展的贯通；二为法律推理的贯通；三为程序的贯通（见图15）。

事实延展的贯通，主要体现在以法律文书第一次所描述的事实为起点，以写作者预设的整体事实为目标，顺利发展下去，直至事实终结。其中一般不能进行事实的改变或根本性调整，即使遇到对方或裁判者的干扰、盘问，也应当尽可能确保事实能够顺利延展至终点。当然，因新的证据出现或其他足以改变预设事实的情形出现，导致事实发生变化而不得不调整的情形除外。笔者在作为仲裁员裁决案件过程中，时常会发现这样一种情形，申请人以被申请人存在欺诈为由要求仲裁庭撤销合同，但在表述事实时，一会儿出现违约的表述，一会儿又谈到侵权，在讲到撤销的理由时，仲裁申请书主张的是欺诈，在代理词中又主张重大误解。出现这种情形，最主要的原因在于申请人在确定法律方案，形成法律文书时，缺乏贯通能力，没有注意事实的贯通，导致事实不能顺利延展至其请求权所要求的事实终点，诉请和事实理由严重脱节，难以得到支持。

法律推理的贯通，一方面要求写作者所使用的各种推理形式，在其本身的逻辑构架内是通达、周全的，另一方面也要求整个法律方案中涉及的各独立推理之间不至于产生相互阻碍的消极影响。法律推理一般表现为形式推理、实质推理和辩证推理等，形式推理又表现为司法三段论、归纳、类推等，实质推理多体现在法律解释、国家政策、利益衡量的考量方面，辩证推理则多出现在产生法律漏洞、法律规范含义不清、合法与合理相悖、法律规范相互矛盾以及法律规范包含多种可能等情形下。我们所说的法律推理贯通，首先，要使得这些推理可以按照其本身的逻辑进行下去，不能产生推理障碍，如司法三段论对小前提的真实、精确表达，不仅要求小前提本身可信，还要求小前提与大前提进行精准匹配，同时大前提应满足完全法条的一般规范性要求，才可能完成三段论推理，否则不能形成可信的结论。其次，法律推理贯通要考虑整个文书甚至整个法律方案中所涉及的推理相互之间不存在制约、阻却关系。例如，在起诉状中，最大的推理是关于诉讼请求得以成立的司法三段论推理。但在确定司法三段论各推理要素时，又涉及对该要素得以确立的推理，在确定推理要素时，又难免会涉及对某一具体事实是否成立、具体法律规定是否适用的推理。如果照此细分下去，推理的层次将更加丰富。贯通能力的运用就是确保这些层次不一的推理可以围绕着最大的关于诉请得以成立的推理，层层推进，而不会导致产生矛盾，甚至逻辑断层。

程序的贯通，可以说是案件处理中最应该考虑的一种贯通。一般来讲，主要包括以下两个方面：一是使得本程序可以顺利运用；二是使得本程序可以和其他程序并行或衔接。就前者而言，比较容易理解，法律文书具有开启程序的功能，如果出具一个法律文书开启了某项程序，自然要考虑这个程序是否能够顺利进展。如不能顺利进展，可能出现哪些干扰因素，应该如何应对等。比如，提起诉讼或仲裁时，我们就应该考虑到管辖权异议、中止诉讼（仲裁）、驳回起诉（仲裁申请）的可能性，等等。对于这些可能导致本程序不能顺利进行的事项，都需要提前预判，必要时在文书中要做好相应安排。针对后者而言，法律方案往往是一个整体，我们在处理具体法律事务时，不能仅考虑本程序的推进，还要考虑到与其他程序的并行或衔接。这样才能从根本上解决我们所面临的法律问题，或者从终极角度明确可能遇到的法律风险。比如，在提起诉讼之初，在确定诉讼请求时，就应该充分考虑到该请求是否能够强制执行。实践中出现很多文书所确立的请求，其表述方法难以或不可能得到强制执行。例如，在损害公司利益纠纷案件中公司在整个案件中所处的地位，以及作为法律裁判可能确定的利益归属主体等，都应当在确定当事人身份的同时贯通性考虑强制执行程序的推进。又如，夫妻共同债务应如何确立，如何与执行程序相衔接，公司责任与股东责任在诉讼和执行程序的责任衔接等问题，都需要我们具备深厚的贯通力，并有意识地加以运用，才能从整体上保证法律方案的全程实施。

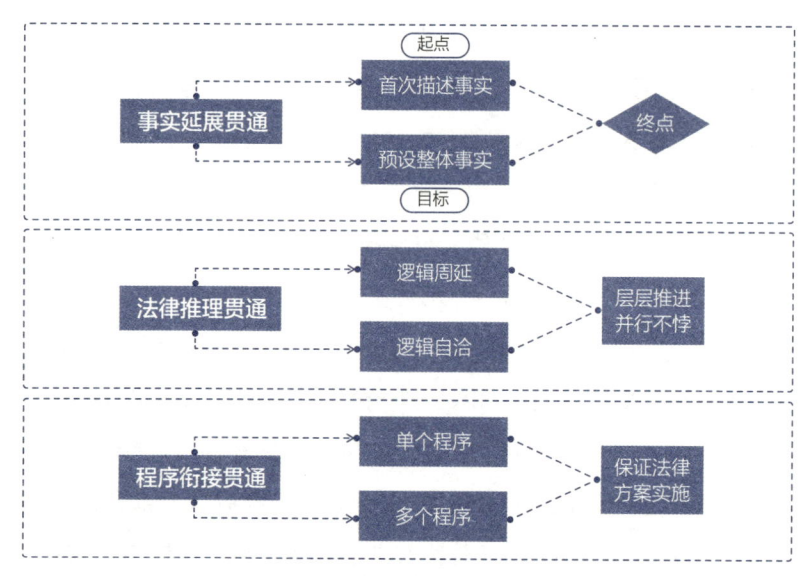

```
┌─────────────────────────────────────────────────────────┐
│                         起点                             │
│   ┌──────────────┐    首次描述事实                        │
│   │ 事实延展贯通  │                    ◇ 终点              │
│   └──────────────┘    预设整体事实                        │
│                         目标                             │
└─────────────────────────────────────────────────────────┘

┌─────────────────────────────────────────────────────────┐
│   ┌──────────────┐     逻辑周延                          │
│   │ 法律推理贯通  │                   层层推进             │
│   └──────────────┘     逻辑自洽       并行不悖             │
└─────────────────────────────────────────────────────────┘

┌─────────────────────────────────────────────────────────┐
│   ┌──────────────┐     单个程序                          │
│   │ 程序衔接贯通  │                   保证法律             │
│   └──────────────┘     多个程序       方案实施             │
└─────────────────────────────────────────────────────────┘
```

图15　法律写作核心能力之贯通能力

　　通过培养、训练，建立前述能力体系后，我们应尽量将这些能力融合进不同的思维模式中去运用，而不应将其置于一种思维模式之下，否则仍可能形成案件处理纰漏，甚至产生基础性、方向性错误。其中，最重要的思维转换体现为当事人利益最大化思维模式和裁判者居中决断思维模式，也即代理人思维模式和裁判者思维模式的融合。主要体现在以下几个方面：一是思维方向。代理人思维模式一般是顺向思维模式，即按照事实、争议、利益、责任这一轴线渐次展开思考，并形成利益最大化结论；而裁判者思维模式更多的是逆向思维模式，即先建立类型化争议模型，再以该类型化争议中所体现的一般事实模型去比照本案事实，以模型化事实所对应的一般性法律关系架设去匹配本案法律关系，以一般模型化法律关系所促成的责任承担初始印象去印证本案责任体系。二是思维层次。代理人思维模式一般是单层，即一般仅设置原、被告各自的逻辑起点，并以此为基础设立自己的思维层，或点对点攻击，破坏对方的思维层；而裁判者思维模式更多的是多层次思维模式，既要考虑原告的起诉面又要考虑被告的答辩面，甚至还要考虑案外主体、社会公益等，并且同时要考虑实体和程序问题。这就好比原告、被告都基于各自利益在打地基为自己构建一道墙，只需不断地建设自己的墙体，或破坏别人的墙体；而裁判者则需要利用双方提供的砖瓦、混凝土等，利用自己的逻辑基础确保建设一间完整的房子，既要平稳，又不能有漏洞，还不能突破红线。这间房子就是裁判者经过审理所要形成的裁判文书。三是思维宽度。代理人思维往往在一个点、一条线，或仅在自己的利益层面。裁判者思维既要从面到点去匹配和关注双方的事实、焦点、责任，又需要从某一个点展开到某个面上去进行周全、闭环考虑。

代理人与裁判者思维方式比较具体如图16所示。

思维方式	方向	层次	宽度	校验
代理人思维	顺向：事实—争议—利益—责任	单层：各自表述，利益最大化	点、线，单方利益面	自圆其说
裁判者思维	逆向：责任印象—争议模型—事实模型—本案事实—责任印证—利益平衡	多层次：起诉面、答辩面；案外人；社会；程序、实体	面——点，匹配点——面，周延	逻辑闭环

图16 代理人与裁判者思维方式比较图

无论是在法律方案的设计上，还是在文书的具体制作过程中，都应尽量在这两种思维模式中进行切换、比照。这样可以使我们的法律方案在思维方向上来回运行，不至于受阻；使我们的法律方案层次丰富，结构稳定；使我们的法律方案基础更加宽广，架构空间更大，腾挪余地更大。

到本讲为止，法律文书写作的五项关键能力，即辨识能力、提炼能力、关联能力、架构能力、贯通能力已全部讲解完毕。当然，法律文书写作还需要其他诸如语言运用、写作技巧等基础性能力。这些基础性能力是任何写作都应当具备的，自不在本篇的专门讲解范围内。唯上述五种能力与法律文书写作直接相关，故特别加以提炼和总结。

Mindset & Skills for Legal Writing

第二编
法律文书写作表达方法

第七讲　作文方法对文书写作的启示和意义

> 抒情是"自了"，议论是度人；抒情要文情并茂，文尽情未了，议论要理直气壮，理不直气也要壮，理屈而气不穷；抒情近乎王道，议论近乎霸道。
>
> ——王鼎钧
>
> 法律的生命不在于逻辑，而在于经验，但是经验是由逻辑构造的。
>
> ——奥利弗·温德尔·霍姆斯

在思考和总结法律文书写作经验的过程中，笔者时常会想到两个问题：法律文书写作的根在哪里？该用什么理论来指导法律文书写作实践？或许这是很多学习法律文书写作的人的共同疑问，甚至很多人从未真正思考过法律文书写作的理论基础问题，只是凭着感觉和直观，以完成工作的心态进行写作。更因法律文书写作受法律职业类型化限制，导致各个领域的从业者写作法律文书的思想方法及具体要求并不完全相同，进而难以形成一个体系化、全局化的理论体系。笔者经常思考作文方法对法律文书写作的启示和意义，并尝试将作文方法有意识地运用到法律文书写作中去，将其作为法律文书写作的指导和理论基础。在不断运用的同时，进行训练、总结，再回到写作实践中去展现，以期形成理论到实践，一般到具体的良性往复，在一个新的、更大的格局中去考虑法律文书写作的具体问题，以求精进。

作文方法是一切写作的根基，没有作文方法作指导，任何写作都将因没有章法而不成规矩。从传统意义上而言，作文方法大致包含谋篇布局、写作手法、语言运用三个方面。而写作的目的就是综合运用该三大方法，表达作者的思想。细致而言，谋篇布局又包括题材分析、体裁选择；写作手法包括记叙、抒情、议论、描写、说明等；语言运用包括字、词、句的安排、调用等。

题材是写作素材的类型和来源，一般包含观察、想象和体验。以一朵花为例，通过眼、鼻、口、手等去感受花所形成的写作素材，可归为观察题材；通过心理活动联想花开的过程，可归为想象题材；通过自身经验去培育花，可归为体验题材。体裁（仅指文章体裁）一般包括记叙文、说明文、议论文、应用文等。仍以一朵花为例，记叙、描写看花事件和感受，归为记叙文；介绍解释花的状态、性质、结构等归为说明文；论证花对身心健康的积极意义归为议论文；关于花卉买卖合同纠纷的起诉状归为应用文（见图17）。

记叙文
记叙描述看花事件

说明文
介绍解释花的状态、性质、结构、功能

议论文
论证花对身心健康的积极意义

应用文
花卉买卖合同纠纷起诉状

体裁

图17　作文方法之体裁

写作手法是文章的血脉，给文章输送养分，一般有记叙、抒情、议论和描写四种手法（具体如图18所示）。恰到好处的手法运用可以化腐朽为神奇，让一篇普通的文章立刻鲜活起来。记叙是按照事件或时间发展的一定顺序，用描述性语言展现事件的经过，一般包括顺叙、倒叙和插叙，目的是让人了解事件的背景、经过、结果。好的叙述不应平铺直叙，而应注重起承转合、详略、表里。记叙是所有写作手法中较为基础和常用的方法，看似简单，但要运用自如，实属不易。《桃花源记》当属将记叙手法运用至精妙的典范。抒情一般指借助一定情景、事物抒发内心的感情，大体包括直抒胸臆、寓情于景，其目的是使读者产生情感共鸣。《雨霖铃·寒蝉凄切》将男女情意表达得淋漓尽致，亦属典范。议论，简单而言即围绕某个观点，讲清一个道理，一般包括归纳和演绎，其目的是使读者信服。《出师表》通过议论恰当地表达了作者的观点和意图，值得借鉴。描写是刻画一种形态或临摹某个细节，一般包括白描和工笔两种不同的写作风格，可与比喻、想象等结合使用，其目的是使读者进入一种身临其境的状态。说明是指通过对事物的现象或状态进行具体的描述，来介绍说明事物，其与描写存在内在牵连，有时描写是为了说明，有时说明本身也可以理解为一种描写。所以，我们经常将描写、说明整合为"描述说明"。《琵琶行》综合运用多种描写手法，行云流水，让人叹为观止。

总之，记叙的目的是使读者"知"，描写的目的是使读者"临"，抒情的目的是使读者"感"，议论的目的是使读者"信"。当一篇文章同时达到让读者心知肚明、身临其境、感同身受、深信不疑的境界时，就应当属于优秀的文章。

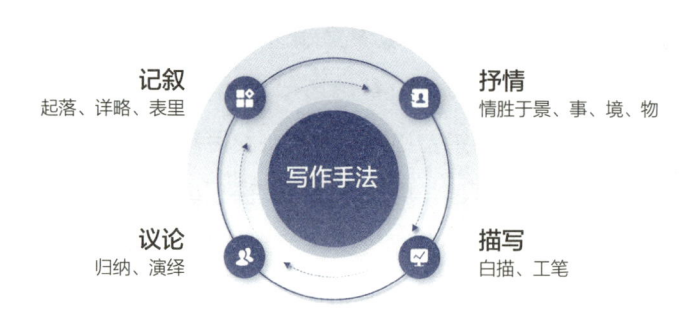

```
        记叙                    抒情
    起落、详略、表里          情胜于景、事、境、物

              写作手法

        议论                    描写
      归纳、演绎                白描、工笔
```

图18　作文方法之写作手法

语言是构成文章的细胞，任何一篇文章都是由语言组合而成。语言的运用就是字、词、句的运用。字，要做到字尽其用，要准确把握字的音、形、义；词，要做到用词恰当、精准、简练；句，要适当运用句式，做到新颖、富有节奏感。

法律文书写作本质上亦是作文的一种形式，同样需要遵循一般的写作规律。所不同的是，法律文书写作限定了题材和体裁。法律文书的题材是经由观察、分析而形成的有证据证明的案件事实。从形式上看，其体裁一般认为属于应用文。当然从内容上看，其写作目的主要在于使阅读者信服，兼具了议论文的特征。在写作手法上，同样要使用记叙、描写、抒情和议论。只是侧重点不一样，一般以议论为目的，以记叙、描写和抒情为手段。在语言运用方面，除了要具备一般作文的要求，还应使用专业语言，即法言法语。在整体框架上需要借助司法三段论的思维模式进行事实和法律观点的逻辑衔接，从而得出结论。

法律文书的写作题材应以观察、分析到的案件事实为基础，一般个人体验或想象不能作为写作题材，否则会影响法律文书的专业性及客观性，从而破坏文书的法律说服力。在案件事实比较复杂的情况下，我们应将听到的、看到的、读到的事实，进行筛选、排列、组织。在此基础上，建立有利于自身观点的证据通道，并使用规范的法律用语，经由证据通道，将客观事实翻译成法律事实。这样便形成了法律文书写作的规范题材。

法律文书形式和内容上兼具应用文和议论文的特征。但与一般应用文和议论文的不同之处在于，法律文书一般应在司法三段论的大逻辑框架下完成篇章布局。司法三段论，由大前提、小前提和结论构成。大前提，是指法律规范，表现为，如果具备T要件，则适用R法律效果。小前提，是指特定的案件事实S。其逻辑推理表现为，如果特定的案件事实S符合T要件，则适用R法律效果。法律文书应沿着该逻辑通道综合运用各种写作手法，恰当使用语言表达。比如，对于小前提所指向的特定案件事实，应尽量使用记叙、白描的写作手法，语言应简练、客观；而对于将小前提归入大前提的推理过程，则应使用议论的写作手法，语言应专业、严谨。

第八讲　法律文书写作之谋篇布局

> *最难的是开头，也就是第一句。就像在音乐中一样，第一句可以给整篇作品定一个调子，通常要费很长时间去寻找它。*
>
> ——马克西姆·高尔基

> 不看全文，仅就其一部分表示意见，不为妥当。
>
> ——法谚

谈到谋篇布局时，我们时常会想起中学语文老师说的一句话，所谓"万事开头难"。笔者认为，这里的"头"更多地应指向作文中的谋篇布局。我们对作文的畏难情绪发端于所要写的东西没有一个宏观的架构，不知从何落笔，仿佛难以开这个头。其实，只要掌握了谋篇布局的一般方法，并经过反复训练、总结，我们就能较为高效地进行文章的结构安排和体系架构，这样也就能很快找到切入口，并进入实质性写作。法律文书写作在这一点上也是相通的，完全可以借鉴。我们在法律文书写作时，尤其是初学者总喜欢询问"有没有模板"或者"能否给我个模板"等问题。这样的问题对于非法律专业工作者而言，或许有一定价值，通过对某类文书基本格式的模仿，达到"形似"效果。但对于专业法律工作者而言，"形似"是最基础的、最容易实现的，我们需要精进的是文书的"神"，是灵韵。所以，笔者认为法律文书没有统一的模板，只有建立在严谨法律思维模式下的篇章、体例、结构。基于此，笔者将法律文书写作中的谋篇布局分为谋篇、布局、原则三个方面进行阐述。

一、谋篇

法律文书写作中的谋篇，主要是审题，通过对写作素材、目的的考虑，确定题材和体裁，也即对前文所述的"写什么""为何写"的回答。在题材方面，我们所要写的东西主要是基于观察，也就是通过看、听、思所获取的有证据证明的事实。当然因案情需要，争议事实的背景或对某一具体事实的推理，在符合常情、常理且具有一定基础证据的基础上，也可以作为我们写作的题材，融入我们的写作中。如对于一项复杂的并购交易，法律文书的核心在于对该交易可能存在的违约行为、违约责任进行认定和判断，但是对于该交易可能存在的特殊背景或异常之处，只要对案件认定产生影响，就应囊括进写作题材中。就体验而言，当事人对于自己因案件事实而产生的体验是可以作为写作素材的，但对于代理人和裁判者而言，体验只能通过案件实验间接获得，或者通过感同身受的情感共鸣去表述。至于想象，在符合事物发展规律情况下的适度延展也可以作为写作的题材，但纯想象，或可能性很小的假想，不宜过多体现在写作题材中，以免影响文书的客观性和专业表达。

对于通过看、听、思获取的有证据证明的案件事实，统称为案件材料。我们要通过筛选、排列、组织、安排予以固定（见图19），并经由举证、示证程序等通道，将这些事实展现出来。笔者将这一过程称为"经由证据通道，用语言将案件客观事实翻译为法律事实"。

题材 → 筛选 → 排列 → 组织 → 安排

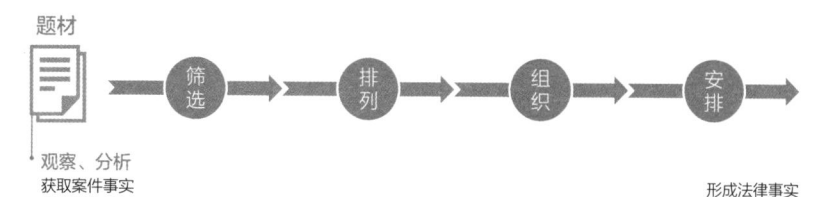

观察、分析
获取案件事实

形成法律事实

图19　法律文书写作题材

在文章体裁方面，基于法律文书公文写作的一般特性，可以将其确定为应用文的格式。起诉状、答辩状、起诉书、裁决书、判决书这类明显承担着程序性功能的文书，一方面应该符合一般公文应用文的格式要求，另一方面也要符合程序法和司法实践对这类文书的特殊性限制。但值得注意的是，由于诉讼程序或法律争议的处理程序本质上是一个系统工程，除整体性、功能性文书外，在这一过程中还会涉及很多其他文书类型。例如，对于某一推论、推理的专门性阐述，构成一篇有针对性的议论文；又如，在知识产权案件中对某一发明专利功能、新颖性的描述、说明，便落入了说明文的范畴；再如，在离婚案件中对于婚姻感受的主观表述，可能会出现记叙文、散文的体裁。实践中，我们应该将视野放宽，把心量放大，不要局限于生硬、死板的"八股文"的表达方式，而要根据案件的具体需要采用合适的体裁。

尽管如此，我们仍有必要谨记，法律文书的终极目的是要完成和展现司法三段论的推理，并令人信服。无论我们如何使用除议论文、应用文外的体裁或表现手法，最终都要回到议论这条根上。记叙、描写、说明、抒情都是展开议论的基础，议论是核心，但就语言和篇幅而言，整体上应该以事实为主，因为多数案件的争议，都是关于事实问题的争议。事实清楚、确定了，在适用法律或者推理方面，基本上是可以形成预期的,当然那些法律争议很大的案件除外。所以,笔者认为法律文书应该在事实和规范之间展开议论,事实为主、证据为王。

二、布局

法律文书写作中的布局,笔者认为至少需考虑两个方面的问题:一为某一篇文书本身的结构、详略、形式;二为某一篇文书在整个法律事务处理过程所涉及的全部法律文书中的位置、作用。仅就某一篇文书而言,其布局的确定,应同时符合功能性要求以及人的通常认知规律。对于具有特定法律功能和形式要求的文书,其布局应该符合法定形式要求,如起诉状的基本格式及要素要求;文书的布局还应符合通常的认知规律,如起诉状对事实的描述,答辩状对争议问题的提炼等。另外,对于议论逻辑层次的展开顺序和程度的确定等,都需要符合一般的认知规律。关于这些方面,我们在后文中也将论述。这里需要提前交代清楚的是,我们在写作之初,对文章进行布局时,要尽量将自己置身到讲述者的位置,结合文章的目的,努力在讲述者和阅读者之间进行思维的转换,以便形成最恰当和最易于理解的布局。除此之外,我们在完成某一篇文书时,还要考虑该文书在整个法律事务处理过程中的地位和作用,如我们在对某问题进行专门说明时,我们要考虑以什么样的身份和文书形式完成这一工作,同时要明确该文书在整个法律事务文书体系中的作用和功能。

三、原则

从布局的一般要求看,笔者认为有一些原则可以予以明确:第一,形式符合法定或约定要求;第二,尽量做到开宗明义,观点先行;第三，段长适中，任一独立段落不宜过长，否则会影响阅读和理解；第四，错落有致，尽量采用主题句的方式展开写作，如主题句过长，则考虑采用主题句加扩展句的方式；第五，承上启下，文章的逻辑结构要包含承上启下的过渡性要求，不宜过于生硬；第六，层次分明，一般以三层逻辑结构为限，逻辑层次不宜过多，否则不易理解，另外，还要善于运用小标题。掌握这些布局的一般原则，文书从整体上可以做到较为规整，但仍应在内容上进行精炼、组合，才能更为美观、凝练。法律文书写作布局原则具体如图20所示。

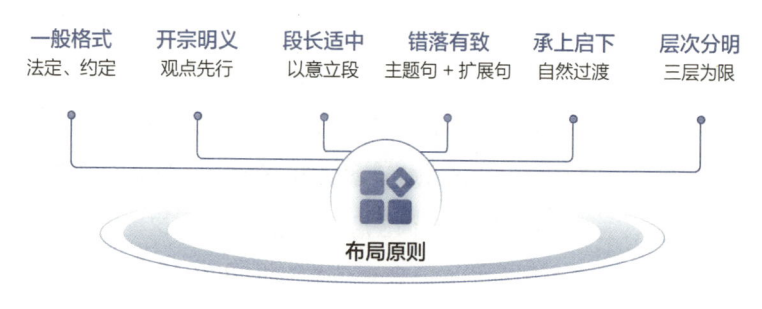

一般格式	开宗明义	段长适中	错落有致	承上启下	层次分明
法定、约定	观点先行	以意立段	主题句+扩展句	自然过渡	三层为限

布局原则

图20　法律文书写作布局原则

总体而言，法律文书谋篇布局在运用层面首先要做到有利于阅读，让阅读者愿意去看，并且能够看进去；其次要做到有利于明义，整体结构、体例安排要让人容易理解写作者所想要表达的核心要义；最后要有利于摘录，当阅读者需要转述或者引用相关观点时，文书需要使其便于摘录，如辩护词的撰写需要便于法官在判决书中进行辩护观点和意见的摘录。

第九讲　法律文书写作之议论

拥有丰富经验的我们的知识无不以经验为基础，一言以蔽之，知识全由经验而来。

——约翰·洛克

他的工作无非只是将现有的案件与法律文字作比较，不必考虑法律的意义与精神，当字义是诅咒时，就诅咒，是赦罪时，就赦罪。

——保罗·约翰·安塞姆里特·冯·费尔巴哈

法律文书的写作手法离不开一般的作文方法，即包括议论、记叙、描写、说明、抒情等，只是这些写作手法运用在法律文书写作中应满足法律文书写作的特殊功能和要求，因此具有一些不同之处。

一、大议论与小议论

论及法律文书写作手法中的议论，我们就应该十分清楚，法律文书的核心目的在于求证或者协助、促使他人完成对某一观点的求证，无论是立论、驳论，还是二者交替进行，都旨在完成议论的过程。法律文书中的议论可归为两个方面：大议论，即围绕整体诉讼请求或者整体法律争议所涉及的大观点进行的议论；小议论，即就小前提如何归入大前提所形成的议论（见图21）。但一般而言，在一篇法律文书中，大、小议论的逻辑层次应以三层为限。如层次过多，则会造成逻辑不清晰，甚至逻辑混乱。当然，这里所指的大议论和小议论是相对而言的，有时在同一份文书中，也可以不做这样的区分，论点只有一个，其他支撑该论点的观点都是论据的组成部分。例如，在违约赔偿案件中，解除合同和赔偿损失的诉讼（仲裁）请求的确立，为大议论，整个文书都应以此为基础展开。但确立违约行为的存在，以及损害赔偿的数额和方法，属于小议论。小议论应以大议论为目标，结合证据和法律规范展开，大议论应通过小议论层层推进，最终得出结论。之所以强调大、小议论，一方面是促使我们进行逻辑层次的划分，另一方面也有利于写作框架的搭建。当我们遇到任何一个法律问题需要求证，或者开始写任何一份法律文书时，我们都可以先问自己：这个问题最大的议论、最大的观点是什么？在明确该问题后，我们写作的方向就能明确，写作的顶层逻辑也就固定了。然后，我们需要结合这个大议论去思索，满足这个大议论的条件或要素构成是法定的要件、约定的要件还是其他常识性条件等。在思考这些要素、要件、条件的同时，我们其实就是在思考小议论，而小议论可能涉及的事实问题、法律观点，则是我们进行小议论的具体论据。我们沿着这样的思路，渐次推开我们的议论，或自上而下，或自下而上，最终形成逻辑闭环，至少做到自圆其说。这样我们才能顺利完成文书的议论过程。

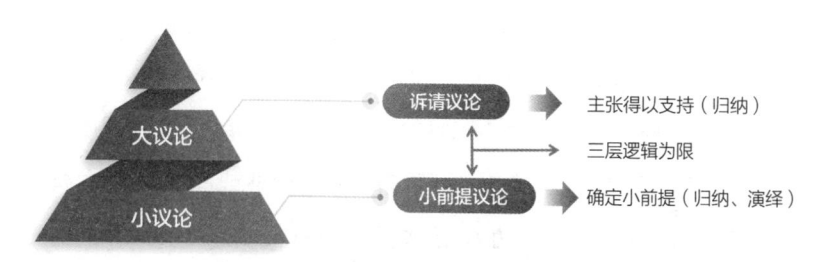

图21 法律文书写作之大、小议论

二、归纳与演绎手法的运用

在议论手法上，在以司法三段论为整体构架的基础上，可兼用归纳和演绎两种手法。一般而言，起诉状、起诉书或申请书，即我们经常所说的主动性文书材料的撰写应更多使用归纳法，即遵照先阐述事实和理由，后得出结论的思路；答辩状或代理词等被动性文书应更多使用演绎法，即在审判人员已对基本事实和争议问题形成初步印象后，明确提出观点，再阐述观点所对应的事实和理由。当然这也不是绝对的，实践中有的法院曾推行过一些特殊的文书写作方法，如有法院要求原告在起诉状中应采用类似于答辩状的写作手法，要求原告通过标题方式，分别明确请求、观点、事实、依据等，而并不采用先说明请求，再明确事实和理由的写作手法。但这种方式最终并未被推广，很大一方面原因是不符合写作习惯，另一方面可能是这种写作方法并不符合一般人的认知习惯和规律。

主动性文书写作过程中，更多的是立论，即确立观点。一般而言，除因事实表述的需要，无法先表达观点的情况外，立论需要做到观点先行。论点必须明确，表达简要、清晰，论据必须充分、真实且与论点能够相互契合；论证过程除了符合逻辑要求，还要做到推理顺畅，让人感知推理形成的过程。被动性文书写作过程中，更多的是驳论，即反驳对方所提出的观点。驳论一般要做到立靶、击破、构建三个方面。立靶指所要反驳的观点一定要明确，有时对方的观点是明确的，只要有针对性地反驳就行，但是在对方立论观点不明确或较为混乱，或者偏离了案件所涉及的事实和法律问题时，需要先总结、归纳对方的立论观点，或者进行适当纠偏，以明确对方的立论观点，这个过程就是立靶的过程。只有先将"靶"立起来，才能做到有效地"驳"，如果没有"靶"或者"靶"不清晰，相当于没有目标，不能做到有的放矢。"靶"立起来后，接下来要做的就是将对方的观点推翻，这个过程就是击破。但有时我们不仅仅需要否定对方的观点，最终还需要建立自己的观点，所以击破后还有一个构建自己观点的过程。有时击破对方观点，己方观点可自然确立，则无须进行复杂的构建，击破即可。

最后需要注意的是，议论应结合证据和推理进行，在事实和法律规范之间游走，尽量不使用纯议论性、脱离证据、缺乏法律依据的空泛议论。从整体效果上看，议论应尽量做到水到渠成，不应生搬硬套。具体而言，应做到以议论为主线、目的；最大限度缩减纯议论性语言；以大议论为目标，逐层推进小议论；以明确的法律依据为前提。法律文书写作的议论原则具体如图22所示。

水到渠成
1 议论为主线、目的
2 缩减纯议论性语言
3 大议论为前提　逐层推进小议论
4 以明确的法律依据为前提

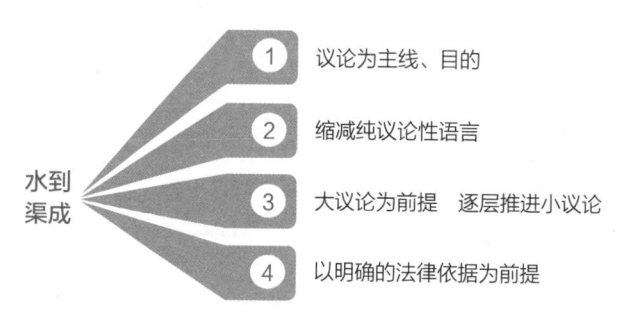

图22　法律文书写作的议论原则

法律文书中常见的议论性语言如：

根据原审查明事实及各方争议问题，本案的争议焦点为：在《股权转让协议》未能履行完毕而提前解除的情况下，各方因履行《股权转让协议》而作出的债权收购安排所形成的权益应如何处理。案涉债权收购属上诉人根据约定为履行《股权转让协议》而实施的法律行为。在《股权转让协议》顺利履行完毕的情况下，各方可依约确定案涉债权的归属……但正是由于《股权转让协议》提前解除，导致各方对该情形下应如何确定已收购债权的归属产生争议。原审判决根据确认函中部分表述片面认定在《股权转让协议》尚未履行完毕的情况下，收购债权的权利人为被上诉人，不仅不符合约定，也未区分两笔债权所采用的不同收购方式，违背了各方交易本意，导致了权利和义务严重失衡。上诉人认为，确定案涉债权归属首先应严格依照约定，如没有约定或对约定存在理解上的争议，应结合交易目的、方式，债权收购义务的承担以及基本的公平、合理原则予以评定。

一、从交易的目的、约定看，各方交易的真实目的在于目标公司的股权转让，《股权转让协议》中约定的债权收购行为属各方为履行该协议的具体安排，基于该债权收购行为所产生的法律后果理应根据合同目的是否完全实现作出不同的认定和处理。

（具体阐述）……

二、从案涉债权收购的对价看，案涉债权收购款全部由上诉人支付，被上诉人并未支付任何收购款项，亦未履行任何收购方义务，在《股权转让协议》未履行完毕的情况下，共管账户内资金既不能视为上诉人支付给被上诉人的股权转让款，亦不能认定为被上诉人支付了债权收购款。

（具体阐述）……

三、从案涉债权收购主体看，根据《股权转让协议》及往来函件，各方均认可由上诉人收购案涉债权，上诉人作为名义上的债权人也是实际上的债权收购主体，承担债权收购费用，且案涉债权已登记于上诉人名下，理应由上诉人享有、处置。

（具体阐述）……

四、从案涉债权归属约定看，通过《股权转让协议》及往来函件，各方均明确并认可，只有上诉人取得目标公司100%的股权且目标公司债务已依约消除后，HY小贷债权权益才归属于被上诉人，现《股权转让协议》因被上诉人的违约行为而提前解除，该债权不能当然归属于被上诉人。

（具体阐述）……

五、从公平原则看，上诉人为履行协议已支付8000万元巨额款项，而被上诉人在未实际支付任何款项、未履行任何义务，甚至拒绝偿还提前解付的股权转让款的情况下，仍试图通过一纸协议套取交易利益，不仅没有法律和事实依据，且严重违反公平原则，损害上诉人的合法权益。

……

综上所述，无论从整体的交易目的，还是从案涉债权收购的具体要件来看，上诉人作为案涉债权的收购主体，承担债权收购的费用，履行债权收购的各项义务，现《股权转让协议》因被上诉人违约而解除，合同目的未能实现，案涉债权理应归上诉人所有。原审判决未全面审查交易背景和目的，片面理解《股权转让协议》的约定，并截取各方往来函件中部分内容，认定收购债权的权利人为被上诉人，导致原审判决结果错误，亦对另案的处理结果产生影响，请求贵院依法予以撤销，改判驳回被上诉人的全部诉讼请求，维护上诉人的合法权益。

对于上面的实例，我们无须关注具体的案情以及法律分析，只需从文书写作的层面观察议论如何展开。这是一份上诉状的摘录，开篇即通过总结争议焦点的方式，先"立靶"，而后围绕靶心总结各方观点，尤其是原审判决在这一核心问题上可能存在的错误，在此基础上构建己方观点。在议论展开过程中兼用了归纳和演绎的方法，并在架构上作了起、承、转、合的安排。这使得整个文书的结构较为清晰，逻辑思路进展也较为顺畅。

如果从大、小议论结合使用的角度，以下表达模式亦可供参考：

我们认为本案的争议焦点应概括为两点：一为被告是否存在迟延交货的违约行为以及如果存在违约行为，应承担何种违约责任的问题；二为原告是否存在迟延支付货款的违约行为及如果存在应承担何种违约责任的问题。

一、关于争议焦点一，代理人认为：被告存在无正当理由迟延向原告交货的行为，其已经构成违约，并造成原告损失，依合同约定应向原告承担违约责任。

（一）被告存在迟延交货行为；

（具体阐述）……

（二）被告迟延交货无正当理由；

（具体阐述）……

（三）被告因其迟延交货行为应向原告承担违约责任。

（具体阐述）……

二、关于争议焦点二，代理人认为：……

通过这样的架构将法律文书需要直接确立的争议焦点与构成该争议焦点的各要素分开表述，可以达到逻辑清晰、层层推进的写作目的。

在刑事案件中，通过总分式的结构，以具体法律规范作为总领的大议论，再以规范所确定的各要件作为小议论，以演绎的方式层层推进议论，是较为经典和稳妥的议论方式，以一起故意伤害的刑事再审申请文书为例，可供参考的议论模式如下：

原审判决所认定的故意伤害案发时间为2008年3月，另案处理的同案被告人张某等在2009年定罪量刑。周某在案发当年已被公安机关传唤调查，但并未刑事立案，直至2015年11月，即案发后7年多，在没有新的事实及证据的情况下突然被刑事拘留，并最终被处以重刑；且原审判决据以定罪量刑的主要证据为案发7年以后的言词证据，其已完全不具有客观性、稳定性，不能相互印证，不能排除合理怀疑，不能作为定罪量刑的依据。原审法院没有充分考虑本案特殊情况，未对全案证据进行合法性审查、未排除合理怀疑，且违反审判程序，导致审判结果错误。因此，本案符合《刑事诉讼法》（2012）第二百四十二条第（二）、（四）项规定的条件，应当重新审判。

一、周某辩护人在二审期间向法院提交了四份新证据，其内容涉及2008年3月12日周某不在宾馆现场参与谋划的证明，与原一审判决据以定罪量刑的基本事实完全不同，但二审法院对该四份证据既未组织质证审查，也未进行开庭审理，违反了审判程序，影响了案件公正审判。

（具体阐述）……

二、原审判决在对待罗某和周某的供述上采用不同的证明力判断标准，将同案同审被告人罗某的供述作为指证周某的证人证言使用，而对于周某的供述则一概排除，证明力标准的错误确立，导致本案基本事实查明错误。

（具体阐述）……

三、原审判决据以对周某定罪量刑的主要证据为杨某、张某、段某等人的证人证言，但该等人员均为另案处理的同案犯，其不是本案证人，其所谓证人证言均为讯问笔录，在性质、形式和取得方式上仅属于被告人供述和辩解，而非证人证言，原审判决适用**刑事诉讼证据规则错误**，导致审判结果错误。

（具体阐述）……

四、原审判决认定周某参加了宾馆谋划的这一事实的**主要证据相互矛盾**，且与周某的供述及辩护人提交的证据存在根本性冲突，但原审判决对于该重要事实采用推定的方法进行认定，并没有做到证据确实、充分，没有排除合理怀疑，不足以对周某定罪。

（具体阐述）……

五、原审判决关于周某授意张某为首的人员以暴力维持施工秩序的事实认定**没有直接证据予以支持**，认定周某具备犯罪故意的证据不足。

（具体阐述）……

综上所述，本案在事发7年多后再进行侦查审判，并主要通过同案共犯供述的言词证据还原7年前的事实。在其他同案犯供述与周某的供述存在根本矛盾，各其他同案犯的供述也存在矛盾，且有其他案外相关人提供书证或证人证言证明周某无罪的情况下，原审判决违反法定程序和刑事诉讼证据规则，通过主观推理进行事实认定，并据此定罪量刑，没有达到事实清楚、证据确凿、排除合理怀疑的刑事证明标准。申诉人恳请贵院依法启动审判监督程序，重新审判本案，并撤销原审判决，改判被告人周某无罪。

在行政诉讼案件中，由于行政诉讼主要围绕行政行为的合法性审查进行，这可以说是大议论。行政合法性审查一般包括对职权依据、行为内容、行政程序、执法目的等具体事项的审查，这些可以视为行政诉讼案件中的小议论。当然，这些小议论还可以进行更小议论的细分，这需要依赖于具体案情，看是否有必要再进行细分，以及如何细分。以税务行政机关的答辩状为例，可供参考的表达模式如下：

某某有限公司（下称原告）诉答辩人某某税务所（下称我所）行政处理一案【案号：某某某】，我所现根据本案事实及相关法律法规，针对原告的诉讼请求，答辩如下。

一、我所作为税务机关，具有涉案税收征收管理的法定职权。

（具体阐述）……

二、我所收到原告提出的异常凭证核实申请后，依法完成核实工作并作出涉案税务事项通知书，将核实结果告知原告，程序合法。

（具体阐述）……

三、我所对原告提供的相关证明材料进行核查、比对，并向上游企业主管税务机关发函核实相关情况，作出涉案税务事项通知书事实清楚，证据确凿，适用法律法规正确。

（具体阐述）……

四、原告曾就其他异常凭证核实问题先后两次起诉本所，两案案情与本案大体相同，贵院已就其中一案作出某某号判决，驳回原告诉讼请求，该案对本案具有参考、佐证意义。

（具体阐述）……

第十讲　法律文书写作之记叙

谁要描写人和生活，谁就得经常亲自熟悉生活，而不是从书本上去研究它。

——安东·巴甫洛维奇·契诃夫

法律的基本原则是：为人诚实，不损害他人，给予每个人他应得的部分。

——查士丁尼

记叙多用于起诉状、起诉书、申请书等主动性文书中事实的描述即小前提的树立。当然，在裁决书、判决书、答辩状等其他文书中涉及对事实的表述，都会使用到记叙的写作手法。只是在主动性文书中，记叙的手法显得更加突出而已。就作文方法而言，记叙又分为顺叙、倒叙、插叙等。顺叙可按照时间顺序、空间顺序或者逻辑顺序展开，侧重于展现事实的过程。倒叙一般采用后话先表、由重及轻、以果推因的写作手法，侧重于通过引发读者悬念的方式，展现事实。插叙主要在顺叙或倒叙的主线上，采用时间阻断、空间转换或者逻辑变化等方式进行事实的交叉式展现，侧重于达到补充说明、照应铺垫以及丰富层次的写作效果。但无论采用何种记叙方式，就写作层面而言，都需要关注起落、详略、表里等文学效果。起落，即记叙时不能像记流水账一样，完全平铺直叙，而应具有情节的起承转合。详略，即记叙时对于所要展现的事实应区分重点、核心，对于重要事实、核心事实可以多着笔墨，而对于相关事实或者完全无关事实，应做删减或剔除。表里，即不能为了记叙而记叙，记叙是为后续抒情、议论或其他写作目的奠定基础，要在记叙时埋下伏笔，记叙是表象，而所要达到的写作目的才是内里。

记叙是法律文书的基础，对整个法律文书所要达到的议论目的有着基础性作用和决定性意义，不容小觑。法律文书记叙一般应采用顺叙的方法，按照事件或时间发展的一般顺序展开。当然，如基于个案的特殊要求，需要使用倒叙或插叙的方法，也并非绝对禁止，但应特别谨慎。在使用顺叙方法展现事实时，应直陈事实，而不能闪烁其词，更不要故弄玄虚，即所谓"直叙式"；应有针对性、选择性陈述，就对整体逻辑推论有用的事实进行叙述，没有作用的事实不叙述，避免不分重点，盲目平铺，即所谓"点叙式"；应如实围绕证据进行叙述，任何一个被叙述的事实都应该有证据支持，或者属于法律上无须证明的事实，避免脱离证据，主观罗列，即所谓"实叙式"；应符合人性和客观规律，所叙述的事实应符合基本的生活常识和经验，避免不能自圆其说，即所谓"理叙式"。从总体效果上看，记叙应做到平实有据，不应主观虚浮。仍以前述违约损害赔偿案件为例，小前提即违约事实的认定。法律文书应以合同签署、履行情况、违约行为等事件的发展顺序，有详略、有选择地叙述事件的经过，并侧重于描述违约行为的产生时间和持续时间（见图23）。以离婚案件起诉状为例，可参考如下记叙方式：

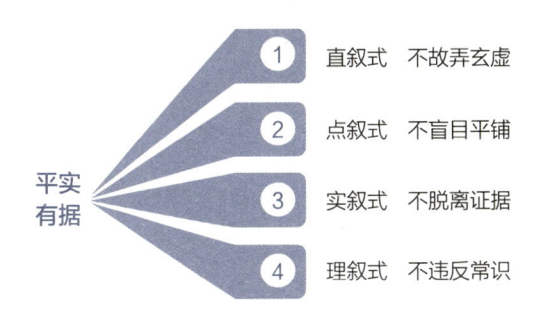

```
        ┌─ 1  直叙式   不故弄玄虚
平实 ────┼─ 2  点叙式   不盲目平铺
有据    ├─ 3  实叙式   不脱离证据
        └─ 4  理叙式   不违反常识
```

图23　法律文书写作的记叙原则

原、被告于2008年5月20日在Q市A区民政局登记结婚（见证据一）。婚后生育一女王某，四周岁（见证据二）。自女儿王某出生后，原、被告因感情不和分居，至今已近四年（见证据三）。女儿王某年龄尚小，且分居期间一直与原告生活，情感依赖较强。双方婚后在某市某区购置房产一套（见证据四），存有现金若干（见证据五）。

按时间和事件发展顺序展开，每句叙述都有相应证据，且每一句叙述都为此后的法律逻辑推论奠定基础。同时结合婚姻案件的审理方向和要点，运用"点叙式"记叙方法，将离婚条件、子女抚养、财产分割等事实分别予以陈述。这样就可以较为精练的语言，将案件的核心事实陈述清楚，在响应大前提的基础上，有序确立小前提，为推理结果的确立奠定良好的事实基础。

"点叙式"记叙方式在合同纠纷中使用得更为广泛，尤其是对于一些复杂的交易合同而言，合同内容较为繁复，但实际产生争议或与案件直接相关的合同条款、履约事实或违约责任可能就只有关键几项。这种情况下，我们便需要进行针对性区分和叙述，采用"点叙式"方式针对与案件相关的重要节点进行叙述。以商品房买卖合同纠纷（逾期交房）为例，可供参考的表达模式如下：

2019年12月23日，原告与被告签订《A市商品房买卖合同（预售）》（以下简称《买卖合同》）及《补充协议》，约定由原告向被告购买涉案房屋，房屋价款为×××××××元，商品房用途为住宅。

《买卖合同》第十三条房屋交付约定，被告应当在2020年6月30日前将涉案房屋交付原告使用。被告向原告交付房屋时，应当向原告发出收楼通知书。因不可抗力等原因，房屋需延期交付使用的，被告应当及时书面告知原告。《补充协议》另约定：如因异常天气、自然灾害、社会灾难或事件、异常地质状况、政府行为及公用事业部门所引起的不可抗力原因，造成延迟交房，符合如下认定标准的，原告同意被告顺延交房时间：1.异常天气：被告应当预见台风、暴雨天气对建设工程的影响，如当年台风次数、影响天数或暴雨量超过本地区前两年平均数值的，被告应向本地气象部门索取A地区台风、暴雨天气资料或报告，连同施工日志、施工现场照片，作为延期交楼依据。2.社会灾难或事件：包括但不限于战争、封锁、罢工、骚乱、疫病或其他传染病……

《买卖合同》第十四条延期交房的违约责任约定，被告如未能按照本合同约定的期限交房，逾期不超过210日的，被告应自约定交房日期的次日起至实际交付之日止，每日按总房价款0.05%的标准向原告支付违约金，本合同继续履行。逾期超过210日，原告有权单方解除合同。

直至2021年1月1日，被告才向原告发出收楼通知书，通知原告收楼。

综上，原告认为……

由于上述案件争议的问题主要是逾期交房责任的承担，从原告的角度主要涉及约定交付时间和实际交付时间的认定，从被告的角度除涉及交付时间的认定外，还涉及对逾期交房原因和责任的抗辩等。因此这类案件叙述主要应结合这些关键事实点有针对性地展开，而不应完全平铺直叙、面面俱到。至于如何提炼案件所涉及的关键事实，在本书的其他章节已作陈述，可供参考。

刑事案件的事实叙述一般围绕涉嫌犯罪的行为进程展开，从犯意的产生、行为的实施、结果的出现直至责任的承担，逐步推进。行政案件的事实叙述主要围绕所争议的行政行为的实施展开，如属于依申请实施的行政行为，则从职权的依据、申请的提出、申请的审查、结论的作出直至结论的送达等依次进行。以行政复议机关作出复议决定为例，可供参考的表达方式如下：

《中华人民共和国行政复议法》第二十七条规定："对海关、金融、外汇管理等实行垂直领导的行政机关、税务和国家安全机关的行政行为不服的，向上一级主管部门申请行政复议。"国家税务总局《税务行政复议规则》第十七条规定："对税务所（分局）、各级税务局的稽查局的具体行政行为不服的，向其所属税务局申请行政复议。"《国家税务总局Q市X区税务局职能配置、机构设置和人员编制暂行规定》第三部分规定，"（二）派出机构2.第二税务所"。我局依法可受理原告对A税务所作出的税务事项通知书（编号：×××××××××××××××××，下称通知书）不服提出的行政复议申请。

原告不服A税务所作出的通知书，向我局申请复议并提交相关证据材料，同时提出听证申请。我局于××××年×月×日收到原告复议申请材料后,于当月××日作出受理行政复议申请通知书(Q复受〔××××〕××号)依法受理,于当月××日向A税务所送达行政复议答复通知书(Q复答字〔××××〕×号)。

××××年×月××日,A税务所向我局提交《行政复议答复书》及相关证据材料。因案情复杂,我局决定延期审理,于××××年×月××日向原告送达行政复议延期审理通知书(Q复延〔××××〕×号)。经审查,我局于××××年×月××日作出行政复议决定书(Q复决字〔××××〕第×号)并分别于×月×日、×月×日送达A税务所及原告,决定维持A税务所作出的通知书,符合《税务行政复议规则》相关规定。

第十一讲　法律文书写作之描写、说明

法律之明了，不尽在其条文之详尽，乃在其用意之明显，而民得其喻也。

——托马斯·霍布斯

　　描写、说明是通过对事物现象或状态进行具体描述，来介绍、解释事物，以使读者可以更加具体、全面、客观地了解事物，多用于说明文。在法律文书写作过程中，基于描写、说明写作手法的特性，其多用于需展现具体的场景或事物构造时，如离婚案件中对婚姻关系、感情破裂的生活情景甚至家庭暴力的场面的描述，专利权侵权案件中对专利产品性能构造的描述，美术作品著作权侵权案件中对创造性、新颖性、美感的描述等。当然，刑事案件中对案发现场的描述，人身损害赔偿案件中对伤害情境的描述等，都会使用到这一写作手法。恰当地运用描写、说明的写作手法，往往可以化腐朽为神奇，让阅读者犹如身临其境般进入案件事实，感受案件事实所形成的冲击，从而确立对己方有利的事实。

　　在法律文书撰写中，描写应尽量使用白描手法。但无论在什么案件中使用描写、说明，都应关注以下要点：一是要做到场景再现，就实避虚。对场景的描写，应就实避虚，达到场景再现的效果，使阅读者有亲临其境的感觉，另外，所描写的事实应该成为此后议论的基础，要

具有针对性，不能泛泛而谈，让人有虚幻之感。二是要做到寻找区别，细致入微。对物、景的描写，应细致入微，注重区别，让阅读者通过阅读可以清楚理解物、景的细节或独特之处，以及与他物、他景的区别。三是要做到描之有物，回归证据。描写所形成的结论都应回归证据本身，通过适当的证据展现手法去印证相关的描述。没有证据印证的描述，就是想象，无法作为裁判的依据。四是要做到突出目的，简短有力。描述语言应具有明确、充分的针对性，通过简短、有层次的语言，直击目的，不能让人产生犹豫、模棱、疑虑之感。最后，从整体效果上看，应达到白描写真的效果，避免突发奇想、描之无物（见图24）。

白描写真
1. 场景再现　就实避虚
2. 寻找区别　细致入微
3. 描之有物　回归证据
4. 突出目的　简短有力

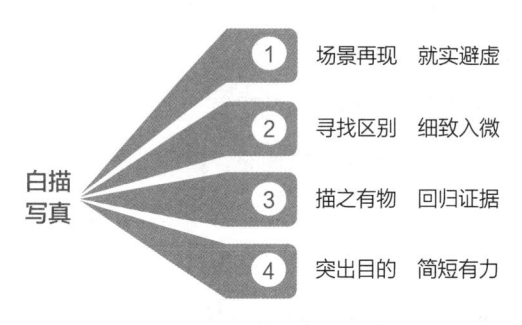

图24　法律文书写作的描写原则

以A公司与B公司字体著作权纠纷案件为例，A公司采用白描手法，对其设计字体的独创性和权利细节进行充分说明：

某某字体风格源于隶书。其笔法及线条藏头护尾、中锋扎实，结构严谨、风格古拙、骨力雄健、字体凝正；其笔画设计特征主要是去除原隶书之蚕头燕尾，使字更简化及行书化；在"疏密合理"的原则中加强字中部纵向疏度及字上下部纵向密度，在严格结构法度上疏密变异，在歪、正的处理上，在严格法度下加大力度，增加字样结构生动活泼的多姿多态。①

以前述离婚案件为例，对具体的婚姻关系、家庭暴力场景可以尝试这样的描述：

2014年12月25日15时前后，被告至原告处要求接走女儿王某，致双方产生争执。被告突然情绪失控，冲向原告，死死掐住原告脖子。原告用手捶打被告，以求挣脱。被告松手后，环扣原告双肩，用膝盖顶撞原告腹部。原告疼痛难忍，瘫坐在地。被告顺势将原告按倒，抓住头发，将原告头部连续撞击地面。女儿王某惊吓过度，蜷缩在门口，不停哭喊。后经邻居赶来劝解，被告才停止施暴。经医院诊断，原告多处软组织挫伤，轻微脑震荡（见证据五）。

通过上述描述性语言，可以对婚姻案件中家庭生活的场景进行刻画，使其更直观、更有冲击力地展现给阅读者，一方面取得阅读者的共情，另一方面为婚姻案件解决离与不离问题的"感情是否破裂"提供论证基础。

在侵犯专利权纠纷案件中，运用描写、说明的写作手法进行新颖性、差异性阐述，则显得更为普遍和重要，以一起侵害拉链发明专利权纠纷二审案中最高人民法院对于侵权比对方面的说理为例，其描述

---

① A公司诉被告B公司侵害著作权纠纷案，北京市第三中级人民法院（2014）三中民（知）初字第09233号民事判决书。

性语言结合议论手法的写作模式可供参考:

(二)关于侵权比对

关于被诉侵权技术方案是否落入涉案专利权保护范围,针对上述争议的技术特征,认定如下:

1.链齿列是否为合成树脂。经审查,涉案专利权利要求1限定链齿列材质为合成树脂,被诉侵权技术方案的链齿列材质为聚对苯二甲酸乙二醇。原审法院认为,聚对苯二甲酸乙二醇是由对苯二甲酸二甲酯与二乙醇酯交换或以对苯二甲酸与二醇酯化先合成对苯二甲酸双羟乙酯,然后再进行缩聚反应制得,属结晶型饱和聚酯,是生活中常见的一种树脂,属于合成树脂的一种。因此,被诉侵权技术方案链齿列采用聚对苯二甲酸乙二醇技术特征与权利要求1限定的合成树脂技术特征相同。

2.链齿第1腿部和第2腿部是否平行。经审查,涉案专利权利要求1限定第1腿部和第2腿部平行;被诉侵权技术方案链齿为椭圆形。原审法院认为,被诉侵权技术方案所实施的椭圆形链齿具有啮合部和第1腿部、第2腿部,且第1腿部、第2腿部相对啮合部而言处于相对平行状态,与涉案专利限定链齿具有啮合头部和自啮合头部突出且平行延伸第1腿部和第2腿部技术特征属于基本相同的手段,而且能实现与相对侧链齿啮合或分离的相同的功能,达到使第1腿部着色并能够从链带间隙看到链齿列颜色的效果,将第1腿部和第2腿部平行替换为相对平行的手段为本领域技术人员无须经过创造性劳动就能够联想到的特征。因此,被诉侵权技术方案的椭圆形链齿与涉案专利权利要求限定的对应特征等同。

3. 第1腿部是否为覆膜着色。经审查,涉案专利权利要求1限定第1腿部覆膜而被着色;被诉侵权技术方案第1腿部通过真空电镀将铝升华气化镀在链齿表面形成基底层再通过喷涂上色。原审法院认为,根据涉案专利说明书第［0035］段,链齿列的第1腿部表面实施镀层而着色,因此,被诉侵权技术方案采用真空电镀后喷涂上色的方案与权利要求1限定的覆膜着色技术特征相同。

4. 链齿列是否具有透光性。经审查,涉案专利权利要求2限定链齿列具有透光性;被诉侵权技术方案为乳白色。原审法院认为,透光性是指光能穿透某种物质,即链齿列内光刻进行折射,虽然被诉侵权技术方案中链齿列颜色为乳白色,但光能穿透链齿、在链齿内折射,故被诉侵权技术方案的链齿列具有透光性,与涉案专利权利要求2限定的技术特征相同。

综上,被诉侵权技术方案的"1.链齿列的材质为合成树脂;2.链齿列第1腿部表面形成覆膜而着色;3.链齿列材质具有透光性"的技术特征与涉案专利权利要求1和2限定的对应技术特征相同,被诉侵权技术方案链齿列第1腿部与第2腿部为椭圆状与涉案专利权利要求1限定的对应特征等同,被诉侵权技术方案的其他技术特征与涉案专利权利要求1—3的其他技术特征也相同,因此,被诉侵权技术方案落入涉案专利权利要求1—3的保护范围。①

在刑事案件中,对于特定的犯罪行为、场景也经常会使用描述性

---

① YKK株式会社诉东莞大兴拉链厂有限公司侵害发明专利权纠纷上诉案,最高人民法院(2022)最高法知民终1024号民事判决书。

语言,并适当结合记叙性语言进行事实阐述,以赵某1故意伤害罪案为例,可供借鉴的表达模式如下:

2019年11月5日,张某与中国工商银行股份有限公司金华婺城支行签订了牡丹信用卡分期付款抵押合同,从浙江晨廷资产管理有限公司按揭了一辆车牌号为×××的奥迪Q5轿车。2020年3月21日晚,张某与妻子赵某2发生矛盾,后赵某2让其弟被告人赵某1到上海浦东机场将该车辆开到甘肃省庆阳市××区,赵某2又将车辆从××区开回庆城县马岭其娘家。

2020年4月11日,张某与车贷公司员工汪某来到庆城县马岭镇马岭村南庄组其岳父赵某4家,欲向其妻子要回该车。张某与汪某进入院子后,发现其妻正在洗车,上前取放在驾驶座上的车钥匙时与赵某2发生撕扯。被告人赵某1见状上前卡住张某的脖子,并用拳头在张某头部、肩膀击打。汪某劝架时被赵某1推倒在地,赵某1又在汪某后背打了两拳、踹了几脚,将汪某推出大门。赵某2妹妹赵某3、弟媳安某上前撕扯张某抢车钥匙,赵某3在张某的手背及腰部用牙咬,安某抓住张某的头发、掐着张某的脖子压住张某。赵某1在张某胸部、左肩部踩踏,张某松手,车钥匙被赵某3抢走。张某起身拿起一把铁锤将车右后窗玻璃砸破。同日,张某经庆阳市中医医院诊断,结果为:1.左锁骨骨折;2.全身多发软组织挫伤;3.顶部头皮下血肿。2020年6月1日,经甘肃省庆城县公安司法鉴定中心鉴定,张某身体损伤属轻伤二级。①

---

① 赵某1故意伤害罪案,甘肃省庆城县人民法院(2021)甘1021刑初209号刑事判决书。

第十二讲　法律文书写作之抒情

富于感情，这是写好作品的最好手段。

——马克西姆·高尔基

抒情的写作手法多用于婚姻家庭、人身损害赔偿、涉及公共利益等案件的法律文书。法律文书的抒情一般应直抒胸臆，尽量避免寓情于景。一般而言，人身价值、人格权益至高无上，可以适当抒情，涉及国家、集体、公共利益的案件，因其脱离了私属性，亦可适当抒情。但对于一般经济纠纷、金钱债务应尽量避免抒情，或者说应避免在单纯的商事争议中过多地使用抒情的写作手法。原因在于对阅读者尤其是从事法律工作的受众而言，其对法律争议早已司空见惯，对于法律争议的解决已形成一套有体系的应对方法，梳理和看待法律争议的理性已然深植于心中。商事争议或者说经济纠纷主要涉及的是商业利益，对理性的法律工作者而言，"利不生情""利难生情"似乎已成为工作惯例。如在这种情况下仍大量使用抒情的写作手法，可能使人形成空洞、虚假之感，不仅难以形成共情，还会使人产生反感，甚至降低整篇法律文书的可信度。

在法律文书中运用抒情的写作手法时，应尽量做到以下几点：一是触景生情，情胜于景。在抒情之前应有足够的事实铺垫，让感情的迸发具有坚实的情境基础，不能空穴来风，或者让人产生"不过如此""不至于此"的阅读感受。二是身临其境，境至情生。抒情时应首先将自己代入特定的情境，自己先真实地产生情感共鸣，才有可能使阅读者产生感同身受的体验。例如，写作者自己都不能形成感情的共鸣，便很难使他人产生同感。所以，在抒情前应先进行自我感情的调适，较为真实地去感受特定情境是否能够带来情感的冲击，再决定是否有必要使用抒情的写作手法，以及使用到何种程度。三是要做到利不生情，情高于物。法律文书所抒发的感情应该具有较高的人身价值、社会价值或其他脱离了直接物质利益的价值。四是要做到直抒胸意，情到即止。抒情只是法律文书的辅助手段，见好即收，切忌洋洋洒洒、长篇大论，同时应避免使用过于宏大、高姿态的词句和语气去抒情。最后，从整体效果上看，应达到情真意切，避免矫揉造作以及可能产生的人身攻击、人格侮辱等（见图25）。

情真意切
1. 触景生情　情胜于景
2. 身临其境　境至情生
3. 利不生情　情高于物
4. 直抒胸意　情到即止

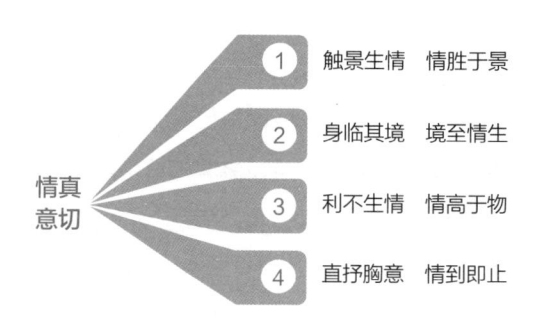

图25　法律文书写作的抒情原则

以前讲离婚诉讼案件为例，对于感情破裂这一事实可以适当抒情：

被告对原告的施暴行为，不仅严重侵犯了原告身体健康，更给原告心灵造成了不可愈合的伤害。原告时常在遭受被告殴打的噩梦中惊醒,难以安睡。对原告而言,这样的婚姻远不止是坟墓,而是地狱。

每每思及被告的上述行为,原告均感心寒。但本着以小孩为念、以家庭为重的想法,原告坚持至今。现小孩逐渐长大,已十分懂事。近来原告身边较亲近的几位朋友均先后突然离世,令原告十分感慨。突然感受到生命的短暂和脆弱,也彻底明白再继续坚持早已名存实亡的婚姻,并不能换回被告对自己和家庭的爱及关怀。为了孩子的未来和个人的自由,原告经慎重考虑,决定结束这段已没有任何感情和意义的婚姻并依法提起离婚诉讼。

在人身关系案件中,适当抒情有利于引起阅读者的情感共鸣。近年来,在人民法院的一些判决中,也开始使用抒情的写作手法,使得判决书呈现出温情的一面,而不再那么冰冷。当然,对于判决书所呈现出的较为主观的情感表达,也有人持反对态度,认为这一定程度上破坏或者至少损害了判决书所本应具有的理性和逻辑。例如,某法院离婚案件判决书这样写道:

本院认为,婚姻关系的存续是以夫妻感情为基础的。原、被告从同学至夫妻,是一段美好的历程:众里寻他千百度,蓦然回首,那人却在灯火阑珊处。令人欣赏和感动。若没有各自性格的差异,怎能擦出如此美妙的火花?然而生活平淡,相辅相成,享受婚姻的快乐与承受生活的苦痛是人人必修的功课。

人生如梦!当婚姻出现裂痕,陷于危机的时刻,男女双方均应该努力挽救,而不是轻言放弃,本院极不情愿目睹劳燕分飞之哀景,遂给出一段时间,以冀望恶化的夫妻关系随时间流逝得以缓和,双方静下心来,考虑对方的付出与艰辛,互相理解与支持,用积极的态度交流和沟通,用智慧和真爱去化解矛盾,用理智和情感去解决问题,不能以自我为中心,更不能轻言放弃婚姻和家庭,珍惜身边人,彼此尊重与信任,重归于好。

综上所述,依照《中华人民共和国婚姻法》第三十二条之规定,判决如下:

不准予原告黄某甲与被告王某离婚。①

在涉及公共管理、国家利益的案件中也可以适当、简短地抒情,表达案件的特性,使得文书更加丰满、沉稳。例如,税务行政机关在行政诉讼答辩状的最末尾可以用稍微感性一点的语言风格,进行适当的感情抒发,以形成最后的总结。类似的表述可参考:

增值税扣税凭证管理是纳税人增值税抵扣管理的重要环节,异常增值税扣税凭证的认定和核实属于该管理环节中的具体行政职能,不仅遵循增值税征税的一般原理,还应适用增值税扣税凭证合法性及抵扣链条完整性的特殊规定,对进一步遏制虚开行为、维护国家税收稳健及增值税征管秩序具有重大意义。我所作出通知书事实清楚,证据确凿,适用法律、法规正确,程序合法,请求法院依法驳回原告诉讼请求。

---

① 黄某甲与被告王某离婚纠纷案,江苏省泰兴市人民法院(2016)苏1283民初3912号民事判决书。

这样的表述既能够将文书的格局和站位提高，同时也可以向阅读者传达案件处理结果的重要性，有利于使裁判者更加谨慎，并作出支持税务机关行政行为的判决。

　　涉及人身伤害或其他与人格利益相关的刑事案件中，也经常使用抒情的写作手法，以获取阅读者尤其是裁判者的共情。

　　不可否认，越来越多的法律文书开始加入抒情的写作手法，用以体现法律的温度，体现法律工作者的人文关怀，这无疑是有益的，某种程度上也是必要的。但法律毕竟是法律，其代表的是逻辑、理性。如果代入过多的情感或者滥用情感，可能会让人产生不客观、不理性的感觉。基于此，笔者还是认为在法律文书使用抒情的手法时，应该尽量慎重，避免滥情和虚浮。

第十三讲　法律文书写作之语言运用

语言只是一种工具,通过它我们的意愿和思想就得到交流,它是我们灵魂的解释者。

——米歇尔·德·蒙田

要理解法律,特别是要理解法律的缺陷。

——杰里米·边沁

语言的好坏直接决定了文书的质量。正如但丁曾说过的那样,"语言作为工具,对于我们之重要,正如骏马对于骑士的重要。最好的骏马适合于最好的骑士,最好的语言适合于最好的思想"。语言是法律文书写作的直接工具,而组合成为法律文书的语言便升格成为文书的灵魂,或闪烁着耀眼的光芒,或充盈着力透纸背的雄劲,又或含情脉脉述说着法治的光辉。

无论是在从事律师工作时,还是在教学过程中,我总是不断地强调,语言是有生命的,文字是有灵魂的。我们要敬畏语言、敬畏文字,更要珍视他们,珍爱他们。将他们视为自己感观的延伸,通过他们去感受更远、更大、更宏伟的世界,也经由他们让更多的人感知到我们的思想和存在。

语言形式上包含字、词、句、标点、段落等元素,但支持其自成一体的却是背后的思想内核和表达风格。注重语言修养，就得先注重字、词、句、标点、段落的选择、排列、组合。字应该做到字尽其用，考虑其义、音、形，如"月落乌啼"中的"落""啼"两字、"春风又绿江南岸"中的"绿"字、"僧敲月下门"中的"敲"字，还有许许多多经典诗、词中的某些字都是画龙点睛、神来之笔，无可替代，或多或少都经历过"众里寻他千百度""为伊消得人憔悴"的千锤百炼、搜肠刮肚。就像王勃的《滕王阁序》，更是将运字境界提高到无以复加的地步，关于其写作过程，还流传着这样一个故事。

相传王勃到南昌，刚好赶上都督阎伯屿的宴会，一气呵成写就《滕王阁序》，末尾还写了七言古诗《滕王阁》。可是王勃写到最后一句空了一个字不写，只留下"槛外长江□自流"，将序文呈上就走了。在座的人看到这里，有人猜是"水"字，有人猜是"独"字，阎伯屿都觉得不对，派人追回王勃，请他补上。

赶到驿馆，王勃的随从对来人说："我家主人吩咐了，一字千金，不能再随便写了。"阎伯屿知道后说"人才难得"，便包了千两银子，亲自率人来见王勃。

王勃接过银子，故作惊讶地问："我不是把字写全了吗？"大家都说："那不是个空（kòng）字吗？"

王勃说："对呀！就是'空'（kōng）字呀！'槛外长江空自流'！"众人恍然大悟。[①]

当然，这些都是民间传说，未见得真有其事，即使真有其事，在经年的流传过程中，难免会有夸张之嫌，但其字字推敲的精神确应成

[①] 滕征辉：《做东》，江苏文艺出版社2014年版，第258页。

为我们永不放弃的追求。尤其是对法律人而言，对文字的追求理应比普通人更高。基于法律本身的严谨性以及外界对法律人的专业期待，在法律文书的撰写过程中应做到字字推敲，用字准确，不多余。例如，笔者曾多次强调的"删'的'"行动，即将我们文书中没有用的"的"字全部删掉，你会惊讶地发现，自己居然写了那么多没有任何意义的"的"（或许在读者看来本书中亦有很多"的"是可以删除的）。将其删掉后，你会发现不仅表达简洁了，整体语言风格也显得更加成熟、端庄。如果我们再进一步删掉文章中没有意义的连接词、语气助词，文书会更加凝练。

就用"词"而言，应该讲究适当、精准、简练。马致远《天净沙·秋思》中的"枯藤老树昏鸦，小桥流水人家，古道西风瘦马"，单纯使用词语的排列便将一种只可意会不可言传的思想感情生动化、具象化，跃然纸上。相比于文学作品而言，法律文书要求尽可能地使用专业术语，并且避免在一句话，或紧邻的几句话甚至一个段落中重复前面已使用过的词语，除非为了反复强调。例如，在法律文书中尽量使用配偶而不说妻子或丈夫；在表达合同效力时准确区分成立、有效、无效、效力待定、可撤销等。"句"应该清浅、新颖并富有节奏感。"红了樱桃，绿了芭蕉"的表达，远比"樱桃红了，芭蕉绿了"更有意境；"一杯红酒配电影"自然也比"边看电影边喝红酒"的表达更让人浮想联翩。法律文书中对句子的要求应该准确、简明、庄重、严谨，尽量不用或少用问句。尤其是类似于"这难道不违反法律、违背天理吗？"这样的反问句一般无须使用，因为不仅没有意义，而且使笔触显得稚嫩。

至于标点符号的运用，需要结合标点符号使用规范，尽量避免明显的使用不当。《标点符号用法》（GB/T 15834—2011）规定了现代汉语标点符号的用法,可供参照。该标准适用于汉语的书面语(包括汉语和外语混合排版时的汉语部分)。

关于段落的安排,我们在前述谋篇布局章节中已作论述且在后续章节中亦会提及,此处不再赘述。

总体而言,法律文书中的语言应尽量满足以下要点,以形成言简意赅而不拖沓冗长的语言风格。

一是多用法言法语,少用生活语言、口头语言。两者对比如下:

修改前表述:上个月13号,我和我老婆在医院门口等红绿灯过马路,后来被告的车辆突然从我们后面蹿出来,径直撞到我的腿上。当时我被撞倒在地,昏了过去,我老婆打了110,并跟几个路人把我送到医院。

修改后表述:2017年1月13日,原告与其配偶李某某在某某医院等候交通信号灯时,被告驾车沿××路由东向西行驶。由于被告未尽必要注意义务,其车辆左前部撞伤原告。原告配偶报警后,又在路人协助下,将原告送往医院救治,被诊断为左小腿粉碎性骨折。

二是多用短句或中长句、单句,慎用长句、复合句。

三是多用标点符号断句、行文,少用连接词、语气助词。两者对比如下:

修改前表述:被告以没有证据证明货物存在质量问题的理由,拒绝向原告支付货物买卖合同约定的款项的行为,严重地违反了合同的约定,对原告构成违约,应根据买卖合同的约定向原告承担相应的违约责任。

　　修改后表述：被告没有证据证明涉案货物存在质量问题。其以此为由拒不向原告支付货款的行为违反了约定，构成违约，应承担违约责任。（长句变短句）

　　修改后的表达，将长句改为短句，并删除不必要的词汇，使整个表达清晰、流畅。

　　四是多用常用字词，不用或少用生僻字词。

　　五是多用陈述句，慎用比喻句、问句。

　　法律文书写作的语言运用原则见图26。

　　以某某公司合同纠纷案件一审答辩状为例，展示首段和最后一段内容如下：

　　从整体交易模式看，涉案项目并非一般意义股权转让或资产转让，亦非单纯的房地产合作开发，不能以一般对价式交易方式简单认定AA公司是否构成违约，BB公司是否存在损失及CC公司、DD公司是否应当承担责任。本案证据材料可以证实，案涉所谓"包干费"资金大部分来源于某某银行。该部分资金通过信托基金通道，以BB公司（SPV公司）主张的股东借款方式进入项目公司，用以偿还项目公司向某某银行的"旧贷"，最终由BB公司处置项目抵押资产全额高息收回"新贷"。该种操作模式一方面是为了规避监管机构限制银行理财资金进入房地产市场的政策；另一方面是实现以银行"借新还旧""循环贷"方式获取高额资金回报，同时套取项目公司经营利润。因此，应结合本案实际交易模式及BB公司对涉案项目采用的特殊运作方式对AA、CC、DD

公司是否应承担责任,以及责任的大小进行综合评定。

(详细阐述主体内容)……

综上所述,BB公司作为SPV公司,通过基金通道,以"借新还旧""先借后抽离"的方式将银行理财资金违规投入房地产市场,同时达到收取高额资金回报和房地产经营利润的双重目的;但由于其未实际支付任何对价和投资款,导致合作开发协议失去履行基础。BB公司通过提起另案股东借款诉讼和本案保证责任诉讼方式,在收回借款的同时又诉讼主张股权转让交易责任。该两个诉讼请求及其所依据的事实和理由实际相互矛盾、排斥,与本案客观事实不相符,亦违背国家金融、房地产宏观调控政策及诚实信用、公序良俗原则,不应得到支持。请贵院充分考虑本案交易方式违规性,AA公司不存在违约以及项目公司、BB公司不存在损失等事实,驳回BB公司的全部诉讼请求。

言简意赅
1. 多用法言法语　少用生活语言
2. 多用短句或中长句　慎用长句
3. 多用常用字词　不用、少用生僻字词
4. 多用标点符号　少用连接词
5. 多用陈述句　慎用比喻句、问句

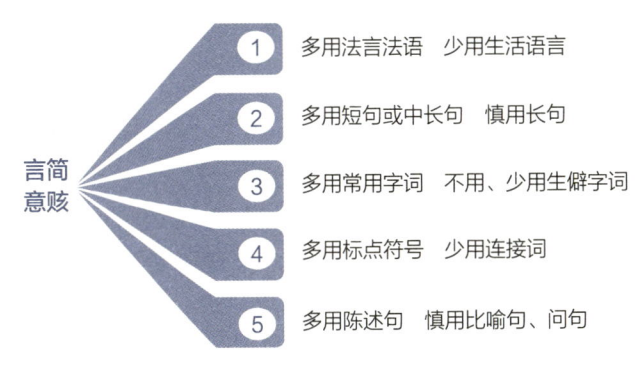

图26　法律文书写作的语言运用原则

专业的法律文书写作是法律职业人永无止境的追求,也是法律职业人得以生存和发展的重要基础之一。令人略感惋惜的是，无论是现在的法学教育还是法律服务市场，越来越追求"高大上"，急功近利，追求衣着、办公场地的奢华，甚至唯业绩论，创收至上，而忽视了对法律职业的底层设计，不致力于夯实法律人赖以生存的基石。法律文书写作这一基础性而又决定全局的技能没有得到应有的重视。正是基于这种基础性，法律人应该对语言、文字，对规则怀有热爱和敬畏之心。唯有如此，才能在文书写作过程中孜孜追求、不知倦怠，成其所愿。当然，优秀的文书写作技能，光凭一腔热血也无法成就，不通过广泛借鉴、反复训练、不断完善，难以得其精要。"千里之行，始于足下"，在开篇之时，就应确定较高的写作规格和质量目标，不仅应铸其"力"，更应造其"美"。

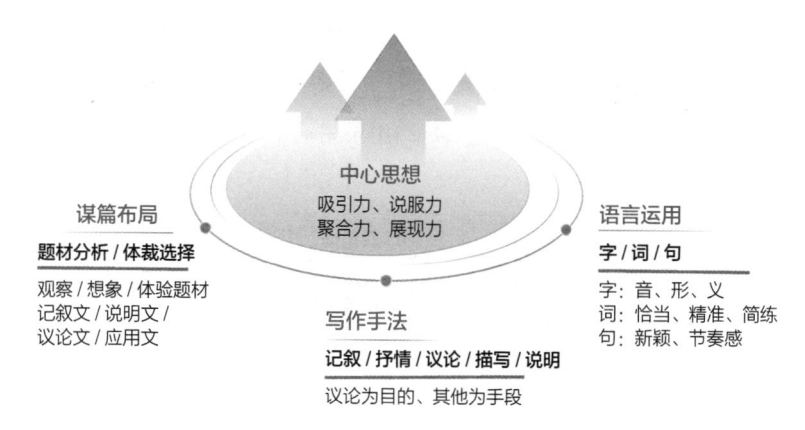

中心思想
吸引力、说服力
聚合力、展现力

谋篇布局
题材分析 / 体裁选择
观察 / 想象 / 体验题材
记叙文 / 说明文 /
议论文 / 应用文

写作手法
记叙 / 抒情 / 议论 / 描写 / 说明
议论为目的、其他为手段

语言运用
字 / 词 / 句
字：音、形、义
词：恰当、精准、简练
句：新颖、节奏感

图27 法律文书写作表达方法的整体观

Mindset & Skills for Legal Writing

第三编

法律文书写作思维内核

第十四讲　法律文书架构之法律思维

完全按照逻辑方式进行思维，就好像是一把两面都有利刃而没有把柄的钢刀，会割伤使用者的手。

——拉宾德拉纳特·泰戈尔

法律是一种习惯或传统，而不是一种职业活动，或者更准确地说，是一种外围习惯、传统、社会情感以及其他因素所限制和影响的职业活动。

——理查德·艾伦·波斯纳

仅从思维模式角度而言，笔者个人不太主张将法律从业者划分为诉讼类和非诉类（本书使用了"诉讼律师"的表达仅是从法律文书类型化角度考虑），或者作更细的领域性划分，如单纯以业务类型作为标准，区分为刑事类、民事类、商事类等，并称之为刑事律师、民事律师、商事律师等。法律是国家制度的一部分，也是一种社会现象，不能脱离国家属性和社会属性。这也就决定了其在运转过程中，不可避免地将与其他制度、其他社会现象产生联系。一旦这种联系得以确立，便不能仅用某一领域或某一类法律规范去理解、规制、处理。我们应当在较为统一的法律思维模式下，将诉讼思维、非诉思维，包括不同业务类型的诉讼思维、非诉思维进行贯通，并在贯通中进行区分或融合，才能形成较为完整、客观、合理的思维内核，以推动法律文书的架构和延展。

当然，我们在从事具体法律工作或撰写特定法律文书的过程中，基于特定的工作、写作目的，可以确立某种或某一特殊案件类型的思维作为我们的指导思维，以确保工作、文书的边界和外延是清晰、稳定、可控的。关于这一点笔者将在后文进行详解。本讲笔者将具体谈一谈个人对法律思维模式的理解，以及它在文书写作中的运用。

需要强调的是，正如撰写本书的初衷和原则，笔者无意从学理或教义学的角度去阐述法律文书的起源、概念、特点、版式等问题，而仅从经验、实用和思想再现的角度去表达个人的观念和体会。同样，对于思维模式，尤其是法律思维模式这一宏大且仍无定论的叙事，本书亦不会进行概念、原理式的论述，仅将个人对于法律文书形成的思考方式和过程展示出来，以期对读者有所启发。

我们面临任何一个需要处理的案件或法律事务，在开启工作、撰写法律文书之前总要经过一些思考，最终形成可供执行的方案，并以此为据逐步推进，这个思考过程也就是我们运用法律思维对特定案件或法律事务进行分析的过程，即前文所提及的进入案件、融入案件、分离案件、回望案件。在这一程序中融入法律文书写作的五大关键能力——辨识能力、提炼能力、关联能力、架构能力及贯通能力，实际上就构成了法律思维的一般模式和要求，也是法律思维的内核。就一般思维而言，应包括形式结构、主体、客体、基础、内容、结果等，分别对应概念、判断、推理的确立，法律主体的选择，法律方案的设计和论证，形式逻辑和法律规范的运用，程序和实体的兼顾以及利益的平衡等，具体如图28所示。

法律思维的形式

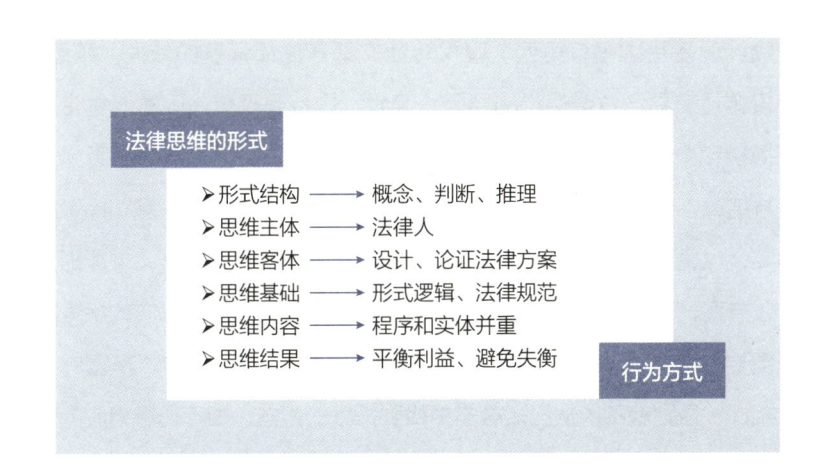

- 形式结构 ⟶ 概念、判断、推理
- 思维主体 ⟶ 法律人
- 思维客体 ⟶ 设计、论证法律方案
- 思维基础 ⟶ 形式逻辑、法律规范
- 思维内容 ⟶ 程序和实体并重
- 思维结果 ⟶ 平衡利益、避免失衡

行为方式

图28　法律思维的形式与行为方式对照

以笔者办理的某有限责任公司股权代持案件为例,站在被告的角度,法律思维的运转过程大抵如下。

第一环节,进入案件。通过原告提供的诉讼材料及当事人的概述,初步了解事实,并以此为通道进入案件。原告委托被告代为持有某有限责任公司股权,签订了代持协议,对代持期间的权利、义务等事项进行了约定。被告转让代持股权取得转让款,并经原告确认后,在扣除代持管理费、律师费、企业所得税、个人所得税、增值税及其他费用后,被告将剩余股权转让所得支付给原告。此后,原告认为被告在扣除增值税、企业所得税后,实际并未向税务局缴交该笔税款,构成不当得利,向法院提起不当得利之诉,要求被告返还该笔款项。当我们通过这些事实走进案件后,尝试代入当事人的身份,观察已知事实,并根据已知事实及法律关系边界对事实进行探索、校正。就这个案件而言,我们应迅速关注到的问题有:第一,股权转让所得的总金额各方是否确认;第二,各项扣除费用是否有合同依据、法律依据;第三,各项费用的金额计算是否准确；第四，股权转让交易产生律师费的依据；第五，股权转让交易产生增值税的原因；第六，代持股权转让同时产生企业所得税和个人所得税的政策依据和原因；第七，费用的支付是否经过双方结算、确认。这些都是我们在进入案件的过程中需要挖掘和探索的事实，也是我们处理这一法律事务的事实边界。边界确定了，才能形成有效方案，有了方案，才能确定法律文书的基础。当然，事实的探索除了需要具有丰富的社会、经济生活经验，还需要具有扎实、丰富的法律知识，否则就不能从已知事实中找到探索的方向。如不具备相应的税法知识，就无法对股权转让产生增值税这一异常事实进行关注，进而无法探究出当事人在持股过程中，出现股转债、债转股的事实，最终转让的实际是因债转股而持有的上市公司股份这一事实。案件的核心事实是由有限责任公司股权转让发展为转让金融商品，而产生征收增值税的相关问题。

  第二环节，融入案件。在这一环节我们需要带着对法律关系，法律概念、判断、推理，法律逻辑、法律规范，以及法律程序、实体等诸多法律人特有的思维装备，以沉浸式的心态融入案件，以发现事实的焦点，厘清法律关系，确立法律推理等。在前述股权代持案件中，通过进入案件对事实进行探索后，需要确立：第一，双方在本案中争议的核心问题在于增值税、企业所得税的扣除是否有依据；第二，本案是否属于不当得利的法律关系；第三，换股之后，代持关系是否仍然成立、有效；第四，双方达成的股权转让所得分配方案所涉及的税费承担与相关法定纳税义务之间的关系如何；第五，企业所得税汇算清缴导致所属年度实际不产生应纳税额与原告单独核算股权转让收入之间的利益核算及平衡关系如何；第六，转让金融商品的增值税计税方法对案涉交易增值税核算的影响；第七，代持合同所约定的由某某市某某区仲裁委管辖的条款效力如何。通过融入案件，提炼争议焦点，确立法律关系，基本可以形成法律方案。比如，答辩状的基础框架基本可以这样确立：首先，论述本案案由实际为合同纠纷而非不当得利纠纷，说明理由并要求法院予以纠正；其次，论述如法院以不当得利案由审理本案，则主要应审查被告的所得是否有合同或法律上的原因，而不应对合同的履行状况和方式进行审查；再次，论述如法院以合同纠纷审理本案，则应认可双方就股权转让所得所达成的分配协议或相关确认文件的效力；又次，结合税法知识并通过论述企业所得税、增值税计税原理和方法，说明本案涉及的税费扣除方式是符合法律规定和合同约定的，且不致双方利益失衡；最后，正向论述答辩人已如实申报了转让收入，依法承担了纳税义务，实际缴纳税款与纳税义务的承担并非同一概念，并指明本案实质争议在于答辩人是否存在隐瞒收入，即在扣除税款后，不承担纳税义务的偷逃税款行为，而这一争议显然应由税务机关先行调处。如此一来，答辩状的基本框架就得以建立，可以撰写一级标题，并在其下充实具体内容。

第三环节，分离案件。通过融入案件，我们确立了核心争议事实、法律关系、程序问题，但这一过程中所得到的信息和方案仍然是以案件争议的最大外围作为边界，仍然比较宏观和笼统，不利于具体操作，需要进行案件分离。首先要做的是，在案件争议最大边界范围内，围绕对方所提出的诉讼请求、主张对案件进行分割，如将不当得利的法律概念、构成要件、程序单独进行考量；将增值税、企业所得税的扣除问题独立出来；将收入分配协议独立出来；将仲裁管辖条款的效力独立出来。其次，我们需要就独立出来的问题在事实上、法律上、推理上、案例上进行有针对性的研判,并得出结论,确定方案。例如,对于管辖问题,我们需要确定是否需提出管辖权异议,并预判被支持的可能性。另外,对于换股之后的代持行为是否成立、是否有效,需要考虑是否提出反诉或另行诉讼等问题。分离案件完成后,我们可以就所争议的问题按照优先、重要、补充、预防等级别确立具体的指导方案,并据此开展工作。

第四环节,回望案件。在回望案件前,我们已经拟订了具体的指导方案,回望只是将自己从案件中抽离出来,以旁观者或者裁判者的身份再去观察法律方案与案件事实之间的关系。这个过程要重点考虑案件事实是否周延,案件处理方向是否正确,法律推理是否会受到阻滞,风险预测是否谨慎,等等。例如,在各方当事人已就持股事实作出确认并已分配股权转让收入的情况下,再对换股之后可能产生的代持上市公司股份行为无效提出异议或反诉的主张,该种主张被认可和支持的可能性究竟有多大?这一反诉的提出到底是单纯基于诉讼技巧的考虑,还是真的需要考虑诉讼目标的实现?这些问题是我们在回望案件的过程中需要确定的。从这个意义上说,回望案件实际是对法律的审视和校正。法律思维在案件中的运转过程见图29。

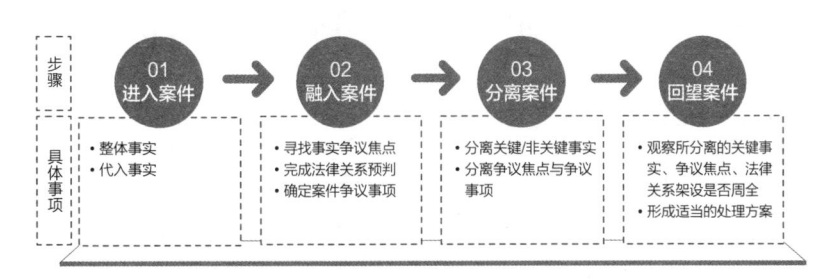

步骤	01 进入案件	02 融入案件	03 分离案件	04 回望案件
具体事项	• 整体事实 • 代入事实	• 寻找事实争议焦点 • 完成法律关系预判 • 确定案件争议事项	• 分离关键/非关键事实 • 分离争议焦点与争议事项	• 观察所分离的关键事实、争议焦点、法律关系架设是否周全 • 形成适当的处理方案

图29 法律思维在案件中的运转过程

通过上述四个办案环节，案件的答辩思路以及答辩状的基本框架已建立，可供参考的表达方式如下：

根据AA市中级人民法院关于本案所作出的管辖权裁定，本案属于合同纠纷案件，本案的审理应该以双方所签订的协议、往来函件以及各方对相关事实和责任的确认为依据。申请人和答辩人已经就《股权委托代持协议》进行了终止履行确认，且明确双方权利义务已经结清，该约定对双方当事人具有法律效力，不容否认。

一、申请人与答辩人经协商，按照《股权委托代持协议》的约定，通过申请人出具确认函的方式确认了协议终止及收益分配等事项，在该确认函及《股权委托代持协议》被认定为无效或撤销之前，申请人无权单方否定其内容，其在本案中的主张，不仅直接违背双方约定，也有违诚信原则，没有事实和法律依据。

（具体阐述）……

二、案涉投资项目历经破产重整、股转债、债转股以及多次诉讼后，最终实现投资收益，答辩人为争取申请人的投资利益，尽职尽责，所支出的律师费、评估费、印花税等税费均为合理、必要费用，且经双方确认由申请人承担，符合协议约定，申请人无权要求返还。

（具体阐述）……

三、答辩人依照协议约定和税法规定，将案涉股权转让收益计入答辩人营业收入，如实申报缴纳增值税、企业所得税，履行了相应的纳税义务，并不存在申请人主张的案涉收益无须纳税或未纳税情形。

（具体阐述）……

四、案涉股权转让收入需要依法纳税，且实际已由答辩人承担了该纳税义务当属无争议的事实，经税务机关汇算清缴后所确定的答辩人当年度实际应缴纳的税额反映的是答辩人当年度整体税收负担，与答辩人的经营成本、以往年度亏损等要素相关，申请人无权以答辩人实际缴纳的税款具体金额，否认答辩人已承担相应纳税义务的事实。

（具体阐述）……

综上所述，案涉《股权委托代持协议》已经双方协商履行完毕，相关权利义务已结清，且答辩人并不存在虚增税费的情形，申请人无权向答辩人主张任何款项返还责任。另则，《股权委托代持协议》约定的税费扣除方式符合股权投资行业的交易习惯，理应得到遵守，案涉投资项目的其他投资者亦无异议。请求贵委尽快裁决、驳回申请人全部仲裁请求，定分止争。

（具体阐述）……

以上是笔者个人经验的积累，也是笔者认为的法律思维的运作过程。可能每个人都有自己的办案习惯、思维惯性，对法律思维也有不同的理解和看法，没有对错之分，只有更适合自己的方法。值得说明的是，任何企图给思维下定义或者进行步骤分割的做法在本质上都是不能完全周延也无法统一的。这相当于用一种思维给另一种思维下定义、划边界，不可避免地具有局限性、主观性。这就像我们初学倒车入库那样，教练总会指导我们，左打几圈、右打几圈、左后视镜到哪个位置回正等，但当我们熟练驾驶后，就会发现所有的动作并没有定式，也没有思维的分割，而只是一种习惯，既是思维的习惯也是行为的习惯。同样，法律思维对于法律方案的确立、对于文书的写作意义大抵如此。在初学阶段，应该刻意训练自己的思维，并尽量有规律地确定行动方案。在无数次训练、实战之后，就会发现其实一切都是那么得心应手，信手拈来。这就是我们要不断去追求的境界。

第十五讲　法律文书架构之类型化诉辩思维

　　一个人的风格有多大力量，就看他对自己的主张有多么强烈，他的信念有多么坚定。

——萧伯纳

　　先例的背后是一些基本的司法审判概念，它们是司法推理的一些先决条件；而更后面的是生活习惯、社会制度，那些概念正是在它们之中才得以生成。通过一个互动过程，这些概念又反过来修改着这些习惯和制度。

——本杰明·内森·卡多佐

　　诉辩思维是法律思维的具体表现形式之一。诉辩思维根植于法律思维，但基于诉讼案件的特殊类型以及专门的程序性规制，诉辩思维在法律思维的展开层面体现出不一样的要求和效果。民事诉讼案件、刑事诉讼案件、行政诉讼案件基于不同的诉讼程序、证明标准、利益保护，其思维方法并不一致，因此对诉讼策略的制定产生了影响，进而对相应的诉辩方案、法律文书的架构提出了不同的要求。对于法律工作者而言，应该在法律思维的底层逻辑之上，针对不同的案件类型抽离出适合该类型案件的起诉、答辩思维体系，进而形成相对完整的方法论，这就是本讲所要讨论的类型化诉辩思维的构建。

　　一个被完整、高度提炼的思维体系对于任何类型法律问题的解决均至关重要；只有当相应的思维体系得以构建，我们才能运用分类及逻辑拆分的方法，对需要处理的法律问题予以拆解，并最终形成较为妥当的处理方案。就个人办案的体验而言，民事诉讼运用的是"关系式思维"：面对任何一个民事案件，首先要厘清其法律关系，即争议问题属于合同关系、物权关系、侵权关系还是其他关系。在对法律关系进行界定后，才能有针对性地考虑案件事实、请求权基础、争议焦点、责任承担等事项。如果法律关系划分错误，整个案件的处理方向就会产生偏移，自然无法找到贴切的处理方案。行政执法运用的是"条件式思维"：行政执法领域中的"条件式思维"可理解为行政机关在执法中必须将规范和事实进行对照，并着重考虑已证实的事实是否满足规范所确定的执法条件，进而决定是否启动执法程序以及执法的具体方式、程度等。该执法条件可具体分解为职权依据、执法程序、法律依据、违法事实、尺度和比例等。刑事司法运用的是"要件式思维"：刑事司法中的"要件式思维"是在广泛的立法、司法实践中抽象提炼具备支撑性作用的关键条件。通过已设定的要件抓取可能存在的违法行为，当违法事实完全符合相关恒定要件时，刑事司法要件成立，可作入罪判断；反之，则应作出罪或者其他行政法上的评价。两者的主要区别体现在，首先，"条件式思维"较为具体、易变，而"要件式思维"较为概括、恒定；其次，"条件式思维"更多可以理解为形式吻合，而"要件式思维"更强调实质相符；最后，"条件式思维"允许条件改变后的执法调整或纠正，而"要件式思维"一旦确立，一般不再发生调整和改变的效果。

三类诉讼的思维方式见图30。

关系式思维
民事诉讼

条件式思维
行政诉讼

要件式思维
刑事诉讼

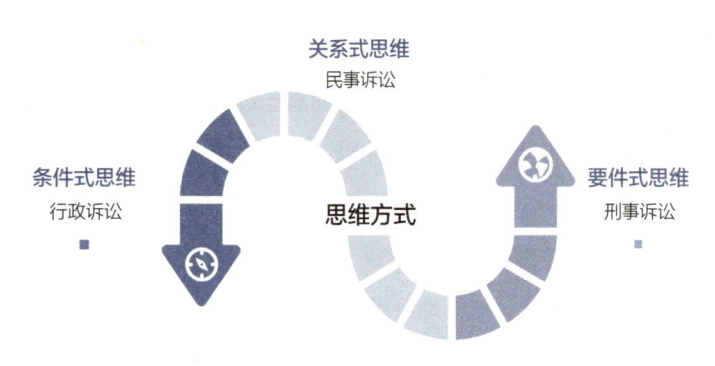

思维方式

图30　三类诉讼的思维方式

一、民事诉讼的"关系式思维"

基于民商事主体平等性、私权利保护公平性等必然要求，民事诉讼思维方式的基础在于"平等"，即诉讼地位平等、举证权利平等（适用特殊举证规则除外）、公权力调用平等。这种平等性决定了民商事案件的诉辩基本在一个层面上展开，即使存在几个关系层面，一般也不具有穿透能力。诉辩双方需要重点考虑的是根据已知的案件事实，在进行法律架构时谨慎选择并确定某一关系层面，进行诉辩思路的安排。当然，有时需要同时考虑几个关系层面，作为进退、腾挪的空间，但必须确保这几个关系层面本身不存在根本性矛盾。层面的选择、安排，本质上要求办案人员具有较高的拆解能力，将事实、法律关系、责任进行高效、精准的拆解，如此方能形成清晰的逻辑进路。从裁判者角度而言，民商事案件处理的目标在于衡平，针对平等主体在民商事活动中形成的利益失衡，依据证据和法律调整至平衡状态。诉辩活动的全部意义在于告诉裁判者己方利益受损或对方获益，无论采用什么样的战术，其在战略思维层面都离不开法理与情理的相互交织。当然，这里所谈到的衡平绝非各打五十大板的"和稀泥"，而是带有矫正、补偿甚至惩罚意义的主动的、介入式的司法评判。

二、行政诉讼的"条件式思维"

所有的行政诉讼案件都发端于行政行为，而行政行为本身具有管理性的特点。一般而言，行政机关作为执法机关，是行使管理职权的主体，原告作为行政相对人，是被管理的对象。这种地位在客观上具有一定的不平等性，即行政机关往往掌握了行政行为的主动权，无论是在行政行为的发动还是在证据固定、法律解释等方面都具有优势地位。基于此，无论是行政法本身还是行政诉讼法都对行政程序提出了较高的要求，形象地理解这种程序性要求，即相当于一个"通道"，无论是行政机关，还是行政相对人都应该被规制在这个通道中活动。行政机关首先应该固定、明确行政行为的性质、归口管理，即"通道"的起点，再沿着职权依据、证据、法律适用、执法目的等路径渐次展开其诉辩思路。行政相对人虽然可以较为自由地表达诉辩观点，但其主体路径仍然离不开某一具体行政行为所依赖的"通道"，一旦脱离了这个通道，就将脱离以行政行为为中心的行政行为合法性审查原则，不能形成有效的诉辩观点表达。这种"通道"式的思维方式，决定了行政诉辩思维往往不是停留在一个法律关系层面，而是具有"破层"能力。行政机关的行政权力在运行过程中往往可以突破普通民商事案件的关系式思维，这种法律关系的贯穿力，一方面对行政机关提出了更高的执法要求，另一方面也提示行政相对人在整个行政管理、行政诉辩程序中都要对此保持高度警惕。从司法角度而言，行政诉讼的核心目的在于监督，司法权通过行政诉讼程序对行政行为的合法性进行监督。这种监督性及作为被告的行政机关的专业性、权威性、主动性，决定了行政机关在诉辩过程中要承担更多、更全面的陈述、证明义务。行政诉讼被告应就其行政行为的合法性承担举证责任，且司法监督是对行政行为合法性的全面监督，而不局限于原告的诉讼请求。因此，无论是行政诉讼的原告还是被告，在战术上都要重视"甄别"能力，在司法和行政的相互关系下，对司法和行政的界限、执法条件、行政行为的合法性及合理性进行甄别。

三、刑事诉讼的"要件式思维"

相较于民事诉讼、行政诉讼而言，刑事诉讼要件式思维的基础在于"制裁"，即对违法犯罪行为的制止和惩罚。从侦查阶段开始，公权力的介入深度及张力就是显而易见的，其强大程度远甚于行政行为中的"管理"行为，更遑论民商事案件中的平等性思维。在整个刑事活动中，公权力都具有"击穿"的能力，无论是民商事案件中的"关系""层面"，还是行政案件中的"条件""通道"，在刑事活动中很大程度上都将失去其边界，或者被弱化到最低程度。从这个角度而言，刑事案件的思维方式需要突破"层面""通道"思维，形成立体思维模式。也就是在刑事案件的处理过程中，要将民事思维和行政思维结合考虑，最终形成对案件的整体处理方案，而不能局限在某一个面或某一点上，要充分考虑刑事案件要件思维模式下的穿透能力。如果仅满足于单一层面、单一通道的思考，可能导致刑事案件所需要的要件缺失或不能形成有效解构，导致诉辩观点不牢靠，甚至产生巨大的案件处理风险。就刑事诉讼的目的而言，主要在于对犯罪分子的惩治，既要惩罚犯罪，也要"治病救人"。诉辩双方都要围绕犯罪构成要件的解、构表达观点，并在惩罚犯罪与保障人权的双向目标中，找到各自的思维切入点、语言风格和介入方式。

思维方式的运用要素具体如图31所示。

思维方式	基础	方式	能力	目标	战术	战略
关系式思维	平等	层面	选择	平衡	拆分	法理与情理
条件式思维	管理	通道	破层	监督	甄别	司法与行政
要件式思维	制裁	立体	击穿	惩治	解构	惩罚与保障

图31 思维方式的运用要素

如果将诉讼比喻成一场战争，三者都具有利益失衡性、主动触发性、高度对抗性、相对持久性、终极目的性等特点。无论哪一类型的案件，如果得以发生，则一般可以体现为某种或某些利益失衡的结果。如民事案件，可以理解为原告、被告、第三人等当事人之间因为侵权、违约或其他法律事实的产生，导致利益失衡。刑事案件，则一般体现为犯罪行为破坏了刑法所保护的法益，产生了社会危害性，从而导致公诉机关或自诉人需要通过刑事诉讼程序予以矫正。行政案件，则体现为行政相对人的相关利益受到违法行政行为的侵害，行政相对人需要通过行政诉讼纠正或确认行政违法行为，以使其利益得以弥补。任何一种利益失衡均需要受损一方启动、触发，相应的诉讼程序才得以开启，并且在整个诉讼过程中产生主要观点的对立和抗争，延续时间较长，最终目的都是追求胜诉。

当然，笔者始终认为，除不能适用调解的相关刑事案件、行政案件以外，调解始终是争议解决的最佳方式，成本也最低。之所以将诉讼比喻成战争，本质上是为了更好地理解其思维模式，以及对法律文书架构的影响，并无他意。战争无外乎攻防之术，诉讼基于其对抗性和目的性，从一开始就打上了攻、防烙印。民事诉讼中如何提出诉讼请求，如何组织证据，如何发表代理意见等都需要在尽可能充分、全面考虑对方会如何进攻、如何防守的基础上，谨慎实施。因此，不同的诉讼类型所采用的战略、战术、攻防都不尽相同，其所涉及的文书架构也不尽相同。关于其各自架构因思维内核的不同，导致外在形式的具体差异，将在后续章节详述。

第十六讲　民事诉讼攻防策略与法律文书架构

文章结构是作者对自己思想和思考的最佳表达形式。

——亨利·威尔逊

诉讼一方的陈述等于无陈述，裁判者应听取双方的陈述。

——法谚

民事诉讼的主要目的在于查明事实、定分止争。基于这一目的，民事诉讼参与主体的主要任务或对抗目的在于确立一个事实，进而对这一事实进行法律价值判断。原告需要确立可能支持其诉讼请求的事实，被告则需要否定或修正这一事实，进而确立对己方答辩主张有利的事实，而裁判人员则需要根据双方的陈述、证据确立其认为可以成立的事实。从这个角度而言，原、被告的共同诉讼目的都在于摧毁对方构建的事实和观点；同时，确立对己方有利的事实及观点。如果将其中的事实和观点比喻为作战阵地，在民事诉讼中，无论是原告还是被告，都应该有自己所需要坚守的阵地。在诉讼过程中，不仅要守住自己的阵地，还要想办法摧毁或者攻破对方的阵地。如此一来，才能赢得战争，取得胜利。基于该种诉讼目的的要求，就战术而言，民事诉讼更多地采用类似于阵地战、线形作战方式。无论是原告还是被告一般均将自己的主要主张确定为己方阵地，并有组织、有层次地向对方阵地推进，以摧毁或攻破对方的主张。在整个诉讼过程中会出现互有攻防、攻防转换的局面。

这种互有阵地、互有攻防的策略体现在诉讼程序中，可以表现为各自对事实、权益的主张，以及相对方对其主张的否定和反驳。一方提出主张，另一方进行否定，当这种否定足以推翻对方的主张时，对于否定一方而言，则成立新的主张，产生新的阵地。再由对方进行反驳、否定，如此循环往复、交替进行。值得注意的是，单纯的反驳，如未达到足以否定对方主张的程度时，则并不构成新的主张，不成立新的阵地，而只是对相对方阵地的一次攻击而已。基于这样的特点，民事诉讼法律文书的架构一般要做到观点先行，亮出阵地，再结合具体的争议焦点、事实和理由，有破、有立，分层论述，逐级推进。

以商品房买卖合同纠纷案件为例，可以对民事诉讼攻防局面做一个概括性观察。原告主张被告迟延交楼，应依约支付迟延交楼违约金。在这样的案件中，原告关于迟延交楼以及违约责任承担约定的主张，便是原告需要坚守的阵地。被告则主张双方已达成了交楼协议，自己不应承担违约责任，这便是被告的阵地。诉讼中，双方首先要组织证据证明各自的观点，以坚守阵地。就原告而言，要将合同约定的交楼时间与实际交楼的时间进行比对，以确定被告存在违约行为，再援引合同违约条款确定违约责任；而被告则要提供交楼协议，证明双方已就迟延交楼行为达成过处理协议，其不应再承担违约责任。双方在诉讼中或在起诉、答辩文书中应清晰、准确地表达自己的主张，以明确各自需要坚守的阵地，不能轻易退让。在据守阵地的同时，一般以原告为攻方，被告防守，但也会就个别问题产生攻防转换，如被告在诉讼中主张双方已经签署协议，并确认已将符合交付条件的房屋交付给原告，原告依约不能再主张逾期交楼的违约责任。此时意味着被告反守为攻，提出新的主张。原告就该主张进入反驳或防守状态，认为被告在签署协议时并未告知原告所交付的商品房只具备临时用水条件，而不具备永久用水条件，不符合交付条件，不能视为交付。被告对于原告的主张又需要通过有效合同的法律约束力，临时用水不影响使用，司法实践等方面予以进一步反驳。总之，双方在坚守各自主要主张时，有时进行反驳，有时成立新的主张，不断交替进行。裁判者在整个攻防转换，主张、反驳、新主张、新反驳的交替中进行观察、探索，最后确立优势证据，获取内心确信，形成裁判。

基于前述对民事案件类型化诉辩思维、攻防策略的分析，结合各方确立的推动裁判者作出利己裁判的诉讼目的，在民事诉辩方案构建及法律文书撰写过程中，首先，应以清晰、准确、专业地表达自己的观点和诉求作为首要任务；其次，需要将该观点和诉求置于一个稳定、完整的关系层面进行铺展，一方面要确保相关表述不溢出确定的关系层面所形成的边界，另一方面要确保各观点、请求在边界内可以来回运转，不受阻滞；再次，需要以证据为基础确立与观点相适应的事实表达；又次，需要在诉辩方案和文书中充分考量主张和反驳交替进行的各种可能性，并保留或预设相应的处理空间；最后，需要在主张和反驳的交替往复中对诉争利益进行公平性校验，以恰当评估结果。值得注意的是，基于阵地的重要性，在民事诉讼文书中尽量不使用"退一步讲""即便如何""即使如何"等表达，因为这样的表达可能使阵地向后退缩，影响主张的稳定性。但如确实因案件本身存在关系层边界模糊，或事实不清晰，而需要进行退让式的表达，则应该在全面考虑诉辩方案完整性、合理性的基础上，适当地确立备位诉讼请求或谨慎地作出退让式观点表达。

本讲对于民事诉讼法律文书仅作架构性评价,针对起诉状、答辩状等主要法律文书的具体撰写方法,后讲将具体阐述。

第十七讲　刑事诉讼攻防策略与法律文书架构

写作对我而言是去掉累赘的字,直接传达意思。

——詹姆斯·麦克布莱德

刑罚如双刃剑,用之不得其当,则国家与个人两受其害。

——鲁道夫·冯·耶林

刑事诉讼的主要目的在于查明犯罪事实,正确应用法律。刑事诉讼各方参与人除履行各自的法定职责外,实际上均承担了为实现这一目的而应履行的义务。办案机关需要收集、关注的证据既包括证明犯罪嫌疑人(被告人)有罪的证据,也包括可以证明其无罪和罪轻的证据。辩护人的主要辩护职责在于发表无罪或罪轻的辩护意见,但究其根本也是确保办案机关能够查明犯罪事实,正确应用法律,最大限度地防止冤假错案的发生。这也是刑事诉讼辩护制度产生和存在的最大归因。正是这样的目的和制度设计,既决定了刑事诉讼思维不同于民事、行政诉讼思维,也决定了刑事诉讼法律文书架构上的不同。

当然,就具体案件的诉讼程序而言,公诉机关在认为犯罪事实清楚,法律适用正确的基础上提起公诉,则其在公诉过程中需要向法庭证明其指控是成立的,而辩护人则从相反或其他任何有利于被告人的角度向法庭证明,公诉机关的指控不成立或者存在错误、不当之处等。

法庭则需要在控辩双方意见的基础上，结合自身对案件的理解、判断，最终形成审判意见，作出判决。从这个角度而言，办案机关的直接目的在于确立犯罪事实并定罪量刑；辩护人的直接目的在于瓦解、否定或修正其构建的事实，争取法庭判决无罪或罪轻。

无论是侦查机关还是公诉机关，其在诉讼程序、文书提供上体现的都是阵地战、线形作战的方式，即其需要守住指控罪名能够成立的底线，其证据、文书均围绕所指控罪名的构成要件展开，这些构成要件是其需要坚守的阵地。在明确阵地的方位、范围后，其在诉讼程序中从事实到法律，从主观到客观，从犯罪动机到结果……层层推进，逐步深入，呈线形作战方式。从案件侦查、审查起诉到最终提起公诉的整个过程中，办案机关更多的是在进攻，在构建好阵地的基础上主动推动案件进展。但当案件进入审判阶段后，由于公诉方的阵地和进攻线路已然形成，并向法院、被告人、辩护人展示，此时公诉方的策略更多地转向全面防御，即确保已构建的阵地和防线经得起法庭的审查，也经得起被告人、辩护人的质疑，甚至攻击。当然，对于诉讼过程中的某些具体问题，公诉机关仍可能进行防守反击，但在整体上以确保公诉事实和罪名得以成立为目标。

由于辩护人在刑事诉讼程序中的主要职责在于提出无罪或罪轻的辩护意见，这就决定了辩护人所提出的证据、文书的主要目的在于质疑、否定办案机关对事实、罪名、情节的构建，也就是要破、要摧毁，其主要的作战方式体现为运动战。由于公诉目标已确立，辩护人可以采用运动战方式，机动地在任何恰当的时间以任何恰当的方式对公诉目标进行挑战，以实现辩护目的。与公诉机关不同，辩护人可以采取逐一击破的方式推进，而不一定需要以线形方式推进。当然，就思维本质和辩护整体方案而言，辩护意见的形成仍然需要以整体刑法思维为基础，包括证据规则、罪名确立方式等，但在手法上或者文书表达上，其并不需要面面俱到，也不需要规律地线形推进，属于非典型线形作战方式。在攻守方面，辩护人应以攻为主，而且要进行精准的目标攻击，以揭露和发现公诉目标存在事实、程序、法律、情节的错误、不当之处。辩护人的进攻之中也存在防守，在运动中也会有需要坚守的阵地，当辩护人在否定公诉目标，提出新的、独立意见时，就需要将自己所提出的新的、独立意见作为阵地，并进行防守。例如，辩护人否定公诉机关此罪的定性，而提出构成彼罪时，需要将彼罪的确立作为阵地，进行线形防守，以最大限度确保其得以确立。

以一起虚开发票案件为例：

某公司的实际控制人和财务人员因涉嫌接受虚开增值税普通发票被追究刑事责任。在侦查和审查起诉阶段，办案机关需要结合虚开普通发票犯罪的构成要件，确立构成犯罪的阵地，围绕嫌疑人具有偷逃国家税款主观目的、实施了接受虚开发票并在税前列支的行为、导致国家税款流失的客观结果等构成要件，线形地推进诉讼程序。在法院审理阶段，公诉机关则需要从进攻转至防守状态，防范其在起诉书中认定的事实及构成要件被否定、修正，守住其关于虚开普通发票犯罪的定罪、量刑（建议）。辩护人在整个诉讼程序进展中，多数时间呈现攻势，且可以从事实、构成要件、情节等各个方面展开攻击。对于虚开普通发票犯罪的定性，辩护人可以从虚开发票犯罪与逃税罪的关系出发，提出虚开发票是手段行为，逃税是目的行为，两者属于牵连关系，应择一重罪处罚的辩护意见；且由于虚开普通发票犯罪相较于逃税罪而言，法定刑轻，所以本案应以涉嫌逃税罪追究其刑事责任，而又因被告人已补缴税款，税务机关未对其进行行政处罚，导致刑事追责受到阻滞，不构成犯罪。除此之外，辩护人还可以从主观故意、客观结果等任一有利方面提出辩护意见，其进攻方式是多点的、运动的。但当辩护人提出因逃税罪受行政处理阻滞不构成犯罪的辩护意见时，由于辩护人树立了无罪的主张，导致公诉机关从防守转入反击状态，而此时辩护人需要由攻转守。公诉机关对于辩护人的主张，可以提出由于逃税罪受行政处理阻滞而实际存在罪名逃逸，此时法律对于逃税罪实际没有进行刑法评价，并不符合手段行为和目的行为同时构成犯罪而需要择一重罪处罚的法定条件，不应放弃对手段行为的评价。当然，公诉机关还可以提出其他理由反击辩护人的主张。

从上述实例的程序推进可以看出，基于诉讼目的的不同，控辩双方各自的攻防要求、方式的不同，相较于辩护类文书，公诉机关的文书整体架构要做到目标明确，事实清晰，要件分明。因办案机关文书具有特定的规范性要求，非本讲的重点阐述对象，在此不予展开。而对于辩护类文书，我们在架构时应以否定或修正公诉目标为主体框架，以多角度、发散思维的方式，对公诉文书确立的事实、犯罪构成要件、犯罪情节、社会危害、量刑等多方面展开论述。在以运动战式、非线形推进辩护意见的同时，要关注对己方提出的独立观点的防守，并在发表辩护意见时预留相应的空间，既全力反击，也做好防守。

在辩护方案和意见的整体架构上，首先要考虑合理安排攻、防篇幅和次序，确定以挑战公诉事实、逻辑为主，确立和防守独立观点为辅的基本策略，或者反之，或者实现两者相对均衡。其次要考虑刑法规范性思维与裁判规范性思维之间的关系，刑法规范性思维主要体现在罪刑法定原则的坚持和适用，在该原则之下也要考虑裁判规范的影响，如对于危险驾驶罪的诉辩就要充分考虑刑法规范性思维和裁判规范性思维之间的关系。[①]再次要考虑刑法理论与司法实践在法律方案和文书中的比重。刑法思维具有鲜明的理论思维特点，关注刑法理论的发展，掌握最新的刑法理论，可以为裁判提供解决方案和理论依据，有助于提升判决公信力。但在进行刑法理论的阐述时，一方面应注意与我国的实际情况相匹配，另一方面也要注意理论阐述在整个方案和文书中的比重，要注意平衡，尽量避免大篇幅空谈理论。又次要考虑刑法的统一性，既要从行为是否符合（抑或触犯）刑法规定的角度评判是否成立犯罪，也要从犯罪成立的内在根据，即犯罪的法益侵害性考察犯罪是否应当成立。既要从刑法规范角度进行刑法规范意义的评价，又要结合社会情理进行社会价值的考量。刑法植根于社会情理，刑事司法应当将维护公共道德视为自己的基本功能，司法的情理性考量及运用，对于强化人们的规范意识，促进刑法规范的发展和完善具有重要意义，如一些社会关注度较高的案件审判结果的变化体现的正是司法对刑法统一性的考量。最后要考虑刑法的精确性与情感的共通性之间的关系，基于刑法对人身自由、生命的处分和剥夺功能，其理应具备最精确的思维

[①]《最高人民法院关于常见犯罪的量刑指导意见（二）（试行）》规定："……（一）危险驾驶罪 1.构成危险驾驶罪的，可以在一个月至二个月拘役幅度内确定量刑起点。2.在量刑起点的基础上，可以根据危险驾驶行为等其他影响犯罪构成的犯罪事实增加刑罚量，确定基准刑。3.对于醉酒驾驶机动车的被告人，应当综合考虑被告人的醉酒程度、机动车类型、车辆行驶道路、行车速度、是否造成实际损害以及认罪悔罪等情况，准确定罪量刑。对于情节显著轻微危害不大的，不予定罪处罚；犯罪情节轻微不需要判处刑罚的，可以免予刑事处罚……"

方式，一旦出错，无论是对社会还是对公民都将造成难以弥补的损失。如何在刑法精确性思维体系下，找到案件所体现的情感共鸣，并以适当的方式、角度和比例进行表达并产生影响力，也是刑事诉辩方案设计、文书整体表达需要重点关注的事项。①

本讲对于刑事诉讼法律文书仅作架构性评价，针对刑事诉讼思维及辩护词的具体撰写方法，后讲将具体阐述。

---

① 孙国祥：《谈谈法律人的刑法思维》，载《人民检察》2019年第7期。

第十八讲　行政诉讼攻防策略与法律文书架构

内容和完全适合内容的形式达到独立完整的统一，因而形成一种自由的整体，这就是艺术的中心。

——格奥尔格·威廉·弗里德里希·黑格尔

我们可以有一种政制，不强迫任何人去做法律所不强制他做的事，也不禁止任何人去做法律所许可的事。

——孟德斯鸠

行政诉讼的主要目的在于解决行政争议、保障相对人权益、监督行政机关。行政机关作为行政诉讼的被告在行政诉讼中主要处于被监督的地位，人民法院对行政机关的执法行为进行监督，从而实现对行政相对人的权益保护，最终化解行政争议。随着以行政行为为中心的行政案件审判制度逐步确立，人民法院在审理行政诉讼案件的过程中，主要围绕行政机关的行政职权依据、事实认定、法律适用、执法程序、执法目的等与行政行为作出的相关要素审查其合法性，并作出撤销、确认违法、重作或驳回诉讼请求等行政判决。笔者经常将行政诉讼的审判重点归结为：以行政行为为中心，以合法性为基准点，以合理性为平衡点。合理性审查多在执法比例、执法尺度或其他涉及自由裁量权运用等方面进行考察，并非行政诉讼的基本职能要求。

行政诉讼中，人民法院审理行政案件，对行政行为是否合法进行审查，这也突出了司法权对行政权的监督作用。基于此，行政诉讼运行的主要价值之一，在于通过"迫使"行政机关再现执法过程，暴露其在职权依据、事实构建、执法程序、法律适用及执法目的等方面可能存在的缺陷；或者由其在诉讼程序中完成行政行为合法性、合理性的执法推演。行政行为一经作出，非因法定事由、法定程序，不能轻易撤销、撤回。行政争议本质上是围绕已作出的行政行为（包括不作为的行政行为）所产生的争议，行政机关必须通过陈述、证据，阐述其行政行为的合法性；而原告则需要从行政行为职权、事实、程序、法律、目的等各方面否定其合法性、合理性。从这个角度而言，行政行为的合法性就是行政机关在行政诉讼中的阵地，其应当以阵地战的方式，从行政行为要素的各方面形成线形作战方式，实现以目标（阵地）保护为核心的全面防御。而作为相对人或利益相关者的原告在行政诉讼中，则完全可以采用运动战、游击战的策略，进行非线形作战攻击，伺机而动，适时出击，可以选择任何一个点或面对行政行为发起攻击。这也符合行政诉讼的一般举证原则：行政机关对行政行为的合法性进行举证。原告的攻击基本上没有顾虑，较为自由、全面，仅原告自己需要证明的事项，原告需要适当关注自己的阵地，如对于行政赔偿损失的确定，对于依申请行政行为涉及申请的作出等。总体而言，行政行为可谓牵一发而动全身，原告发出的任何一次攻击，对于行政机关而言都要全力以赴。加之，目前行政诉讼立案从审查制改为登记制且行政诉讼的成本较低，实体上又基本无证据要求，导致行政诉讼案件量越来越大。笔者常将行政诉讼比喻为"一根绣花针撬起一头大象"。这个比喻并非忽视相对人的权益，而仅仅是就行政诉讼的发起、成本以及审判特点而言的。

以一个涉及社会保险费征收的行政诉讼案件为例：

劳动者认为用人单位未依法为其购买社会保险，向征收机关投诉，要求责令用人单位补缴其社会保险费。征收机关依法向用人单位作出责令限期缴纳社会保险费的决定后，用人单位认为其与劳动者在该时段并不存在劳动关系，没有义务为其补缴社会保险费，并向法院起诉，要求撤销相关补缴决定。在这样的案件中，行政机关所作出的"责令限期缴纳社会保险费通知书（决定书）"是引发争议的行政行为，行政审判以该行政行为为中心，主要审查其合法性。该行政行为的合法性便是征收机关的阵地和防御目标，作为被告的行政机关要采用线形作战的方式对原告可能提出的职权、事实、程序、法律、目的等任一行政行为要素的合法性问题进行包围式防御，以免被突破。同时，征收机关还需要对人民法院的审查进行整体防御。但对于原告而言，其提起诉讼的理由可以是一个，也可以是多个，可以是针对职权依据的，也可以是针对法律适用的，甚至可以不提出具体的理由仅认为其违法，这都不影响法院的审查，也不影响征收机关的整体防御。这里仅以一个争议点展示行政诉讼的条件式思维的运用以及攻防的转换。

在上述案件中，原告提出了职权依据问题，主张根据相关法律规定，社会保险关系的建立应以劳动关系存在为前提，而劳动关系的审查和确定并非行政机关的职权，在劳动关系存在争议的情况下，征收机关不能直接作出征收决定，而应先由当事人通过劳动仲裁、诉讼程序，确定劳动关系存在与否，再视情况作出是否强制征收的决定。原告在行政行为的各要素中选择职权依据作为攻击点。征收机关除解决职权依据的合法性问题外，仍然需要对其他行政行为要素的合法性进行阐述和证明。在对职权依据合法性的防御方面征收机关应予关注的是，是否所有涉及社会保险费征缴的案件，都要由当事人先行通过民事程序确立劳动关系后再进行执法。这样可能很多执法程序都不能进行，而且用人单位可能基于其他原因，否定劳动关系存在，从而否定或者延迟履行缴交社会保险费的义务。这显然不符合执法效率原则，也不利于保护劳动者的权益。但如果不确立劳动关系，直接执法，似乎存在越权的问题。如何解决这一矛盾？在攻防过程中，征收机关可以充分运用条件式执法思维解决该问题。在这样的执法案例中，征收机关只是根据现有条件执法，条件确立则推进执法程序，条件不确立则不能推进。具体到本案中，如现有证据在表面上、形式上满足了执法条件，具备了劳动合同、工资发放记录或者其他可以从形式上确认存在劳动关系证明的文件，则执法机关可以推进执法。个人认为，这一过程并不能理解为税务机关对劳动关系作出了认定，而应该解释为执法形式条件的满足。如后续有新的具备实质性效力的证据推翻、否定之前的形式条件，则由行政机关进行相应的执法矫正即可。

　　通过上面的论述及实例，行政诉讼诉辩双方基于诉讼权利、义务的特别规定，在诉辩方案确定和文书撰写过程中，应整体关注以下几个方面：首先，对原告而言，做到被告列示明确、请求准确，违法性表达清晰即可基本满足起诉要求。实践中，甚至原告的请求都不那么重要，只要原告提出了被告行政行为的违法性，人民法院基于行政行为审查原则，往往依职权作出确认违法、撤销、重作或其他裁判结论。当然，作为专业的法律工作者而言，对于诉讼请求的表达还是应该力求合法、精准。要正确区分各诉讼请求在行政法上的含义，如确认违法和撤销之诉的区别适用等。从行政起诉状的具体内容看，原告既可以概括性地表达行政行为违法的观点，也可以就行政行为在职权依据、程序、证据以及执法目的等方面具体而有针对性地陈述其违法性。同时，还可以表达行政行为不合理的观点，尤其在涉及执法目的、执法尺度以及比例原则等方面。整体而言，行政诉讼原告表达起诉请求和观点时，较为自由、灵活。但如涉及由原告举证事实表达，则需要尽量严谨、清晰，如对于依申请行政行为所涉及的"申请"的提出过程，或者对于行政赔偿涉及的损害行为、损害后果及两者因果关系的表达，则需要遵循类似于民商事诉讼中原告的起诉原则。其次，对被告而言，行政机关应审慎审查原告的起诉状和证据，至少达到以下目的：第一，找准和确定原告起诉的行政行为，以便确定答辩的方向、基础，并明确诉讼管辖；第二，审查和确定自己的被告资格；第三，审查和确定起诉期限；第四，审查和确定共同被告，尤其对于经过行政复议的案件以及经审批作出的行政行为，更应慎重；第五，审查和确定是否存在第三人；第六，审查和确定答辩期限。最后，作为被告的行政机关通过审查行政起诉状确定前述基本事项后，应对已确定的行政行为的合法性进行全面、包围式审查，同时，将答辩思路拆解为职权依据、事实认定、执法程序、执法目的、法律适用等环节，逐一阐述和证明其合法性，兼顾合理性。总之，行政机关要做到行政行为确定，合法性表达全面，执法条件列举完全，法律适用周延，反驳有力而平稳。

本讲仅就行政诉讼文书作一般架构性阐述，具体将在后续章节中予以详述。

诉辩技术或者说诉辩能力是一种非标准化、不能被量化、很难被客观评价的主观能力体系。在法律职业领域中，很难评价某人的诉辩技术达到一个什么样的标准或界限。这一点显著区别于机械、电子、生物等自然科学技术领域所确立的评价体系。针对后者，我们可以制定一整套客观的评价标准、程序，并基于这些标准和程序，形成可以量化、评比的技术、技能参数。但对于前者，我们将难以避免地落入主观评价体系。基于此，对于诉辩技术、技能的培养主要应通过学习、观摩、体验、总结、重复，在熟练掌握法律理论知识和思维方法后，向内进行方法论层面的体系化构建，并尝试将这些体系化构建思路对外进行表达和校验，在内外不断接触和碰撞中逐步确立类型化思维方式并在实践中加以运用。从这个层面而言，抛开一些具有共性的底层逻辑不言，每个法律专业人士都可以形成自己的类型化诉辩思维，构建自己的诉辩能力体系。而对于这种"非标化"能力体系，我们要抱有开放、包容的心态，不用去刻意评价甚至否定他人的体系化思维，也无须去机械模仿，而应兼收并蓄、博采众长，不断地向内开拓和形成自己的思维体系、诉辩方法，并持续在海量案件中、在枪林弹雨的实战中去检验、调试和精进。

在类型化诉辩思维的理性指导下，我们需要找到这样一种诉辩感觉：既要有腾空而起的气势，又要有抽丝剥茧的细致；既要在事实和法律之间开疆拓土，又要确保争议边界泾渭分明；既要代入案件感同身受，又要跳出案件推己及人。

Mindset & Skills for Legal Writing

第四编

法律文书写作证据体系

第十九讲　法律文书写作之证据意识

你心里想得透彻，你的话自然明白，表达意思的词语自然会信手拈来。

——尼古拉·布瓦洛·德普雷奥

显著之事实，无须证明。

——法谚

　　由于法律文书写作教程及其他相关著作或文章中较少提及证据规则对法律文书写作的内在意义，很多人，尤其是初学者，对于证据规则在法律文书中的作用不太了解和关注。如前讲所述，法律文书的主要作用在于讲清一个事实、阐明一个法理抑或完成一个推理等。无论是事实、法理、推理最终都以证据为基础和框架进行延展。离开证据，脱离了证据体系，法律文书就沦为空中楼阁，犹如水中花、镜中月，再美丽，也无异于竹篮打水——一场空。从这个意义上讲，正如前讲所述，法律文书的核心价值之一，在于通过证据通道将客观事实"翻译"成法律事实。因此，对于证据规则体系的掌握程度，也很大程度上决定了法律文书的结构、层次以及篇章体系。

　　基于认知的主观性，每个人对自己所看到、听到、触到、闻到或通过其他感官所感知到的客观世界，在对外描述、表达时，不可避免地带有主观判断。尽管在特定时候，基于特定要求，我们会不断提醒和要求自己客观地表达，但就算是调试成统一标准的电脑、打印机或音视频设备，在输出或记录时，都会由于一些微小的物理变化、环境迁移、角度差异而产生区别。这就是我们法律人经常提及的客观事实与法律事实的差距问题。从证据角度来说，我们通过证据所获得的事实，永远不能完全等同于客观事实。当然，法律事实可能与客观事实重叠，但这种重叠也只是法律认定上的假定一致，与我们现实生活中实实在在发生的事实在理论上不能达到完全一致。我们运用证据试图证明的应该是客观事实，但最终确立的是法律事实，证据链延伸的终点应该是无限接近客观事实。

正是法律事实和客观事实的这种差异性，要求我们在进行法律文书架构时，首先，要通过证据种类、证据形式、举证方法、示证方式等尽可能客观、完整地投射客观事实，以期形成全息事实影像，让阅读者形成身临其境的现场感；其次，需要在文书中运用客观、中立、平和的语调，并适当采用记叙、描写、说明的写作手法对证据名称、证明内容进行文字表达；最后，当我们通过这些证据以及相应的文字表达，获得案件事实时，应该谨慎地使用法律规范或者合同条款，对这些案件事实进行裁剪、分割，既要照顾到法律推理的要求，也要充分关注处理过程中事实本身的客观性、完整性。这一过程，实际上就是案件处理中需要重点关注的"法律事实客观化"的过程。而案件处理过程的底层逻辑应该是"客观事实法律化"，这几乎是所有案件处理的必由之路，虽然成功地解决了客观事实因时空原因不能再现所导致的裁判困局，但同时也是司法认定的最大弱点之一，是司法认定可能偏离客观事实的重大诱因。这种诱因，在现有自然科学技术条件下显然是无法被完全纠正的，只能通过制度设计将其弊端降至最低。

当司法认知不得不从客观事实降维到法律事实时，为避免失真，我们所能做的就是尽量通过证据、通过表达、通过逻辑，在"客观事实法律化"之后，再将"法律事实客观化"。当然，这里所称的"客观化"，并非让客观事实再现，而是让法律事实的形成过程和结果尽量客观化。如何做到这一点呢？这就要求我们不仅要清晰、明了地知道法律事实的形成过程，还要充分认识这种形成过程的内在驱动力。如前所述，法律事实的形成过程经历了证据投射和规范裁剪两个环节。证据投射主要体现为通过什么样的证据，以什么样的示证方式，进行什么样的证据表达，以投射出客观事实的最真影像，即获取所谓的案件事实；规范裁剪主要是通过对案件事实与规范进行往返流转式的对照、校调，在保持案件事实真实的情况下，使其与规范所需要的事实契合。"法律事实的客观化"主要体现在以上两个阶段：首先是证据形式、内容法定、客观，证据表达准确、完整，示证方法适当、合理；其次是在内驱方面，要做到心证公开、推理公开。前一阶段涉及举证、质证规则，后一阶段侧重于认证规则；也可以说，前一阶段主要从当事人角度而言，后一阶段主要站在裁判者角度思考。

德国法学家恩吉施所描述的"目光在规范与事实之间的往返流转"也体现了这种法律事实客观化的流程及艰辛，其最终目的一方面是实现客观事实与法律规范之间的相互对应，将客观事实中具有法律意义的案件事实，归入具体法律条文所描述的构成要件事实当中；另一方面是保证对案件事实的法律裁决程序真实、完整、准确，因而需要"目光往返流转"。无论是客观事实的法律化还是法律事实的客观化，都不是机械运转的，两者既相互交织亦互为促进。就案件处理的整体而言，我们需要将客观事实法律化，获取案件事实，但当我们面对案件时，相应的客观事实实际已脱离了原有的时空环境。无论我们怎么努力，都无法完整地感受当时的时空、事件原貌。我们需要运用社会生活经验以及法律知识构建类型化生活事实模型，通过这种模型去探索和求证生活事实，以使得所有案件事实能够尽可能完整地从生活事实中抽离出来。我们常说"法律的生命不在于逻辑，而在于经验"，体现的正是这样一个道理。德国法学家亚图·考夫曼也曾说："法律人的主要才能不在认识制定法，而正是在于有能力能够在法律的——规范的观点之下分析生活事实。"

通过一起商品房买卖合同纠纷案件，我们可以大体理解上述法律事实和客观事实之间的相互转化过程，以及该种转化对于法律文书架构的意义。在该起案件中，开发商向业主交付房屋后，部分高层业主认为房屋窗户中间存在黑色装饰条导致其视野和舒适度受损，与合同约定以及销售承诺的房屋格局不一致，进而要求开发商予以赔偿。这是一起典型的涉及商品房买卖合同的违约损害赔偿之诉，也就是生活中俗称的货不对板。就违约之诉处理思维及一般举证规则而言，违约损害赔偿之诉需要解决以下问题：一是合同所约定的具体内容；二是违约行为的具体事实；三是合同约定与违约行为的比对结果；四是损失的固定。本案的核心事实为开发商所交付的房屋与合同约定的户型、格局并不相同，对业主构成违约。为了证实这一主张，需要进行"四个比对"：一为图图比对，即将规划部门在竣工验收前进行的批前公示图与原规划设计图进行前后对比；二为图房比对，即将《商品房买卖合同》所附房屋平面图与交付的房屋现状进行对比；三为房房比对，即将开发商交付的商品房与其展示的样板房进行对比；四为户型比对，即将诉争房屋与其他同户型但没有案涉问题的房屋进行比对。在示证技术上，为了使裁判者直观了解开发商所交付房屋与约定不符之处，可以采取现场拍照、摄像、图纸差异化标识等手段形成可视化资料提交法庭。此外，还可以申请对房屋进行现场勘察，以便裁判者对房屋存在的现实问题形成确信及自由裁量权基础。通过上述举证、示证、表证

（表达证据）可以在最大程度上实现法律事实的客观化。

理解了上述证据基本规则以及法律事实和客观事实之间的关系后，我们便可以很清晰地架构法律文书。例如，在起诉状中，首先，需要对商品房买卖关系的确立进行概要性描述；其次，结合商品房买卖合同的附件平面图、销售沙盘、样板房等描述合同约定的商品房格局；再次，结合规划调整批前公示图、房屋现状图、正常户型图等描述开发商所交付商品房的具体样式；最后，将两者进行对比，并予以客观描述。如此，起诉状的基本内容和框架便得以搭建，再融合规范或合同条款所确定的违约赔偿方式，通过证据固定相应的损害赔偿数额，起诉状便可以完成。当然，在具体的写作过程中，我们可以根据需要对上述内容适当地进行取舍，以充分考虑文书的繁简程度及其他技术性安排。具体事实和理由部分表述，可参考如下：

2013年4月24日，原、被告双方签订了《A市商品房买卖合同》（含附件一至七，下称购房合同）。原告向被告购买了A市某某区某某街某某号某某房。原告已依约履行了全部付款义务，被告本应在约定时间内将约定的房屋交付给原告，但原告及其他业主在现场查看时却发现主卧室及其他房间相较约定增设了四根装饰柱及窗框，与购房合同的约定并不相符。

查看购房合同附件一《房地产平面层图》可证实，房屋所在楼宇第3—22层所有主卧室及其他房间的落地窗均没有装饰柱及窗框。被告向原告展示的样板房卧室窗户也没有装饰柱及窗框。查看所交付房屋现状可发现：房屋所在楼宇的第23—26层（包括原告所购房屋）的主卧室及其他房间落地窗增设了四根装饰柱和窗框；其中主卧落地窗增设两根，一根约位于落地窗中间位置，另一根位于落地窗转角处；其他两个房间落地窗中间位置分别增设了一根。装饰柱及窗框与落地窗同高，宽约27cm，占主卧、房间活动窗宽约22.5%、35%（主卧、房间活动窗宽分别为120cm、77cm）。由于装饰柱及窗框占活动窗框的比例异常，且与窗户同高，不仅严重阻挡主卧室及房间的采光、破坏景观视野、贬损使用功能与价值，且容易令人产生囚笼似的沉闷、压抑感，造成身心极度不适。同时，因该装饰柱为空心铝合金管，仅用螺丝、胶水分段固定在玻璃窗外，容易脱落，存在极大的安全隐患。

众所周知，同栋楼宇同户型房屋，楼层高的房屋比楼层低的房屋拥有更好的采光、视野和景观效果，销售价格也往往更高。但因被告擅自增设了上述装饰柱和窗框，相较于第3—22层未增设上述装饰柱及窗框房屋而言，原告所购房屋虽处高层，但采光、视野、景观反而远逊于楼层低的房屋。原告以更高的价格购买高层房屋，但却因被告违反规划及销售承诺增设装饰柱、窗框，导致房屋功能和价值受损。被告的行为不仅违反了合同约定，给原告造成了损失，也违背了诚信、公平原则。

综上所述，被告向原告所交付的房屋与购房合同所附平面图的约定不符，与被告通过样板房展示的销售承诺不符，也与其他低层业主所购房屋的样式不符，构成违约，有违诚信、公平原则。被告应依《合同法》（注：当时适用的法律）第一百零七条规定向原告承担违约责任，赔偿原告因此遭受的损失。损失计算标准可参照被告依据楼层标准而制作的销售价格表，按原告所购房屋同户型低楼层与高楼层单价的差价比例7%为标准，以购房合同约定的房价总额为基数，计算原告的损失为××元。

为维护原告的合法权益，特诉至法院，望判如所请。

第二十讲　法律文书写作之证明责任规则

作文，就是用文字把心切开给世人看。

——张德祥

举证责任之所在，即败诉之所在。

——法谚

"证据是正义之根基"，正如边沁在《司法证据原理》中所言，"排除证据，就是排除正义"。在前讲中我们谈到，证据是客观事实进入法律事实的通道，也是法律事实客观化的本质要求，而法律事实又是司法认定的前提之一。正是从这个意义上理解，证据是司法正义的前提和基础。证据在客观事实法律化、法律事实客观化中的作用，一方面依赖于证据内容本身，另一方面受制于证据规则，此乃证据实体和证据程序两方面要求所致。前者主要体现为证据内容，即证据本身，基于证据真实性、客观性要求，证据内容一般要求直接源于社会经济生活，不能随意进行修改、调整；而证据程序则主要是证据取得、运用、认定的规则体系，需要人为构建、解释。如何在主观证据规则体系之下，最大程度地获取客观事实，是证据规则体系不断发展和完善的应有之义。

证据规则本质上属于诉讼活动的程序性规范，目前我国的证据规则多以最高人民法院所颁布的司法解释的形式出现，如《最高人民法院关于民事诉讼证据的若干规定》（2019年修正）、《最高人民法院关于知识产权民事诉讼证据的若干规定》、《最高人民法院关于行政诉讼证据若干问题的规定》等。当然，在《中华人民共和国民事诉讼法》（以下简称《民事诉讼法》）、《中华人民共和国行政诉讼法》（以下简称《行政诉讼法》）、《中华人民共和国刑事诉讼法》（以下简称《刑事诉讼法》）中也有关于证据规则的具体规定。但无论是通过法律还是通过司法解释的方式明确证据规则，仅是呈现方式不同而已，不能改变证据规则的程序规范属性。

从证据规则的程序性规范角度而言，证据规则一般包括证明责任规则、举证规则、质证规则、认证规则（见图32）。证明责任规则一般可以理解为证据规则确定的当事人所负有的对相关事实提出证据予以证明的义务，以及该义务未能履行所可能产生的诉讼后果。例如，民事诉讼中所确定的"谁主张，谁举证"，若举证不能则由举证义务一方承担相应的不利后果；又如，行政诉讼由行政机关对其行政行为的合法性承担举证责任，否则行政机关应承担相应的不利后果。结合学界观点及诉讼实践可以从两个层面来理解这种证明责任：第一，可以理解为客观责任，也即通过证据规范将证明责任的主体、后果客观化，如证据规则规定，在合同履行过程中，主张履行了合同义务一方应对履行事实进行举证，否则可以认定该义务并未得到履行。这一责任是通过一般性规范在案件发生前已预设好的，在没有排除性规定时，一般适用于所有涉及合同履行的案件，这是客观的，一般不能再人为地予以修改、取消，这就是我们所称的客观证明责任。其功能主要在于为裁判者认定有争议的事实提供程序性依据，也为当事人、诉讼参与人提供指引。第二，可以理解为主观责任，或者可以说是诉讼行为意义上的证明责任，是指当事人为了自身诉讼利益需要，一般不会消极等待裁判者适用客观证明责任规则，而是会在诉讼全过程中，不断发挥主观能动性，寻找、搜集对自己有利的证据并进行举示，可以称之为主观证明责任。这种证明责任多是基于当事人的理性本能和对事实、法律的认知而确立的，并且会随着诉讼程序的进展而变化。其功能主要在于形成和促进对案件事实的挖掘力，最大程度地缩小对客观证明责任的适用范围，尽量避免案件进入事实不明的状态。在理解了证明责任的两个层面后，还需要注意的一点是，由于主观证明责任的运用会使案件事实不断产生变化，从而触发客观证明责任在证明事项、证明主体等方面发生变化。例如，在民间借贷法律关系中，出借人依据客观证明责任，主张已依照借款协议的约定向借款人发放了借款，并提供了相关转账凭证。借款人则基于主观证明责任的驱动，主张转账凭证上的收款账号与借款协议上约定的账号并不一致，并进行了必要证明。此时，证明责任又将归于出借人，证明相关收款账户与借款人的关联性。如此，在主观证明责任、客观证明责任不断催化、衔接之下，逐渐向案件最终法律事实趋近。

客观证明责任还存在一个临界点问题，即当一个事实依照客观证明责任的规范要求存在两种以上的分配可能性时，应如何处理。比如，对于书证所涉及的签名笔迹的客观证明责任而言，到底是由提供书证一方申请鉴定，还是由否定书证一方申请鉴定，就涉及客观证明责任的临界点确定问题。个人认为，如提供书证的一方能够证明其与相对方存在相关交易的可能性，且书证上的签名在表面形式、直观内容上能与相对方产生联系，则应由持否定意见的一方承担客观责任；反之，如提供书证一方不能证明与相对方存在交易的可能性，且签名在形式和内容上用肉眼无法辨认出与相对方的关联性，则由应举出书证一方承担申请鉴定的责任。《最高人民法院关于民事诉讼证据的若干规定》（2019年修正）第九十二条对此也有相关规定。[①]

举证规则，一般可以理解为证明责任确定之后，负担证明责任的一方根据证据规范的要求，完成证据的举示。包括提供原件、副本的要求，是否需要公证的要求，是否需要翻译的要求，域外、境外证据形式确定等。这一部分规则偏重于证据举示途径、方法、形式等纯粹程序性事实，主要涉及证据清单、证据文本的准备和制作，与法律文书的本质内容关联性不大，不作详细论述。值得一提的是，举证规则有时也会被理解为包含了证明责任规则，二者分类不同，内容基本一致。

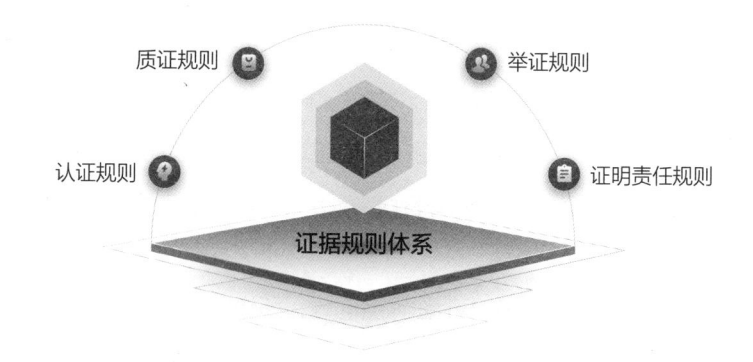

图32　证据规则体系

[①]《最高人民法院关于民事诉讼证据的若干规定》（2019年修正）第九十二条规定："私文书证的真实性，由主张以私文书证证明案件事实的当事人承担举证责任。私文书证由制作者或者其代理人签名、盖章或捺印的，推定为真实。私文书证上有删除、涂改、增添或者其他形式瑕疵的，人民法院应当综合案件的具体情况判断其证明力。"

基于上文对证明责任的论述，法律文书涉及对案件事实的表达、论述时，应充分考虑证明责任的承担、转化问题，并做出相应的安排。第一，对于事实的描述应严格依照证据内容进行，尽量凸显证据的真实性、客观性。在进行证据的描述或者事实的表述时，应尽量使用白描、记叙、说明式的语言风格，不使用或尽量避免使用主观推测性语言，或者模糊不清的陈述。第二，对于依客观证明责任规范要求应由己方承担举证责任的事实应结合证据在文书中予以主动、精准陈述，如主张违约责任的一方在起诉状中应对合同成立事实、合同义务的具体约定、合同相对方违约行为、合同义务与违约行为比对、合同违约条款、违约损失确定等事实进行主动、精准表述，以协助裁判者确立案件的基本事实印象。第三，负有客观证明责任的一方在主动进行事实陈述时应注意对表述的宽度进行限制。这种限制，一方面要根据法律规定或合同约定这一大前提所需要的基本事实予以考量，同时也要考虑到相对方可能提出的反驳或主张进行综合判定。上述违约责任所涉及的事实即可以理解为完成三段论推理所需要的基本事实；但关于款项的催收经过、诉讼时效等事实，因非法律推论所必备之小前提，且受制于诉讼相对方是否提出主张，无须主动进行表述，可静待相对方的主张、裁判的要求和举证责任分配，再做安排。第四，对于主观证明责任所涉及的事实，应充分结合诉讼程序进展、诉辩审三方对相关事实的探究灵活处理。如前所述，主观证明责任所涉及的事实往往不是依证据规则所必须确立的事实，一般也不是完成法律推理所必要的直接事实，其作用更多地体现在对基础事实、核心事实的辅助证明上，如合同订立背景、签署经过、履约细节、利益衡量等，该等事实虽非证明案件的关键事实，但对关键事实的确立具有辅助作用，甚至可能成为裁判者自由心证的重要考量依据,一般需要根据诉辩审三方在诉讼程序中的反驳、主张、询问等情形适时调整,并作出相应的陈述、安排。一般在案件基本事实较为清晰、客观证明责任较为明朗的情况下,应尽量少触及主观证明责任所涉及的事实表达。但一旦案件关键事实陷入真伪不明的状态,且无法准确分配客观证明责任时,则要充分阐述主观证明责任所涉及的事实。例如,在合同约定的履行方式不明确且各方对履行方式又存在争议时,则需要结合相关的交易习惯证据、行业习惯证据、立约背景证据,充分陈述相关事实,以协助裁判者认定适当的、对己方有利的履约方式。第五,对于客观证明责任转化的临界点应有明确预期。基于客观证明责任如达到临界点会产生证明责任转化的现实情况,在对案件事实进行表达时,应预先考虑证明责任转化的应对之策。如前所提及的对书证签名真实性的鉴定,在进行该事实表达时,应预先搜集、准备好交易可能性、签名可辨认性的证据和事实,但在对方提出异议,裁判者推动证明责任达到临界点前,无须主动表述。只有当相对方,甚至裁判者明确提出由于签名的肉眼不可辨认性,对客观证明责任的分配提出疑虑时,才需要通过其他证据陈述交易可能性或通过其他签名陈述可辨认性。最后,需要特别提醒注意的是,无论是客观证明责任还是主观证明责任,都仅仅是为了理论构建和论述的需要所做的切割,在案件处理过程中,两者可能不会呈现出清晰的界限,反而是相互交织、催化的,实践中不应进行机械分类和适用,而需结合特定的案件事实、程序演进以及经验法则进行适当的处理。

总之,如果抛开理论构建、论述体系,仅就办案体验而言,要更完整地把握证明责任、证据、事实之间的关系。我们需要架构案件事实的类型化空间，在该类型化空间内探索特定事实的边界和具体构成，从而避免仅依照现有证据探索事实可能出现的局部性、碎片化的缺陷。比如，在商品房买卖合同纠纷案件中，首先应以现实社会经济生活构建商品房买卖的一般类型化事实空间，以商品房预售为例，涉及规划许可、预售许可、认购、网签、预售合同、补充合同、交房标准、交房条件、办证期限、保修责任等一系列事实环节，全部事实环节组合起来就构建出商品房预售交易的事实空间。当面临这一类纠纷时，我们就可以以该类事实空间为版本，对照证据所体现的事实，有效地确定案件事实与事实空间的联结点，迅速找到争议的焦点并提炼出核心事实，进而明确客观证明责任所在以及主观证明责任的必要性和方向。相反，如在办案时不具备该类事实空间的构建能力，仅仅以当事人提供的证据为事实探究的通道，就难免遗漏部分事实，不能形成对事实的完整把握。

第二十一讲　法律文书写作之质证规则

写作而没有目的，又不求有益于人，这在我是绝对做不到的。

——列夫·托尔斯泰

错误不具有证明力。

——法谚

应该说，多数案件的基础性争议都在于事实的争议，而裁判结论形成的核心也在于对案件事实的固定。从法律事实角度而言，裁判者观察、确定事实的通道恰恰在于举证、质证程序。对某一事实负有举证责任的一方，通过举示证据，向包括裁判者在内的诉讼参与人展示其所要证明的事实；相对方则需要依照案件事实、质证规则并结合案件处理需要，进行质证。裁判者通过举、质这一来一往的观点陈述、辩论，结合案情，比较证据优势，进而对特定事实形成内心确信。

质证应围绕证据的真实性、合法性、关联性发表意见，并针对证据有无证明力和证明力大小进行说明和辩论。[①] 证据的真实性，是指证

[①] 《最高人民法院关于适用〈中华人民共和国民事诉讼法〉的解释》（2022年修正）第一百零四条规定："人民法院应当组织当事人围绕证据的真实性、合法性以及与待证事实的关联性进行质证，并针对证据有无证明力和证明力大小进行说明和辩论。能够反映案件真实情况、与待证事实相关联、来源和形式符合法律规定的证据，应当作为认定案件事实的根据。"

据应当能够反映案件的真实情况。真实性包括两个方面，形式真实性和内容真实性，两者必须同时具备，才能满足证据真实性要求。形式真实性强调的是证据在表现、载体等物理形式方面是否真实、客观，即是否为原件、是否具备原始载体、签字或盖章是否为伪造等。真实性成立与否主要应当从证据的形成、收集、保管等方面进行说明，必要时辅之以科学实验、司法鉴定等。内容真实性可以理解为《最高人民法院关于适用〈中华人民共和国民事诉讼法〉的解释》（以下简称《民事诉讼法解释》）第一百零四条所称的"能够反映案件真实情况"，强调的是能否"反映案件真实情况"，即证据所能体现的事实，是否曾在现实世界中客观存在或发生，本质上是实现法律事实与客观事实的对照。《最高人民法院关于民事诉讼证据的若干规定》（以下简称《民事诉讼证据规定》）第八十七条规定："审判人员对单一证据可以从下列方面进行审核认定：（一）证据是否为原件、原物，复制件、复制品与原件、原物是否相符；……（四）证据的内容是否真实……"可见，证据的真实性包括形式真实性和内容真实性两个方面，质证时均需予以关注。

证据的合法性包括证据来源的合法性和形式的合法性。该两方面的合法性分别体现在《民事诉讼法解释》第一百零四条所称"来源和形式符合法律规定"以及《民事诉讼证据规定》第八十七条所规定的"审判人员对单一证据可以从下列方面进行审核认定：……（三）证据的形式、来源是否符合法律规定……"。具言之，形式合法性是指证据符合证据法上的形式要件，侧重于程序法对证据形式的要求和考察，如《民事诉讼法》《民事诉讼法解释》《民事诉讼证据规定》的相关规定。证据需要符合前述法律、司法解释对于证据类型和证据形式的要求，否则，形式合法性会受到质疑。其中，最典型的规定在于《民事诉讼法》第六十六条规定的八种法定证据类型①，证据需要符合法定证据类型，否则不能作为证据使用。另外，就是证据本身在形式上的特殊要求。例如：根据《民事诉讼法解释》第一百一十五条，单位提交的证据应当由单位的负责人及制作人签名并加盖单位印章②；根据《民事诉讼证据规定》第十六条，域外形成的证据需要履行相关的翻译、公证手续等③。来源合法性是指证据的取得符合法律规定，涵盖主体合法、取得方式合法和程序合法三个层面，侧重于实体法对证据的要求和考察，如《民法典》《刑法》《保守国家秘密法》中的相关规定。如果证据的形成、获取、保存违反实体法律规范，侵犯了其他主体的合法权利，甚至损害国家、集体利益的，则证据的来源合法性将受到质疑，如《民事诉讼法解释》第一百零六条规定："对以严重侵害他人合法权益、违反法律禁止性规定或者严重违背公序良俗的方法形成或者获取的证据，不得作为认定案件事实的根据。"

证据的关联性是指证据与本案事实及待证事实两方面相关。该两方面的相关性分别体现在《民事诉讼法解释》第一百零四条所规定的"与

---

① 《民事诉讼法》第六十六条规定："证据包括：（一）当事人的陈述；（二）书证；（三）物证；（四）视听资料；（五）电子数据；（六）证人证言；（七）鉴定意见；（八）勘验笔录。证据必须查证属实，才能作为认定事实的根据。"
② 《民事诉讼法解释》第一百一十五条第一款规定："单位向人民法院提出的证明材料，应当由单位负责人及制作证明材料的人员签名或者盖章，并加盖单位印章。人民法院就单位出具的证明材料，可以向单位及制作证明材料的人员进行调查核实。必要时，可以要求制作证明材料的人员出庭作证。"
③ 《民事诉讼证据规定》第十六条规定："当事人提供的公文书证系在中华人民共和国领域外形成的，该证据应当经所在国公证机关证明，或者履行中华人民共和国与该所在国订立的有关条约中规定的证明手续。中华人民共和国领域外形成的涉及身份关系的证据，应当经所在国公证机关证明并经中华人民共和国驻该国使领馆认证，或者履行中华人民共和国与该所在国订立的有关条约中规定的证明手续。当事人向人民法院提供的证据是在香港、澳门、台湾地区形成的，应当履行相关的证明手续。"

待证事实相关联"以及《民事诉讼证据规定》第八十七条所规定的"审判人员对单一证据可以从下列方面进行审核认定：……（二）证据与本案事实是否相关……"。从深层次讲，此处所讲的"与事实相关"也包含两个方面：一是目的性相关；二是价值性相关。前者主要体现在证据是否能顺利延伸到案件事实即小前提所需要达到的目的，也就是事实的终点。比如，在违约责任纠纷中，合同履行方对已履行交付货物义务承担证明责任，则其证据需要延伸的终点在于货物已送交给对方，相关的送货单、签收单、验货单等都可以作为具有关联性的证据，但如仅仅举示自己生产过相关产品，并仅提供己方库存或委托运输证明，则不能延伸至履行交货义务事实的终点，不能体现目的关联性。价值性相关，是指在目的性相关的基础上，进一步判别证据是否具备证明待证事实的效力性价值。具言之，就是分析证据对待证事实存在可能性大小的承载价值和能力。例如，前述违约纠纷，如承担举证责任的一方提供了货物的签收单据，证实了目的性相关，但签收单据所载明的签收主体不能被准确辨认，或不能体现与义务人的关联，那么该份证据虽延伸至事实终点，实现了目的性关联，但不具有价值性相关，不能发挥证明待证事实存在的价值性功能。关于证据与待证事实之间的目的性相关，主要围绕证明目的以及该目的是否达到小前提所需要延伸至的事实终点进行质证。如果证据的证明目的并非指向待证事实，或不能顺利延伸至事实终点，则该证据与待证事实之间不具备关联。而证据与待证事实的价值性相关，则主要在于证据将待证事实推向终点过程中，是否会产生路径不清晰、不稳定、不客观的价值性功能障碍，其实质上是对证据证明待证事实存在或者不存在的可能性的考察。因此，否定关联性时一般可以从以下三个维度发表质证意见：一是不具有目的关联性，即不能达到其证明目的，无法指向待证事实；二是目的性关联错误，即证明目的错误，不仅不能实现举证方所要求达到的证明目的，反而实现了质证方所要证明的目的；三是不具有价值性关联，即证据不足以证明待证事实，该证据无法令待证事实存在的可能性提高或者降低。

证据规则体系之质证规则如图33所示。

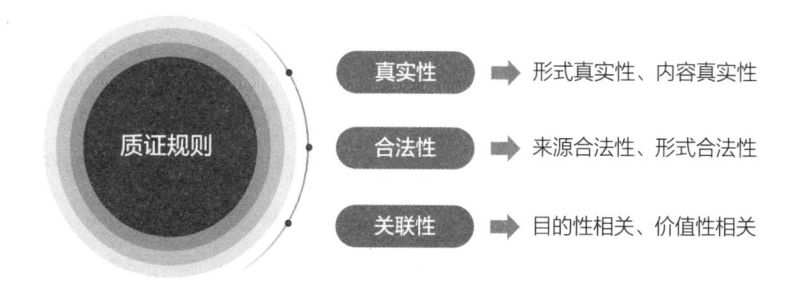

质证规则
- 真实性 ➡ 形式真实性、内容真实性
- 合法性 ➡ 来源合法性、形式合法性
- 关联性 ➡ 目的性相关、价值性相关

> 针对证据有无证明力和证明力大小进行说明和辩论

图33 证据规则体系之质证规则

证据的证明力是指证据对于待证事实的证明效力，是具有证据能力的证据对法官确信案件事实是否存在的作用大小。证据能力则是指证据的资格，尤其是能否作为定案根据的资格。证据能力是证明力的基础，而证明力是对有证据能力的证据的证明作用大小的量化。对证据能力和证明力的判断实质是对证明力定性和定量的判断。由于法律事实和客观事实的天然区分性，证据证明的事实即法律事实可能无限趋近于客观表达，但不能与客观事实完全相重叠。没有完美的证据，也没有完美的表达，当然也就没有完全客观的法律事实。从证据认定的角度而言，法律事实大都经过了裁判者对证据的主观分析和认定。就证据完整性而言，证据只是承载了案件部分事实的片段，即使证据链得以形成也难以承载全部案件事实。尤其当待证事实处于真伪不明的状态时,裁判者在遵循"证据优势原则"之下,结合个人社会经济生活经验,通过对双方提供正反证据的证明力大小进行比较,最终作出对待证事实的判断,形成内心确信。因而,通过质证对证据证明力有无以及证明力大小进行说明和辩论就显得尤为重要。

以上即为质证环节所涉及的证据"三性"和"二力",即"真实性、合法性、关联性"和"证据能力、证明力"。实践中,多数质证仅围绕证据"三性"展开,而忽视了对"二力"中证明力的说明和辩论。从《民事诉讼证据规定》的具体条文分析,其倾向性指引是不对民事诉讼证据的证明力作一般性规定,更多强调法官"综合判断"和自由心证原则。但对于当事人或代理人而言,仍应根据民事诉讼法的规定,对证明力发表质证意见。当然,《民事诉讼证据规定》也还是存在一些关于证明标准和证据证明力的规定的,如第九十条所规定的不能单独作为认定案件事实根据的证据[①],第九十一条[②]和第九十二条[③]对公文书

[①]《民事诉讼证据规定》第九十条规定:"下列证据不能单独作为认定案件事实的根据:(一)当事人的陈述;(二)无民事行为能力人或者限制民事行为能力人所作的与其年龄、智力状况或者精神健康状况不相当的证言;(三)与一方当事人或者其代理人有利害关系的证人陈述的证言;(四)存有疑点的视听资料、电子数据;(五)无法与原件、原物核对的复制件、复制品。"

[②]《民事诉讼证据规定》第九十一条规定:"公文书证的制作者根据文书原件制作的载有部分或者全部内容的副本,与正本具有相同的证明力。在国家机关存档的文件,其复制件、副本、节录本经档案部门或者制作原本的机关证明其内容与原本一致的,该复制件、副本、节录本具有与原本相同的证明力。"

[③]《民事诉讼证据规定》第九十二条规定:"私文书证的真实性,由主张以私文书证证明案件事实的当事人承担举证责任。私文书证由制作者或者其代理人签名、盖章或捺印的,推定为真实。私文书证上有删除、涂改、增添或者其他形式瑕疵的,人民法院应当综合案件的具体情况判断其证明力。"

证和私文书证证明力的规定。针对证明力进行说明和辩论，首先，应结合证据自身的性质、出具主体、证据形式予以考虑，如公、私文书，原件、复制件等在证据力方面的区别；其次，要看证据之间的关联性，如证据是属于单一证据，还是可以形成相互印证的证据链；再次，要衡量本证与反证在证据优势方面的不同；最后，要对证据进行事实反观，看证据与社会经济生活的吻合度。通过这些方面，可形成对证明力较为全面、客观的说明及辩论意见。①②

整体而言，质证应尽量遵循以下规则：

第一，紧扣"三性"及"二力"，区分先后。质证意见应当包括真实性、合法性、关联性、有无证明力、证明力大小这五个方面。应尽量避免"三性不表"，以及对真实性的回避。但对于真实性、合法性和关联性的表达顺序，可以根据证据的具体情况进行确定。一般而言，当真实性显而易见时，可以首先发表真实性意见。但当真实性不明时，可以尝试首先发表关联性意见，如关联性不能确立，讨论真实性亦无必要。对于"二力"而言，应当坚持在质证环节和辩论环节对证据是否具有证明力及证明力大小进行说明和辩论。

第二，"三性"细化，把握程度。真实性应当细化到形式真实性和内容真实性；合法性应当细化到形式合法性和来源合法性；关联性应

---

① 《如何发表质证意见，更规范有效？》，载上海一中法院公众号，https://mp.weixin.qq.com/s/rPtSTMJAzYWZV782SLcGzg，作者吴慧琼，最后访问时间：2024年10月23日。

② 《如何围绕"三性"及证明力，有效质证？》，载天同诉讼圈公众号，https://mp.weixin.qq.com/s/hNotpLc0cLR2TzDdIXBoqQ，作者高樱芝，最后访问时间：2024年10月23日。

当细化到目的性和价值性。实践中应该有这个意识，但并非任何一份证据都需要面面俱到，而应根据实际情况选择性确定。

第三，表达清晰，引导关注。发表质证意见时，应语言清晰，逻辑严密，并引导裁判者对相关证据的关注，避免"自话自质"，脱离关注。

第四，围绕争点，解构事实。质证的目的是完成对证据事实的瓦解或建构，应当在全面分析案件要件事实和争点事实的基础上，紧密围绕待证事实进行质证。协助裁判者完成对待证事实是否存在，或者达到高度盖然性标准的自我说服。

第五，相互印证，反观现实。无论是举证还是质证其实都是围绕案件事实进行的，一方面要达到相互印证，形成证据链的标准，另一方面要将证据证明的事实投射进现实社会经济生活进行反观，以确保其合理性、周延性。

对质证规则的精准把握和运用对于质证意见文书撰写具有直接意义，更为重要的是质证思维的形成及质证过程的推演，涉及对事实问题的立、改、破、阻，从根本上影响事实的确立，从而影响法律方案的设计，最终对法律文书的前后进退、左右避让以及上下空间的架构产生作用力。这里所要讲的质证思维，不仅仅是指一方对另一方证据的质证过程，同时也包含了自己对自己证据的内心质证推演。这一点在法律方案的构建以及文书写作过程中尤为重要，从某种程度上说，其重要性并不亚于对另一方证据的质证。

针对相对方的质证意见，更多要破、改、阻，即从证据的"三性"及"二力"着手，寻找和探索削弱、否定其证明力的理由，以实现对其指向事实的击破、修改或阻断。在具体案件的法律文书撰写过程中，要在思考另一方质证意见的同时甚至之前，预想到质证意见发表后，可能形成的破、改、阻各种后果，并以此后果作为新的前提思考其对己方证据、观点、整体法律方案的影响，并做好预案，同时在法律文书写作时预留相应的空间。比如，在一起买卖合同纠纷案件中，出卖人举出了加盖有买受人合同专用章的买卖合同，但买受人质证认为该份买卖合同上的印章属于其已作废的印章，并非由其加盖，否认其真实性。当买受人在发表这样的质证意见时，相当于从根本上否认了合同成立的事实，则其需要对这样的质证意见后果进行充分、周全的考虑，并形成预案。要在印章作废的时间点、原因、同一性等方面预留应对的空间，准备好反证，同时对于印章的持有人、持有期间，印章作废可能涉及的内部管理与外部责任以及合同实际履行状况等问题做好补充解释、说明的准备，并在法律方案设计和文书架构时做好安排。如无法就上述事项进行合理解释，则其印章作废的合理性、动机可能会受到质疑，进而影响责任的评定。

针对己方证据的质证推演，是指负有举证责任的一方在举证之前，应站在对方角度，以对方的视野围绕质证规则对己方提出的证据进行质证推演，以发现对方质证时可能提出的破、改、阻意见。在获取这种意见后，将其与己方所确立的事实观点进行对照，同时与整个法律方案进行比较，并在法律文书中做好相应衔接。比如，在一起充电宝设备租赁合同纠纷案件中，合同约定一方将充电宝设备提供给另一方进行店面铺设，通过收取客户租借收益进行盈利分成。因负责铺设一方违反约定，导致提供设备一方提出解除合同，主张另一方按合同约定的每台设备单价赔偿其全部设备损失，并提供了设备正常的售卖价格以及法院的类案判决作为证据。但举证一方并未充分考虑到售卖价格属于新设备的价格，其在本案中主张的赔偿标准是使用过的旧机器价格，在对方提出是否应当折旧，以及应如何进行折旧的质证意见时，如果举证方未进行提前思考，未做好预案，就不可能形成完整的法律方案，也就没有办法在文书撰写时预留相应的空间。更为重要的是，在本案中，举证方提出的法院类案判决，已经对充电宝设备作出过折旧的认定。对己方证据的质证推演过程亦会对己方的诉辩观点产生重要的影响。

如前案中，充电宝设备出租一方提出解除合同，并主张对方应按照合同约定的"设备单价乘以设备数量"的方式承担赔偿责任。如不考虑对设备单价确定的质证推演意见，就可能不会对其主张赔偿的性质进行充分、周全的考量。考虑到合同约定的赔偿方式，对设备价格的质证意见至少可以作以下细分考虑：一是约定的损害赔偿方式仅仅是一种违约金的计算方式，其不受设备单价是否折价的影响，不能对设备单价作折旧处理；二是约定的损害赔偿方式相当于设备返还的替代方式，既然是替代方式，则要求赔偿的价格应等于设备当时的市场价格，应进行折旧处理；三是约定的损害赔偿方式就是一般补偿性违约赔偿，如果不考虑设备折旧会导致赔偿金额超过损失。该三种理解，对于诉讼方案的安排、诉辩法律文书的撰写、举证责任的承担等都会产生直接、重大的影响。

因此，质证规则在文书写作中的意义不仅仅局限于质证意见文书撰写本身，也不仅仅在于对质证意见后果的考量，还在于对己方证据的质证推演，甚至案件涉及的整体事实均应放在质证规则中来回比照，以预判案件的定性、发展方向，最终完成法律文书贯通性架构。

总之，如前所述，大部分诉讼争议均属于事实争议或源自事实的争议。诉讼参与人总在客观事实法律化、法律事实客观化之间不断努力，既要证明客观事实，又要使证明过程和结论客观化。证据规则，包括证明责任规则、举证规则、质证规则、认证规则。对于经验丰富的法律工作者而言，首先，要做到"胸怀事实"，即经过海量案件的熏陶、训练后，形成大量的社会生活事实场景和模式，以供调用；其次，要做到"脚踏实地"，即所有观点的表达，都要回归证据，都要遵循证据规则；再次，要做到"眼观六路"，即对于呈现的案件事实要具有批判精神，不断地质疑、否定、挖掘，在事实之外看到新的事实，并予以证明、呈现、表达；最后，要做到"思前想后"，即对于事实既要在案件中考虑，又要放到现实生活中去衡量，既要考虑自己的意见，又要考虑诉讼相对方、裁判者可能的意见，既要考虑现在的情况，也要考虑过去、将来的情况。

Mindset & Skills for
Legal Writing

第五编

民商事法律文书写作

第二十二讲　民商事法律文书撰写思维特点

> 写作的目的不应该只是为了发表。当然更不是为了稿费或虚名。它实际上是一个人认识真理之后的独白。
>
> ——罗曼·罗兰
>
> 在民法慈母般的眼里，每一个人就是整个国家。
>
> ——孟德斯鸠

从本讲开始，我们将进入具体法律文书撰写思路和技能的讲解。民商事案件所涉及的起诉状、答辩状、代理词等是我们最常见、常用的法律文书。得益于信息技术进步，现在很多非法律职业人员也能很方便地从互联网或其他信息渠道获得相关法律文书的模板或撰写方法。但笔者始终认为，这些信息化的内容只能提供一些形式上的参考和知识性介绍，并不能触及法律文书的本质和要义，更无法结合案例进行针对性、专业性说明和论述。

从案件处理角度而言，不论是民事案件还是商事案件，也不论是诉讼程序还是仲裁程序，其本质都是解决当事人之间的争议，而争议形成的根本原因在于各方对于相关事实的认识产生偏差或者对用于判断某一事实性质、效力、状态等具体情形的规则形成不同主张，进而对各自的权利义务安排及归属结果存在不同诉求。争议解决的一般路径就是要在相应程序规制下，通过双方当事人对于事实、主张、权利义务的陈述，依照证据规则，进行事实认定、法律适用，并运用逻辑推理，对当事人之间的权利义务进行界定，定分止争。

传统民事审判（大民事背景下准确地说应当是狭义民事审判）处理的是熟人之间的法律关系，如婚姻、家庭、继承、民间借贷等。民事审判除了强调意思自治外，更加强调对于弱者的特殊保护，也更加注重诚实信用、实质公平与追求和谐。对于熟人社会来说，经济利益往往并不是最重要的。家人和邻居今后还要相处，因此家庭纠纷或者邻里纠纷在处理时要特别注重实质公平。同时，在判决和调解的关系上也更加强调调解的作用，甚至在某些案件中应以调解先行，否则矛盾难以化解，且若采用判决的方式，不仅判后难以执行，当事人之后也难以和谐相处。传统民事审判更强调诚实信用原则的适用，在个案中更加重视社会伦理的评价，这一点有别于商事审判。

相比于传统或狭义民事关系而言，商事关系更多的是陌生人之间的关系，强调营利性和营业性，具有强烈的竞争性，且凡是从事商事活动的主体都假定具备相关的专业知识和能力。商事关系的上述基本特点也要求商事审判具备相应的思维理念。

第一，由于强调营利性和营业性，所以商事审判更加关注效益。在商事审判中，一定意义上甚至可以说，对效益的保护本身就是对公平的追求。在案件审理中，必须准确理解商主体作出各种复杂的交易安排所追求的目的，在复杂的文本背后隐含的各方当事人的利益安排，清楚商主体在交易活动中预期的付出和回报。只有这样，我们才能明白利益纷争以及诉讼形成的根源所在，准确回应、评价当事人的诉求。

第二，由于商事活动往往是陌生人之间的交易，因此交易安全的重要性不言而喻。相应地，外观主义、形式主义在商事审判中的适用较多。这主要是出于保护交易安全的需要，对善意无过失的相对人加以保护。在这种观念的引领下，只要交易符合形式要件，即可依法认定。

第三，鉴于可推定商主体具备从事商行为的知识和能力，因此法官会更加尊重商主体的选择和判断，尊重商人之间的契约，不会轻易代替商主体作出判断。

第四，由于商事关系具有较强的竞争性，追求流动性的利益，所以商事审判要注重保护竞争，而不是单纯地保护竞争者。商事审判要有效规制不正当竞争，依法制裁垄断行为，着力维护竞争秩序，促进完善竞争制度，为广大商主体自由公平竞争创造良好的环境。①

民事思维与商事思维对比具体如图34所示。

民事思维	商事思维
传统民事审判处理的是熟人之间的法律关系，如婚姻、家庭、继承、民间借贷等	商事关系更多的是陌生人之间的关系，强调盈利性和营业性，具有强烈的竞争性，且凡是从事商事活动的主体都假定具备相关的专业知识和能力
・伦理评价　・弱者保护 ・追求和谐　・重视调解 ・实质公平　・意思自治 ・诚实信用	・营利性趋动效益关注 ・陌生性寻求安全保护 ・专业性体现契约精神 ・流动性呼唤市场竞争

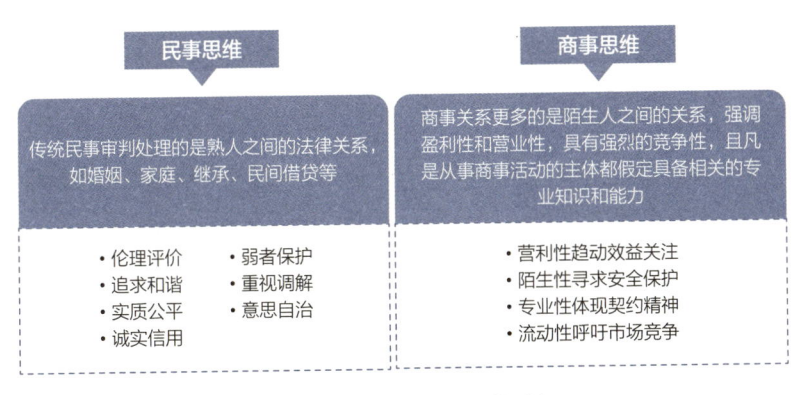

图34　民事思维与商事思维对比

这种民事思维模式决定民事案件的处理必然要考虑伦理评价、追求和谐、实质公平、诚实信用、弱者保护、重视调解、意思自治等因

---

① 江必新：《关于裁判思维的三个维度》，载《中国审判》2019年第3期。

素。而商事案件的处理则更多地需要考虑理性、效率、营利、竞争、安全等特性。在案件处理的全过程中，无论是诉方、辩方还是审方都需要考虑这些特性，并予以遵循。从法律文书角度而言，无论是起诉状、答辩状、代理词甚至是裁判文书都需要反映、体现和承载上述思维模式所蕴含的要素、特点。从个人经验出发，实践中需要注意之处主要体现在以下方面：

第一，在形成诉讼方案及撰写法律文书之前，需要充分考量诉讼主体之间的关系，以确立适当的诉讼请求，并形成中肯的语言风格和表达方式。如前所述，民事案件涉及的基本是熟人之间的人身和财产关系纠纷，在诉讼请求确立时要充分考虑这一特性，不能以追求利益最大化作为唯一诉讼目的，而要充分考虑生活常情、实质公平等因素。在进行文书架构和表达时，留有一定空间作为情感承载，一方面使诉讼方案更加客观、合理，另一方面也有利于促使裁判者形成利己印象[①]。例如，对于夫妻财产分割、家庭财产继承等案件，一般应充分考虑当事人之间的生活背景、情感基础以及将来处境等相关因素，避免使用过于苛刻，甚至具有伤害性的语言。同时，在实体权利方面，不能一味追求利益最大化，要基于基本的人伦，如扶养、抚养、赡养义务等恰当地表达诉请和观点。

第二，民事案件应更多地关注常情、常理，避免大篇幅地使用逻辑推理或推论。民事法律关系是我们生活中最基础、最常见的生活事实

[①] "利己印象"或"利己初始印象"是指诉辩参与人通过首次文书、证据、对话等方式给裁判者所呈现并促使其形成的有利于己方的感性认知，即对利己信念事实的自信情感，这种情感来源于案件，但隐匿在裁判者的心中。

的法律化。无论是生活经验、道德准则还是文化知识、理性认知都赋予我们对某一生活事件进行是非曲直、公平偏私判断的能力，也影响着我们判断的结果。这种判断可能并非基于法律概念、逻辑推理所作出，但体现了一种朴素的伦理观、价值观。不可否认的是，民法中很多规定正是这些朴素观念的显像化和规范化。民法典中的物权、合同、人格权、婚姻、继承、侵权等法律关系涉及人们生老病死的全过程，也关乎衣食住行的方方面面，无论我们是否具备法律知识，是否受过专门的法学教育，我们都能对这些事情所涉及的价值判断发表自己的观点，尽管这些观点可能与现行法律规定无法完全契合。民事案件的法律文书，包括起诉状、答辩状、代理词等应该充分考虑和体现这一特点，要尽量尝试用最简单、最直观、最可令人共鸣的表达方式和手法表达自己的观点和诉求。由于我们尤其是裁判者对于相关的民事生活事实熟知，甚至曾有过相似的亲身经历，对于相应的法律规制、价值评判亦了然于胸，我们在文书中应更多地关注、还原生活事实，而无须过多进行法律概念的阐释，也无须花过多的笔墨去进行逻辑推理。所谓"事实胜于雄辩"说的正是这样一个道理。当生活事实得以客观还原，并符合相应的常情常理时，往往就能得到裁判者的采信，而生活事实一旦确立，则相应的权利、义务划定就顺理成章。反之，如法律文书需要通过大量的概念分析、是非判断、逻辑推理去表达一个生活事实，则它很可能脱离常情、常理的范畴，而难以被裁判者采信。

第三，民事案件可以在证据形式存在一定瑕疵或欠缺的情况下，坚持推进实质公平、正义的实现。诚实信用原则、公平原则、平等原则都是民法的基本原则，在这些原则的推动下，结合我们对民事生活事实的熟知，以及熟人社会的情感关注等原因，民事案件的发展往往会指向对实质公平、正义的追求，而对证据的形式表达进行弱化。如婚姻案件中的财产分割协议、婚前财产协议等，尽管双方均已签字、确认，但裁判者仍然会关注协议签署时的场景、情绪、理智状态、强弱对比，并结合是否符合实质公平原则进行效力、价值判断。因此，我们在构建民事法律文书的架构时，不能过于刻板、过于追求证据的形式证明力，而要结合诚实信用、实质公平等要素，形成更为开阔、完整的架构方案。

第四，民事案件的处理结果可能涉及他人、集体以及社会公共利益等，在法律方案确定及文书写作时应予以关注。民事法律规范涉及人们相互之间的生产、生活关系，同时也涉及人与自然，人与环境、社会之间的关系。在民事案件的法律文书中应适当跳出当事人之间的关系，让目光在法律事实、事件、法律行为所可能波及的其他主体之间进行扫描，以判断是否侵害或影响他人、集体、社会利益。例如，在离婚案件中对子女权益的关注、对夫妻共同债务的关注；在相邻权纠纷案件中对相邻人权益的关注；在共有财产分割案件中，对物的使用、对全部共有人权益的关注；在环境侵权案件中对生态资源保护的关注等。当我们发现诉争案件的处理结果可能造成案外主体权益受损时，应对法律方案和法律文书进行有针对性的技术调整，如变更、增加诉讼请求，追加被告、第三人等。

第五，民事案件中对生活事实与法律关系进行关联时应准确、专业，避免过于生活化的表达。民事案件所涉及的事实一般与生活紧密相关，为人们所熟知，但法律方案的形成、法律文书的制作需要将生活事实升格、对标为相应的法律事实、法律关系，在进行法律关系界定和表达时应做好法律性质的确定和表达的转换。如生活中对于"借款""欠款"的性质和表达一般没有明确的界限,但在法律关系确定和法律表达时却存在重大区别,"借款"一般属于(民间)借贷法律关系,而"欠款"可能属于源于基础合同关系而形成的欠付合同款事实。又如生活中对"返还"和"支付"可能不加区分,其实际效果是一样的,但其在法律文书中却存在区别,如返还出借物是一种物权的回转,而支付则一般不涉及原始物权的回转,如返还借款的同时要求支付利息。

第六,商事案件要凸显商业理性,尽量避免退让至谈论实质公平、弱者保护等民法基本原则。商事案件的处理一般以理性、效率和利益最大化为前提,无论是商事法律制度还是社会对商主体的期待,首先都是将商主体置于理性、专业、平等的地位对待,其次才考量商事安排的合约性、合法性,最后才涉及责任承担问题。在商事案件中,法律方案和法律文书要尤其突出商行为的理性,以及商主体在从事商行为时的专业性,将论述的主体置于合约性、合法性层面表述。这些表述应该具象化、精准化、客观化,让阅读者可以便利、完整地获知商事行为做出的背景、过程、结果。同时,商事法律文书应尽量避免套用民法的基本原则进行空洞论述,当然这并不意味着商事案件不用遵守这些原则,而是在重要性安排上,应首先关注理性、效率、专业等原则,并回归契约的具体条文和法律的具体规定。当一个商事案件需要退让至大谈、特谈实质公平、弱势群体保护时,其观点的说服力将大大降低。如对于投资领域的对赌条款争议,如不回到约定和法律规定本身进行理性、专业的理解和分析,而是谈论公平与否,以及对所投资领域是否熟知、专业时,是无法驱动裁判者采纳相关主张的。

第七,在民事和商事案件相互交织时,要注意综合把握上述要点,并做出针对性的处理和安排。民事案件和商事案件在狭义上可以做一定的区分，但从广义上而言，有时难以准确界定，尤其体现在商事合同纠纷中，很难界定是属于民事案件还是商事案件，在实践中要注意从案件所涉及的具体事实入手，考虑其与社会生活、民商事主体的关系后，适当把握文书架构和表达方式。

总而言之，民商事法律文书的整体架构和语言风格一方面要紧密联系和反映民商事生活事实，不能脱离实践，不能违背常情常理，不能在商事案件中掺杂过多的感性认识；另一方面也要在民事案件和商事案件交融中找到适当的表达方式，不可拘泥于一种结构和语言表达风格。有一份民事判决书对于婚姻关系的表达就别具风格，值得思考。当然，对于这样一份判决书仍然存在褒贬不一的看法，有人认为其一改判决书冰冷、理性、僵硬的表达方式，更多地采用了抒情、感性、温暖的论调，更符合婚姻案件的人伦关怀及普通人的常情常理。当然，也有观点认为，判决书就是判决书，应该回归理性，不能使用过多的主观色彩，也不应涉及宗教信仰问题。笔者想，文字是有生命的，语言是有灵魂的，每个人看到文字总有自己的理解，正所谓"一千个人眼中就有一千个哈姆雷特"。现将该份判决书摘录于此，供读者品评。

本院认为，良好的夫妻感情是婚姻关系得以维持和存续的基础。《中华人民共和国婚姻法》（已废止，现参见《民法典》婚姻家庭编相关规定，下同）第四条规定："夫妻应当互相忠实，互相尊重；家庭成员间应当敬老爱幼，互相帮助，维护平等、和睦、文明的婚姻家庭关系。"本案中，原告王某某与被告骆某某从同居生活、生育子女到正式办理登记结婚，其间持续了长达13年的时间，彼此之间应有较为充分的了解。虽然原、被告在共同生活中存在一些矛盾，但也属正常现象。

婚姻本就是平凡平淡的，经不起任何一方的不安分折腾。时间是一杯毒药，足以冲淡任何浓情蜜意。幸福婚姻的原因自有万千，不幸婚姻的理由只有一个，许多人都做了岁月的奴，匆匆地跟在时光背后，迷失了自我，岂不知夫妻白头偕老、相敬如宾，守着一段冷暖交织的光阴慢慢变老，亦是幸福。原告王某某先后经历两次婚姻，经历生养子女，更应珍惜眼前的这次婚姻。幸福美满的婚姻生活并非不存在任何矛盾，夫、妻更应懂得以互谅互让、相互包容的态度，用恰当的方法去化解矛盾，共同守护婚姻关系。本案原、被告的婚姻出现问题，系彼此缺乏包容理解和有效沟通所致，夫妻感情并未达到完全破裂的程度。作为丈夫、父亲，被告骆某某更应当以大丈夫的胸怀包容妻子王某某的不足之处，凡事谦让，互相尊重，理应承担起爱护妻子的家庭责任。作为妻子、母亲，原告王某某应当包容、理解丈夫骆某某性格上的缺点，凡事忍耐，理应承担起相夫教子的家庭责任。

　　本院认为：婚姻是一种契约，缔结婚姻是神圣而庄重的，婚姻自主决不容许当事人随意处分或变更，除非符合法律规定的离婚条件。《中华人民共和国婚姻法》第三十二条第三款规定："有下列情形之一，调解无效的，应准予离婚：……（五）其他导致夫妻感情破裂的情形。"本案中，原告王某某以夫妻感情破裂为由起诉离婚，根据《中华人民共和国民事诉讼法》第六十四条第一款规定"当事人对自己提出的主张，有责任提供证据"和《最高人民法院关于适用〈中华人民共和国民事诉讼法〉的解释》第九十条规定"当事人对自己提出的诉讼请求所依据的事实或者反驳对方诉讼请求所依据的事实，应当提供证据加以证明，但法律另有规定的除外。在作出判决前，当事人未能提供证据或者证据不足以证明其事实主张的，由负有举证证明责任的当事人承担不利的后果"，原告王某某起诉离婚，其应当举证证明夫妻感情已经破裂。本案中，原告王某某举示的证据不足以证明夫妻感情确已破裂。故对原告王某某的诉讼请求，因其证据不充分，本院不予支持。为此，依照《中华人民共和国婚姻法》第三十二条第三款，《中华人民共和国民事诉讼法》第六十四条第一款，《最高人民法院关于适用〈中华人民共和国民事诉讼法〉的解释》第九十条之规定判决如下：

驳回原告王某某的全部诉讼请求。

本案受理费120元，由原告王某某承担。（已缴纳）[①]

另外一份医疗服务合同纠纷民事案件的判决书的表述、语言风格也显示出民事法律文书的前述特性。主要案情为一名患有抑郁症及其他多种疾病的男子在医院内跳楼自杀而亡，其子女、配偶以院方未尽到相关义务为由将医院告上法庭，索赔数十万元；而院方则表示其已经尽到相关义务，不存在过失，不应该担责。法院在审理此案的过程中，本着客观中立、观点鲜明的态度，作出了判决。该份判决书部分原文摘录如下：

以中立视角观之，院方的诊疗和管理并无过错。"防病治病，救死扶伤"当然系医疗机构和医护人员的神圣职责，但这一职责，既是指向某一个具体患者的，也是面向全社会不特定公众的。每一公民都有可能成为患者，每一医疗机构都需同时诊治多名患者。医疗机构在运行中

---

① 王某某诉骆某某离婚纠纷案，重庆市巴南区人民法院（2016）渝0113民初404号民事判决书。

需在治疗效果、诊疗效率、风险防范、医护成本等因素之间进行综合权衡,甚至需要在某一患者的生命和健康与其他患者的生命和健康之间进行艰难取舍。上述种种,如果偏重其一,势必偏害其他,终将影响医疗机构履行"防病治病,救死扶伤"的神圣职责,减损全社会的整体福利。

置于本案中观之,院方有无可能自行对开放式病房的患者进行全天候监管?如实现,患者又将额外支付成本几何?院方有无可能预见一抑郁病情正在好转、已反复多次提醒家属注意陪护且确有人员陪护的患者于清晨自行离开病区行至非医疗功能辅助建筑楼顶天台纵身跳下?即便确能预见此风险,则这一风险与关闭辅助建筑天台的安全出口而可能导致的紧急情况下逃生困难的风险,孰轻孰重?或者,如为了预防这种风险,院方在开放式病房设立门禁,则是否又将导致包括王某某在内的抑郁症患者精神压力增大,治疗效果削弱,继而引发广大患者产生更多的厌世情绪?故而,不论是人民法院,还是当事各方,在审视悲剧时,均应持一中立、理性立场,不能唯结果论、唯死者重。

众所周知,人类社会发展至今,精神疾病的发病机理和治疗方法仍是医学进步之短板。精神药物的严重副作用,××患的行为不确定性,均使××人的诊疗较之一般病患更加困难复杂。此时,如不合理地拔高医疗机构的注意义务,以悲剧的发生反向推理,简单评价院方"再注意一点就能预防",粗暴地认定"既然悲剧发生了就说明院方未尽安全防范义务",甚至认为"反正公立医院不差钱出了事多少赔一点",不仅有损个案正义,更可能导致院方在进行诊疗活动时瞻前顾后、束手束脚、拈轻怕重,以求自保。而医疗机构为确保"不出事"而增加的成本，终将传导至广大患者及家属一端，损害社会公共利益。

故而，纵观全案，即便悲剧已经发生，本院仍不能作出院方存在过错、有违救死扶伤的职责之认定，更不能以上述三种思路搞平衡、和稀泥以求平稳结案。

本案审理中，本院主持调解，院方已同意给予适当补偿，但原告并未接受。悲剧固值痛惜扼腕，判决实难罔顾事实和法律，但愿死者安息，家属尽快走出悲痛，重拾生活。①

---

① 丁某等诉合肥市第四人民医院医疗服务合同纠纷案，安徽省合肥市蜀山区人民法院（2018）皖0104民初1367号民事判决书。

第二十三讲　民事起诉状撰写方法

据我看来，现实主义的意思是，除细节的真实外，还要真实地再现典型环境中的典型人物。

——弗里德里希·恩格斯

没有程序的正义就没有实体的正义。

——法谚

起诉状是当事人开启争议解决程序的初始文件，是裁判者了解、认识案件的窗口，也是原告向其他案件参与者表达事实和观点的基础性文件。按照人类对事物认知的一般规律，裁判者一般更习惯于按照事实发生的时间顺序，逐步获取案件事实。基于此，起诉状一般以记叙的手法，在确定事实起点后，围绕需要表述的关键事实展开叙述。这种记叙本身就是一种对话的开始，原告应以讲述者身份，将所主张的事实，以最清晰的主线、最简洁的语言进行表达，并力求通过事实串联式表达，得出一个显而易见的利己结论。就形式逻辑结构而言，起诉状通常是通过讲述一个故事，得出一个结论，采用归纳逻辑进行立论。但这并不代表起诉状的撰写过程可以简单化处理，相反，在形成起诉状之前，应该就案件事实、法律适用、法律推理、责任承担等问题进行最广泛、深入的挖掘。在完成前讲所涉及的进入案件、融入案件、分离案件、回望案件等办案步骤后,经过运用辨识、提炼、关联、架构、贯通等能力后,寻找到最直观、便捷、有效的路径,并在起诉状中予以表述。至于诉讼相对方可能的抗辩理由以及裁判者可能的疑问,其实都在起诉状表达之下,在接下来的诉讼程序中预留了回应和处理空间。从这个角度而言,起诉状侧重于展现一个事实面,再通过这个事实面,结合相关法律规范、合同条款、公平诚信原则、人情事理等法律、生活评价挤压出诉讼结论。也即是说,在准备起诉的过程中,应预留最大"包围圈",而在呈现起诉状时,则要采用最小"着力点",力求通过最小"着力点",直指案件本质,协助裁判者形成利己的初始印象,同时通过构建最大"包围圈"确保"着力点"稳定、牢靠,不被相对方突破,同时也打消裁判者可能的质疑。

但对被告答辩思维而言,则有所不同。通过起诉状及相关材料的展现,起诉程序已开启,争议事项已提出,无论是相对方还是裁判者对于案件事实已经有了初步了解和认识。诉讼相对方在进行答辩时需要具有针对性,并充分发挥总结、提炼能力。一般而言,答辩状无须通过记叙的方式,从某个事实开始讲述一个故事,而只需要针对原告在起诉状中的陈述,有针对性地、开门见山地指出原告起诉状中存在的问题。在呈现体例上,一般可以直接以大标题的方式切入,再逐段展开论述。在形式逻辑结构上通常是提出一个结论,再讲述一个故事,运用演绎逻辑进行驳论。例如,答辩状可以直接以大标题方式表达对起诉状所陈述某个事实的否定结论,再进行针对性的论述,还原事实真相;也可以直接以大标题方式表达法律适用、逻辑推理错误的观点,再进行论述。从横向思维角度而言,被告答辩是在了解起诉面的基础上,对原告的起诉观点进行点对点的反驳或攻击,以破坏起诉面,提取新的结论或形成自己的答辩面。在纵向思维方面,答辩状是力求将原告在起诉状中串联的事实打断,或实现若干相互干扰的事实并联,使原告的结论并不显而易见或得出另外一个结论。整体而言,答辩思维的核心在于想办法放大受力面积,削弱原告起诉状的穿透力,进而组织答辩材料,异军突起,甚至实现反向合围,迫使起诉方回防。

民商事案件的诉辩整体观如图35所示。

	原告	被告
逻辑结构	讲述一个故事,归纳一个结论(归纳、立论)	提出一个结论,再讲一个故事(演绎、驳论)
横向思维	侧重于展现一个面,从整体中挤压出结论	了解起诉面的基础上,进行点对点的思维和攻击,以破坏起诉面,提取结论,或形成答辩面
纵向思维	力求通过简单事实串联得出一个显而易见的结论	力求将串联的事实打断,或实现若干互干扰的事实并联,原告的结论并不显而易见,或得出另外一个结论
整体观察	最大包围圈,最小着力点	放大受力面积,异军突起,反向合围

图35 民商事案件的诉辩整体观

在一诉一辩、一来一往之间,裁判者基本会对案件争议事项、是非曲直形成初步印象,我们可以暂且称为"裁判初始印象"。事实证明,这一初始印象对于案件的后续发展往往会产生重大作用。从这个角度而言,起诉和答辩的最大功能就在于争取让裁判者形成"利己初始印象"。

谈到裁判者"利己初始印象"的形成时,就难免涉及一个问题,即在民商事案件诉讼、仲裁程序中,诉、辩、审三方如何看待"说服"。很多人认为，诉辩就是要通过起诉、答辩、举证、质证、辩论等形式说服裁判者作出有利于己方的认定。其实，说服一个人是非常困难的，尤其是当说服对象知晓说服者的心理动机，并且说服者与被说服者处于大致相同的信息认知水平时，更难以实现说服。一般而言，说服只有在三种情况下才可能实现：一为利己后果型说服，即说服者向被说服者充分提示听从的获利后果，使被说服者产生趋利的听从驱动；二为损己后果型说服，即说服者向被说服者充分阐述不听从可能导致被说服者利益贬损的后果，使被说服者产生避害的听从驱动；当然还有一种说服，即权威说服，是指说服者利用自己的优势地位及权威进行命令式说服，该种说服严格意义上已经属于命令和服从的范畴，而非真正意义上的说服。除此之外，还有基于共同的价值信仰所形成的说服，其本质仍然是一种共同趋利避害的说服。无论何种类型的说服，都不容易在诉辩中实现。裁判者对案件的裁判，只要其程序合法，职权运用恰当，对裁判者而言，除了审理的精力成本和错案的风险外，不会形成其他的趋利或避害后果，也不应当形成权威压力。因此，在诉辩程序中实现裁判者的被动说服是非常困难的，尤其在裁判者明确知晓律师的说服目的，且裁判者与律师同属于法律专业人士，都处于大致相当的信息认知水平时，几乎不可能实现对裁判者的主动说服。

个人认为，对于律师而言，诉辩应当是通过起诉、答辩、举证、质证、辩论、演说等陈述、论证的方式为裁判者作出自我说服提供助力。律师无论在庭审中还是庭审外所起的作用，主要是协助、引导法官进行有利于己方的自我说服。就裁判者的心态而言，通过阅读双方庭前提交的文书材料，基本会形成一个对案件的初始印象和宏观判断，该判断可能不会基于严格的证据规则、精准的逻辑推理，或稳定的利益衡平产生，却反映出裁判者对自然公平、正义的初始考量，是审判结果倾向性形成的最直接动因之一。

在此后的庭审过程中，裁判者自觉或不自觉地都在寻找印证这一初始印象的证据和推理。律师在诉辩中的表现，主要是引导裁判者完成对这一初始印象的确立，协助其进行自我说服。当然，作为律师，在庭审过程中或庭审前无法知晓裁判者对案件的初始印象是否形成，以及所形成的初始印象是否有利于己方，但其所有的工作目标，应该是协助、引导裁判者形成有利于己方的初始印象，或矫正不利于己方的初始印象，最终协助、引导裁判者完成对审判结论的自我说服。

可见，裁判者"利己初始印象"的形成，对案件处理有着很重要的意义。从起诉、答辩思维角度而言，起诉状、答辩状承载着协助裁判者形成初始印象的主要功能。起诉状、答辩状的撰写无论在形式、内容上，还是在语言表达、证据支持上都应该充分展示这一功能。实践中有人主张起诉状应尽可能详尽，做到面面俱到，让裁判者了解所有的细节。个人认为该种观点失之偏颇，如果起诉状过于冗长，裁判者很难迅速了解起诉人所要表达的观点，也不能完全理解起诉所要达到的目的，更不能厘清当中的是是非非，初始印象都难以形成，更别奢谈"利己初始印象"。当然也有人主张答辩状应尽量简单，甚至不提交答辩状，因为不提交答辩状不至于影响案件审理，开庭时当庭答辩，可以进行突然袭击，争取主动。实则不然，如果答辩状过于简单，对于起诉状内容没有进行针对性回应，那就不可能形成答辩逻辑以及答辩面，也就不可能促使裁判者形成"利己印象"。

总之，起诉状和答辩状是诉辩双方的首次交锋，也是双方与裁判者的第一次沟通、交流，而且是各自单向进行。裁判者在阅读起诉状、答辩状时一般都抱有了解案情、明确基本争议事项的目的，同时裁判者基于职业习惯及中立态度也抱有戒备心理。其内心可能已经预设了"事实可能并非如此""事实不可能如此简单"的期待和空间。起诉状、答辩状的直接目的，就是要用恰当的架构、内容、表达，尽量去填补和弥合裁判者这种心理期待和空间，以促使其形成"事实果真如此""事实基本如此"的初始利己印象，并通过接下来的诉辩活动，不断地对这种印象进行强化，以催化其内心确信的形成。

第二十四讲　民事起诉状撰写流程

对于任何事物，必须观察准确，透彻，才好下笔。

——鲁迅

当法律给予人们什么，它也给予人们获得的途径。

——法谚

民事起诉状撰写大致要经历以下工作历程：事实整理、法律对标、观点校核、确定诉请、程序规划、法律检索、证据编排、风险控制、表达修改（见图36）。这些思维阶段是前述辨识能力、提炼能力、关联能力、架构能力、贯通能力的具体展现。

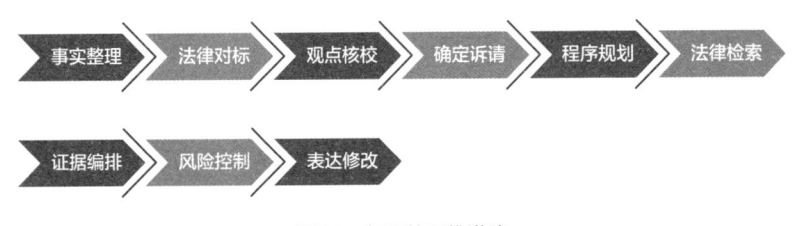

图36　起诉的思维进路

事实整理，是指对案件事实的初步理解，按照一定的逻辑顺序将当事人陈述的、展现的事实碎片进行首次加工和整理，形成事实线或事实面。就工作流程而言，一般可以划分为如下工作阶段：首先，是听取当事人对案件的陈述。如当事人对事实的叙述逻辑较为清晰，表达也具有条理，应以倾听、记录为主，反之则可以通过询问带动当事人表达，以尽快进入核心事实。其次，是阅读当事人提供的证据材料，通过证据材料进行事实的组织、还原，同时要将证据材料证明的事实与当事人陈述的事实进行比对，进行事实修正、校调。最后，调取事实模型进行比照、填充。事实模型是我们在生活和工作中形成的对某一类事实整体框架和节点构成的印象，如买卖合同所涉及的主体、标的、价格、交付、验收、保修等事实主线和空间。调取事实模型的目的在于将我们前期所获得的信息与事实模型进行比照，对案件事实在生活逻辑和法律逻辑上的周延性进行闭合，以防止案件事实遗漏、矛盾或不合常理的不利局面出现。

法律对标，是指在案件事实基本确定后，将案件事实与法律事实进行关联，找到相应的法律坐标，确定相关法律概念、法律关系、法律责任。法律对标是运用辨识能力、提炼能力、关联能力将已知案件事实与法律知识库进行匹配的过程，通过该工作程序可以基本确定法律服务的方向和初步工作方案。法律对标的基本思考流程如下：首先，应将生活事实、事件上升为法律事实、法律行为、法律事件；其次，应将法律事实、法律行为、法律事件放在法律关系、法律责任、逻辑推理的框架下进行匹配，以寻找和锁定法律方案的边界；最后，应寻找和锁定事实和法律的争议焦点。

观点校核，是指针对已形成的法律事实、法律方案、争议焦点要分别站在原告、被告、第三人、案外人、集体、社会、国家等利益主体上进行观点的校验；同时，要从代理人、当事人、裁判者的角度进行观点确立性推演；再者，要在相近事实、相似法律关系所可能产生的后果的基础上对观点进行斟酌；最后，要在不同的时空条件下对业已形成的观点进行比照，确保其稳定性。

确定诉请，是指针对当事人的要求，按照已形成的事实、方案、观点，确立该要求在法律上的体现状态，并进行书面表达。诉讼请求的确立对于整个案件的处理至关重要，主要体现在：首先，诉请的确立直接体现了当事人的诉权要求，按照不告不理的一般诉讼原则，当事人没有提出的请求，人民法院或仲裁机构不进行审理；其次，诉请确立案件的性质，某一案件是不当得利纠纷、侵权纠纷或违约纠纷通过诉请一般应得以明确；再次，诉请与请求权基础密切相关，诉请确立了，请求权基础也随之确立；最后，诉请统领了整个起诉状的构架和表达，甚至固定了整个诉讼方案的方向和风格。确定诉请阶段思考的具体内容可大致勾勒如下：权利性质、权利基础、救济目标、救济通道、方向变更、空间预留等。

程序规划，相当于贯通能力的具体展现，严格意义上讲，在诉请确立的同时甚至之前，就应该做好推进诉请实现的程序进路。具体而言，首先，应考虑当事人利益的法律实现途径，如通过协商、谈判，民事诉讼、刑事诉讼或者先刑后民，又或者其他可能的合法途径实现当事人利益。其次，在一个程序中考虑具体进路，如民事诉讼程序中的立案、管辖、主管、财产保全、中止诉讼、鉴定等。再次，考虑不同程序之间的衔接问题，如审判程序与执行程序的衔接。最后，应综合考虑单个程序可以顺利推进，各并行程序不产生矛盾，以及先后程序可以顺利衔接。

法律检索，包括案例检索和法规检索两部分。案例检索是为了寻找类案支持，法规检索是精确引用的大前提。在进行案例检索时，首先，应精确识别法律事实和法律关系，并进行针对性检索。其次，应尽量选择高层级法院案例，首选最高人民法院指导性案例、公报案例、典型案例。最高人民法院指导性案例，专指依据《最高人民法院关于案例指导工作的规定》程序编选并经最高人民法院审判委员会讨论决定的，被社会广泛关注、法律规定比较原则、具有典型性、疑难复杂或者新类型的等具有指导作用的生效案例。根据《最高人民法院关于案例指导工作的规定》第七条的规定，最高人民法院发布的指导性案例，各级人民法院审判类似案例时应当参照。最高人民法院公报案例，是指《最高人民法院公报》公布的，但未经最高人民法院审判委员会讨论决定的，具有参考指导性的案例。公报案例没有强制性"参照"，只有指导性"参考"。最高人民法院在2014年的一份裁定书中明确指出，再审申请人援引的《最高人民法院公报案例》中的案例并非根据关于案例指导工作的规定发布的指导性案例，其主张本案应参照该案例处理没有依据。典型案例是指有较强法律意义、较大社会影响，对社会生活有规范和指导价值的生效案例。最高人民法院要求各高院每月至少要向最高院报送一件典型案例，并作为考核各地工作的重要指标。典型案例的选定相对严格，最高人民法院、各地高院都可以遴选一些具有法律意义、典型意义和规范指导意义的生效判决作为典型案例予以发布。根据《关于规范上下级人民法院审判业务关系的若干意见》第九条的规定，高级人民法院可以通过发布参考性案例对辖区内各级人民法院和专门人民法院的审判业务工作进行指导。也就是说，高级人民法院可以发布具有典型或者指导意义的"典型"或"参考性"案例。在缺乏指导性案例、公报案例、典型案例的情况下，可以结合法院层级及审理法院所在地域恰当选择案例。再次，案例检索应制作案例检索报告，就特定问题作出精确的类案指引说明。最后，案例检索应同时考虑诉辩两方的观点，并分别进行检索，并最终较为客观地呈现，必要时可以制作正反观点的时间、地域、法院层级、案例数量的对比统计图表。法规检索主要应注意法律层级、效力状态以及对同一法律规范的不同解读观点、适用场景等。

证据编排，如前文所言，证据是将客观事实"翻译"成法律事实的通道，证据的编排过程，就是这一通道的建造过程。具体工作流程可大致确定如下：证据筛选、证据排组、证据关联、证据复核、证据补强、证据调整。

风险控制，是在法律方案确定之后法律文书撰写之前，需要再对前述各个环节的工作最终进行风险控制思考和应对，具体思考流程主要应当包括：明确目标、固定争点、运转通道、审查证据、评估风险、提示风险、制订预案。

表达修改，实际上包含了表达输出和完善两个动作。表达输出，是指在前述工作环节已完成的基础上，实质性开始进行法律文书拟定，实现从思维到表达的转化。就笔者工作体验而言，该环节工作是成果生成的最后环节，至关重要。其一般工作流程如下：形成腹稿，在动笔写作之前，心中已经构建出起诉状的整体架构，包括主体、请求、层次等；奠定风格，根据案件的性质确定适当的语气、语调，表达方式等；运用手法，根据文书的具体要求，确定记叙、描写、说明、议论、抒情的写作手法，或者进行综合调用，并适当确定各写作手法在文书中的比例；确定范围，起诉状是法律程序的开启，尚未进行答辩和审理，对方及裁判的观点和态度都无从最终明确，因此要适当确定起诉状中文书表达的深度和广度；建立联结，一是要建立事实与证据的联结，二是要建立观点与法律的联结，三是要建立司法三段论推理的联结；四是要建立民事生活、商业活动与法律秩序的联结；五是要建立责、权、利的联结。

第二十五讲　民事起诉状之诉讼请求

小说就像蜘蛛网，或许只是轻轻地附着，但在四个角落依然与生活紧密相连。

——艾德琳·弗吉尼亚·伍尔芙

法律不能使人人平等，但是在法律面前人人是平等的。

——弗雷德里克·波洛克

起诉状一方面负有开启诉讼程序的法定作用，另一方面也承载了协助裁判者形成"利己初始印象"的内在功能。无论是程序的开启，还是实体印象的形成，最终都指向法庭对案件的审判工作。基于"不告不理"的一般原则，人民法院对案件的审理工作主要围绕原告的诉讼请求展开，最终的判决不能超越诉讼请求，也不能遗漏诉讼请求。民事诉讼请求是民事诉讼理论和民事诉讼实践中基础性的概念。从理论上看，其与诉和诉讼标的密切相关；从实践角度看，其对民事诉讼法律关系的形成、推进以及终结有至关重要的影响，不仅事关当事人诉讼成败，同时对法院的审理、裁判形成制约。[1]

在民商事案件开庭审理时，法官在事实调查阶段说的第一句话就

---

[1] 朱建敏：《民事诉讼请求研究》，武汉大学出版社2020年版，第1页。

是"原告，先陈述你方的诉讼请求"，庭审的核心程序据此一步步进行。诉讼请求就像一条主线贯穿于诉讼始终，当事人的起诉、答辩、举证、质证、事实调查以及辩论等环节均围绕诉讼请求进行，是整个诉讼的终极目的所在。"诉讼请求就像建筑地基，地基牢固与否直接决定了上层建筑是否牢固。"[1]可以说，诉讼请求是起诉状的灵魂和核心，也是所有诉讼工作开始的前提和基础，其重要性不言而喻。但实践中，很多人在撰写起诉状时并没有将诉讼请求置于这样的位置进行重点考虑，诉讼请求写作不规范，甚至出现影响请求权基础的方向性错误，导致诉讼程序开启后面临明确、变更、增加、减少诉讼请求的被动局面，甚至直接遭受败诉后果。当然，实践中也存在因为专业能力欠缺导致诉讼请求不规范、不专业的情形，我们务必注意并不断予以改善。

根据《民事诉讼法》第一百二十二条的规定，起诉必备条件之一为：有具体的诉讼请求和事实、理由。[2]实践中，具体的诉讼请求是指起诉人必须明确其起诉所要解决的问题，也就是向人民法院提出保护自己民事权益的具体内容，亦是原告请求法院判决做什么的内容。诉讼请求需要有法律或合同依据，而且应当具体明确。诉讼请求首先与原告需要寻求法律救济所要解决的内容相关，其次与案由的确立相关，最后与权利的基础相关。

---

[1] 任明艳：《诉讼请求如何提出，法官这样说》，载上海一中法院公众号，http://mp.weixin.qq.com/s/1Z54qK9MyDgYxbL8hgoFpg，最后访问时间：2024年10月23日。
[2]《民事诉讼法》第一百二十二条规定："起诉必须符合下列条件：（一）原告是与本案有直接利害关系的公民、法人和其他组织；（二）有明确的被告；（三）有具体的诉讼请求和事实、理由；（四）属于人民法院受理民事诉讼的范围和受诉人民法院管辖。"

一、诉讼请求的类型

根据原告请求的内容和目的不同,诉讼请求可以分为确认请求、给付请求和变更请求。依据在预备合并之诉中提出顺序和作用的不同,诉讼请求可分为主位请求和备位请求。预备合并之诉系指原告预备其所提起主位诉讼无理由,因而在同一诉讼程序同时提起预备之诉讼为合并,以备主位诉讼无理由时,可就其预备之诉为审判之诉讼。原告在主位诉讼中提出的诉讼请求,是为主位请求;原告在备位诉讼中提出的诉讼请求,则为备位请求。主位请求和备位请求的地位有主次之分、轻重之别,两者不是并列平等的,因此它们又分别被称为先位声明和后位声明。原告首先选择主位请求,只是在主位请求被判决无理由的情况下,才会请求法院依备位请求进行审判。当主位请求获得胜诉判决时,备位请求即不发生诉讼法上的法律效力。依据所属诉的形态不同,诉讼请求可分为本诉请求、反诉请求、参加之诉请求、上诉请求以及再审之诉请求。本诉请求就是我们通常所讲的诉讼请求,具体是指诉方当事人在第一审程序中提出的诉讼请求。反诉请求是指在本诉的诉讼程序中,本诉被告提起反诉时所提出的诉讼请求。参加之诉请求是指有独立请求权的第三人以独立实体权利人的资格参与到本诉之中而提出的诉讼请求。反诉请求是针对本诉而提起的,参加之诉请求是因为第三人认为其对当事人双方的诉讼标的有独立的请求权,故而提起参加之诉而提出的诉讼请求,因此,反诉请求、参加之诉请求与本诉请求均有密切的关系。上诉请求是指当事人因不服第一审判决而向二审法院提出的关于如何处理原判决及其民事纠纷的具体主张。再审之诉请求是指当事人因不服原审判决而向再审法院提出的关于如何处理原判决及其民事纠纷的具体主张。再审之诉请求的内容和分类类似于上诉请求，此处不赘。①

（一）确认请求

确认请求是指原告请求法院确认争议的民事法律关系、民事权益或者特定法律事实是否存在或者是否合法有效之诉，分为积极确认之诉和消极确认之诉。积极确认之诉是指请求确认实体权利，或法律关系存在的诉，如请求确认所有权存在，或者请求确认存在合同关系或其他关系等。反之，如请求确认实体权利或法律关系不存在的诉，则为消极确认之诉，如确认担保关系不存在、合同未解除等。值得注意的是，对于消极确认之诉，实践中时常会产生是否具有诉权的争议。如对于单纯事实关系的确认，或者对于其他无具体诉的利益的消极确认之诉，一般会被认为没有诉的利益。作为例外，德国、日本等允许当事人对文书的真伪提出确认请求，当然此种情形下的真伪判断必须事关整个纠纷的解决，即一旦相关文书的真伪得以确认，所争议的纠纷就应该得到完整解决，而非纠纷中的一个争议环节。如一旦"遗书由被继承人真实地书写之事实获得确认"，那么继承人之间的纠纷就会获得解决。②

最高人民法院在（2009）民二终字第119号，辽宁省高级人民法院在（2007）辽民三初字第103号民事判决书中对消极确认之诉有过这样的表述："诉权是当事人基于民事纠纷的事实，要求法院进行裁判的争议双方平等享有的程序性权利。诉权的发生，根据民事纠纷的存在，只要当事人与民事纠纷存在利害关系，就有权基于纠纷的事实要

---

① 朱建敏：《民事诉讼请求研究》，武汉大学出版社2020年版，第41页。
② 朱建敏：《民事诉讼请求研究》，武汉大学出版社2020年版，第38页。

求法院对处于不明确状态的权利义务关系做出合乎法律的判断。当事人是否具备正当原告资格，取决于提起诉讼的当事人在这一诉讼中是否具有诉的利益。即现实争议和诉的利益两个要件。现实争议：本案被告向原告发出催收函后，双方之间就原告是否应当承担担保责任的争议已经存在诉的利益。诉的利益：原告存在通过诉讼，尽早明确其法律地位的确认利益，由此避免由于争议所导致的不确定性，则为诉的利益。故原告提起要求判决其对被告不承担保证责任的诉讼符合我国法律法规的规定，其依法享有诉权，是一个消极确认之诉。"因此，从诉权角度而言，现实争议不能简单以双方对某一事实、某一法律关系或者具体权利义务分配产生不同意见，便认定为可诉争议，还应该考量该争议对双方而言是否具有诉的利益。诉的利益是指当公民、法人或其他组织的民事权益受到侵害或者发生民事纠纷时，需要运用司法公权力介入予以救济的必要性，是受理诉讼的先决条件。消极确认之诉所蕴含诉的利益一般要求纠纷双方利害关系不明确的状态"导致纠纷另一方感到极其不安状态存在，并且这种不安状态能通过诉讼终结"。如在原告某房地产公司向法院起诉主张确认某建筑公司不欠付工程款案件中，原、被告双方系因工程款给付问题产生纠纷，无论是作为发包方的原告欠付工程款或是超付工程款，都无法通过本次诉讼终结双方之间的纠纷，即原告提起本次诉讼并无解决双方纠纷的现实必要，因此法院予以驳回。[①]笔者办理的另一起案件中，曾就被告发出的单方解除合同

[①] 庆达嘎：《提起消极确认之诉的，应具有值得诉讼救济的利益即确认利益》，载乌拉特前旗人民法院公众号，http://mp.weixin.qq.com/s/aA9R_fC9C2KQ0d8kVNXkyQ，最后访问时间：2024年10月23日。

函提起诉讼,要求法院确认该函不发生合同解除的法律效力,最终法院经审理认为,该请求系对单一证据证明内容的判断,并以此为由认为没有诉的利益,驳回起诉。如果从前述"现实争议"及"诉的利益"两个维度考虑,该裁定仍然存在可商榷之处。

(二)变更请求

变更请求是指设定、变更或撤销法律关系的诉讼请求。例如,请求解除或撤销合同、请求行使优先购买权、请求撤销公司决议等。变更请求与确认请求最大的区别是,确认请求是对已经存在的法律关系的确认,而变更请求则是通过诉讼或仲裁程序产生一种诉前尚未产生或尚不存在的法律后果。变更请求系指原告在诉讼中提出的关于形成权存在并因形成权的行使而导致某种法律关系发生、变更或消灭的权利主张。变更请求的提起,必须法律有特别规定者始得为之。变更请求的出现是"随1900年德国民法关于私法上形成权理论之确立与国家司法权扩大判决之法创定力"而确立的诉讼请求类型。变更请求依其形成之效果不同,可分为:(1)诉讼法上的变更请求,如撤销调解请求、再审请求、仲裁请求等;(2)实体法上的变更请求,如撤销婚姻之请求、诈害行为之请求、买卖价金减少之请求、增减租金之请求、离婚之请求等。[1]

(三)给付请求

给付请求,是指原告在诉讼中提出的请求被告履行一定民事义务的权利主张。给付请求是最为典型的诉讼请求,给付请求的基础包括契约、无因管理、不当得利、侵权行为等所生之债权请求权以及物因

---

[1] 朱建敏:《民事诉讼请求研究》,武汉大学出版社2020年版,第39页。

被侵害所生的物权请求权。依据不同标准,对给付请求可作进一步的分类:(1)依给付是否已届履行期,可分为现在给付之请求与将来给付之请求。现在给付之请求,是指对履行期已届至或未约定履行期之民事义务所提出的权利主张;将来给付之请求,是指对履行期尚未届至之民事义务所提出的权利主张。(2)依请求给付的内容不同,可分为实物给付请求和行为给付请求。实物给付请求,是指要求被告履行交付一定物品的义务的权利主张,其又可分为特定物给付请求和种类物给付请求,广义而言,金钱给付请求可归类于种类物给付请求;行为给付请求,是指要求被告履行为或不为一定行为的义务的权利主张,行为给付请求中的"行为",包括"作为"和"不作为",故其又相应地分为作为给付请求与不作为给付请求。[①]

基于现实生活的复杂性、多样性,或许我们不能将所有的争议类型归为上述三种诉讼请求类型,但本着对现实争议及诉的利益原则性考量,结合法官不能拒绝裁判的诉讼要求,可以尝试着将一些特殊性争议类型装入诉讼程序性大框架和大原则中去考虑,以尽量化解争议,实现社会和谐。

二、诉讼请求确立原则

正是由于诉讼请求对于诉状及诉讼程序的核心意义,诉讼请求的确立和撰写需要遵循一些基本原则,以确保诉请既达到权利救济的目的又符合程序性要求。笔者基于律师及仲裁员的工作实践,通过对大量案件诉讼请求的观察和研究,并结合业界经验,尝试总结出以下原则

[①] 朱建敏:《民事诉讼请求研究》,武汉大学出版社2020年版,第39页。

（见图37），供读者参考。

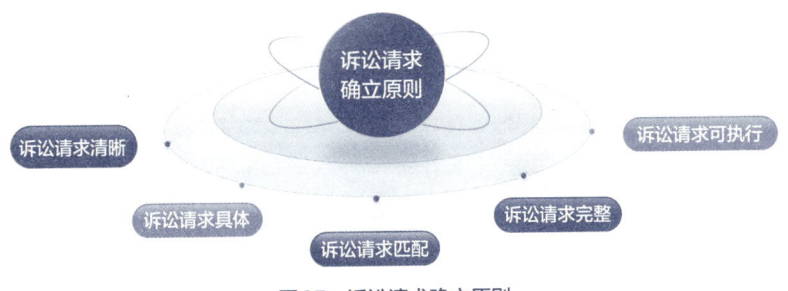

图37　诉讼请求确立原则

（一）诉讼请求清晰原则

诉讼请求清晰，首先，要求诉讼请求的文义表达是清楚的，用字、用词、用语是清晰的，不至于令人产生误解或歧义。其次，要求诉讼请求的主、客体以及对象层次是明晰的，是谁在请求法院进行权利救济，是谁应该承担相应的义务，又是具体向谁承担义务，所承担的义务是一种什么义务等事项必须是层次明晰的，尤其是原、被告人数较多，请求内容或责任类型较多时必须进行明确。如主债务人应该向债权人承担的责任与担保债务人应承担的责任应该分述，并且做到层次清楚。在同时有一个以上原告或被告，即存在共同原告、共同被告的案件中，对于权利主体、义务主体，尤其需要清晰、准确地表述，不能笼统地表述为"被告向原告承担责任"，而应具体到哪一个被告向哪一个原告承担何种责任，以免表述不清晰。

（二）诉讼请求具体原则

简单来说，具体的诉讼请求实际上就是原告通过诉讼对想要达到的法律效果进行主张，并根据法律关系的不同，将诉讼请求的内容予以明确化和详细化，使法院能明确审理对象和裁判范围。细言之，诉讼请求具体化首先需要落实到当事人实际的救济内容和目标中，如当事人需要解除合同还是要求继续履行合同，需要返还原物还是赔偿损失等，该请求必须具体到当事人社会经济生活需求中，不能泛泛而谈，甚至根本不体现和反映当事人的实际诉求。其次需要让其他诉讼参与人尤其是裁判者知道并理解原告需要法院判决做什么，如原告到底是要法院判决解除一个合同还是确认某一合同已解除，到底是要支付欠款利息还是承担违约责任等。如一个诉讼请求不能具体到被裁判者理解并确认符合社会经济生活基本常识和规律时，该诉讼请求在被修正前将难以得到支持。再次需要与相应的法律关系、权利基础进行匹配。如普通的合同纠纷则不能提出侵权后果的诉讼请求。关于这种匹配性将在下文进行详细论述。最后需要该请求最终在社会经济生活中可以得到实现或者可以被依法强制执行，这一点也将在后文具体论述。

实践中应如何确定和判断诉讼请求是否具体，需要区分诉讼请求的不同类型做不同的理解。确认诉讼请求具体化要求分为两个层面：一是请求法院确认的民事行为、民事法律关系的指向准确，如要求法院确认合同无效，应明确合同签署的时间、主体、名称、编号等事项，以便法院能够将确认对象固定；二是请求法院确认民事行为、民事法律关系的法律效果精确，如确认某房屋归原告所有，属于对所有权的确认，需要对所有权进行精确表达。变更请求的具体化要求与确认请求基本相同，将需要变更的法律行为、法律关系及变更的法律效果具体化、客观化。例如，请求法院判决撤销原、被告之间于××年××月××日签订的某合同；请求判令将某子女的监护权由被告变更为原告。

在给付之诉中，诉讼请求的具体化首先需要确定提起诉讼请求的民事法律关系，同时将诉讼请求归入相对应的责任承担方式，并明确责任的具体构成和内容。在确定民事法律关系及责任承担方式时，需要考虑给付的基础原因，并以此确定适当的表达。如给付的原因是"返还"原物、特定物或合同约定的具有归还性质的财产利益时，则不表达为"支付""赔偿"等；对于正常合同约定的财产利益、对价、孳息等一般用"支付"，而不用"返还""赔偿"；对于其他因违约责任、侵权责任所导致的损害填补或惩罚性赔偿，一般用"补偿"或"赔偿"而不用"支付""返还"。如在借贷合同纠纷中，对于本金的请求一般表达为"返还"借款本金，对于利息一般表达为"支付"借款利息，对于逾期还款的违约责任，一般表达为"赔偿"违约金。在确定民事法律关系及责任承担方式时，还需要考虑给付的法律要件是否已具备，是否需要就相关要件的成立提出独立诉讼请求。例如，在房屋租赁合同关系中，出租方请求承租人提前归还出租房屋，需要考虑是否应就租赁合同的解除提出变更诉讼请求；又如，对于合同无效之诉的财产返还、赔偿责任，是否应同时提起确认合同无效之诉作为前提。从诉讼请求的法律逻辑和要件角度考虑，在提起给付之诉时，应同时提起合同解除请求及合同无效请求。但在实践中，受制于诉讼费、仲裁费的收取方式，如提起合同解除、无效之诉可能导致诉讼费、仲裁费的增加，原告便不再单独提起确认之诉、变更之诉，而将其隐藏在事实和理由中表述，甚或依赖于法院、仲裁机构的依职权审查。尤其在金融贷款合同中，如原告宣布贷款提前到期，要求被告一次性归还剩余贷款及利息，原告一般不单独提出解除合同或确认合同解除的请求，而仅在事实和理由中表达。仅从法律逻辑上而言，这种诉讼请求的列举方式并不规范，虽然实践中予以接受，但仍存在风险，也应该逐步予以规范。在明确责任的具体构成和内容时，需要针对给付的具体形态进行考虑，如货币性财产的给付须明确给付的具体种类、数额和计算方法。例如，判令被告返还借款本金××元，支付借款期内利息××元（明确起止日期）、逾期利息××元（明确起止日期及计算方法），赔偿逾期还款违约金××元（明确计算方法）等。实践中，很多起诉状或仲裁申请书不满足上述要求，有的是给付种类不明确，有的是归还数额不明确，也有的是起止期限和标准不明确，导致诉讼程序进行中需要法庭或仲裁庭进行请求的明确。对于行为类给付诉讼请求，应明确具体履行的范围、内容和形式，例如，对于赔礼道歉这一责任形式而言，需要明确道歉的方式是口头还是书面，如果是书面道歉，需要明确道歉的地点、方式以及期限等，同时需要考虑行为的可执行性，这一点将在后文论述。

此外，诉讼请求具体化在共同诉讼或诉讼参与人较多的案件中显得尤为必要。在原告为两人以上时，原告应分别写明其对被告的主张，即是按份主张还是共同主张，如原告对被告主张的金额不同时，其诉讼请求应为被告应给付原告甲人民币××元，给付原告乙人民币××元。在被告为两人以上时，因多数人责任包括连带责任、按份责任、补充责任等，诉讼请求还应列明被告之间承担责任的形式。实践中，存在给付对象不明确的情形，即没有明确是向哪个原告给付；也存在给付主体不明确的情况，即没有明确哪个被告承担给付义务以及承担何种义务；还存在责任类型表述不清晰的情形，如到底是要求所有被告承担共同责任，还是连带责任。

当然，诉讼请求具体化也存在一些例外情形，需要予以特别关注。有些案件因客观条件不具备或受期限限制，导致给付内容、种类、数额无法精确，而呈现出未具体化状态，这是实践允许的，但仍应在诉讼时明确具体化的方式，如计算公式、标准等，并明确最终具体化的条件和期限。例如，在人身损害赔偿纠纷案件中，受害人的伤残等级需要通过法院委托司法鉴定进行确定时，在鉴定意见出来之前相应的残疾赔偿金以及精神损害抚慰金数额无法确定，故原告无法予以明确，但在鉴定意见出来之后原告应当在合理期限内针对相应的诉讼请求项目进行补充、明确。又如，在民间借贷纠纷中，原告主张对于借款利息以及逾期付款违约金计算至借款本金全部偿还之日止，但由于案件的审理期间以及本金的偿还期间原告无法判断，要求原告在起诉之时将利息或者罚息的金额明确、具体，客观上无法实现。尽管如此，原告仍应明确计算的方法标准和计算的起止期限，如表述为：被告应以借款本金××元为基数，按年利率××标准，向原告支付自××年××月××日起至全部借款本金还清之日止的利息，暂计至××年××月××日为××元。

（三）诉讼请求匹配原则[①]

首先要与诉讼目的相匹配。动机决定诉求，一般来说一个案件只审理一个法律关系，而案件事实可能同时构成两个及以上的法律关系，这时需要当事人首先明确自己的诉讼目的，其次根据诉讼目的在多个可能的诉讼请求中予以选择。实践中较为突出的现象在于，一些案件中的原告受专业知识的局限或是从诉讼策略的角度出发，在没有把握哪一个请

[①] 任明艳：《诉讼请求如何提出，法官这样说》，载上海一中法院公众号，http://mp.weixin.qq.com/s/1Z54qK9MyDgYxbL8hgoFpg，最后访问时间：2024年10月23日。

求能够获得法院支持的情况下，将与案件相关的诉讼请求"一股脑"全部提出，导致出现相互矛盾或重复的诉讼请求，甚至出现各项诉讼请求与案件事实之间的对应关系不易厘清、法院无从审理的情形。例如，在房屋买卖合同纠纷中，原告一方面主张合同无效、被告返还房屋，另一方面又主张被告向其支付购买房屋余款。又如，旅游服务合同中，游客在旅游过程中因车辆颠簸受伤，原告既主张违约责任，又主张精神损害赔偿等侵权责任。当事人之所以提出看似相互矛盾的诉讼请求，深层次的原因在于无法确定自己的首要诉讼目的是什么以及能否实现。

据此，其一，在提出诉讼请求之前首先需要明确自己的诉求是什么。诉讼代理人在庭前应充分听取委托人的需求及目的，询问并挖掘委托人可以主张的潜在诉讼请求，以最大限度地确定符合委托人预期的诉讼请求。其二，要考虑诉讼成本。尤其是财产类案件，随着当事人主张标的额的提高，相应的案件受理费及律师代理费也将提高，此时要平衡当事人的合理预期以及诉讼成本，避免当事人提出一些毫无依据的诉讼请求金额，最终无法得到法院支持且无形中增加了诉讼成本。其三，在存在法律关系竞合的情形下，由于各个请求权基础的构成要件以及审理思路均不相同，当事人可以提出的诉讼请求也不同，如违约和侵权竞合时，由于两者的构成要件和审理规则不同，从举证责任角度来看，合同之诉则优于侵权之诉，但如果从可能获得的诉讼利益来考虑，侵权之诉会优于合同之诉，因为后者不能主张精神损害赔偿且受合理预见性原则的限制。这就需要原告根据自己的诉讼目的、法律规定的构成要件、举证责任以及举证能力等因素来进行选择。

其次要与法律关系相匹配。诉讼请求必须与案件事实所反映的法律关系一致，即诉讼请求涉及的法律关系与案件实际上的法律关系统一，否则就构成诉讼请求不当的情形。例如，原、被告签订房屋买卖合同，原告依约向被告支付了全部购房款，但因被告所售房屋已对外设定抵押，无法过户，原告遂提起诉讼，请求判令撤销案涉房屋上的抵押登记，并确认该房屋产权归原告所有。法院经审理后认为，本案涉及的法律关系为债权关系，原告依据物权关系起诉与本案标的并不相符，遂驳回原告的诉讼请求。该起案件就是典型的由于诉讼请求不当，导致案件最终无法达到诉讼目的的情况。又如，在提供劳务者受害责任纠纷中，原告因第三人的侵权行为致害，原告可以择一要求雇主承担雇主责任或者第三人承担侵权责任，但常见原告一方面基于雇用受害事实向雇主主张雇主责任，同时又将直接侵权的第三人作为被告一并要求承担责任。此时，原告就存在着多种请求选择，而在选择时就发生了与其主张的诉争事实不相一致、不相对等的情形。这就要求诉讼请求的提出方必须厘清思路，从众多看似复杂迷离的关系中精确找出案件最本质的法律关系，并立足于该法律关系提出正确的、适当的诉讼请求，才能保证达到诉讼目的。

最后要与诉讼理由相匹配。诉讼理由，通俗地说就是当事人为使其所提出的诉讼请求获得法院的支持，而向法院提出的事实依据和法律依据。诉讼请求要与起诉所依据的事实、理由之间具有一定的逻辑关系或者互为因果关系。鉴于法院审理案件及当事人参与诉讼围绕的核心内容是案件的事实基础和法律依据，因此诉讼请求应结合案件事实、法律具体规定等确定主张范围。可以从以下几点着手：其一，全面了解并分析案件实际情况，梳理全案证据材料，并在此基础上提炼出事实和理由，避免其主张的事实、理由与其诉讼请求存在矛盾、脱节的情形。其二，检索诉讼请求所依据的法律规范，分析其提出的诉讼请求是否具有法律依据。例如,依据《中华人民共和国消费者权益保护法》的规定,惩罚性赔偿只能适用于消费领域,如果在非消费领域主张惩罚性赔偿将缺乏法律上的依据;又如,一般只有造成人身损害或人格遭受侵害的情形下才可能适用"赔礼道歉"的责任形式,单纯的财产案件通常不能适用。

(四)诉讼请求完整原则

如前所述,法院只能依据原告诉讼请求的范围进行案件审理、裁判,其判决内容不能超越诉讼请求,也不能遗漏,同时也不能实质性背离诉讼请求。这不仅是民事诉讼"不告不理"原则的要求,也是诉权处分性原则的具体体现。根据处分原则,基于民法的私法属性,当事人有权基于意思自治原则自由处分自身权益,司法应当尊重,除非该处分行为有损国家、集体、第三人、案外人等其他利益,有违法律规定或违背公序良俗时,人民法院可以依职权主动介入。如对于合同纠纷的审查,人民法院往往需要依职权对合同的有效性进行主动审查,而不完全依赖于原告或被告是否提出了相关诉讼请求或反诉请求。就诉讼程序而言,对超出原告的诉讼请求进行裁判,构成超裁;对原告的某项或者某几项诉讼请求未予以处理,构成漏裁,均属程序违法。基于此,原告或申请人在提起诉讼和仲裁时,必须对诉讼请求的完整性进行充分校验,以避免遗漏诉讼请求,导致争议未得到全部解决或权利未得到完整保护。

诉讼请求完整性校验,首先,应尊重当事人的真实意愿,代理人应就需要法院处理的争议或保护的权利的范围和深度充分征求当事人意见,并提示相应风险后进行诉讼请求的固定;其次,应将初步确立的诉讼请求与生活事实、社会经济生活进行比照,以发现和判断诉讼请求是否完整、合理;再次,应将初步确立的诉讼请求与法律关系、法律责任进行比照，以确认法律确定的被告、第三人责任是否得到完整表述，原告的相关权利是否得到完整体现；又次，应将初步确立的诉讼请求置于法律推理的逻辑中进行考虑，以判断相关诉讼请求是否存在具体的逻辑前提需要确立，若存在，则需要进一步判断是否需要就该逻辑前提单独提出诉讼请求；最后，需要将诉讼请求置于整体法律服务方案中去考虑，当整体请求不能得到支持时，是否需提出选择性诉讼请求、备位诉讼请求等。

　　实践中，对于诉讼请求的完整性也应把握一些基本原则：第一，抓大放小原则，如果诉讼请求过于烦琐，为了审理简便，也为了让裁判者更好地理解主要诉讼请求，对于一些细枝末节的小利益可以主动放弃。例如，笔者曾作为仲裁员裁处过一起租赁合同纠纷案件，申请人作为承租人认为所租赁房屋存在天花板掉灰现象导致其损失进而提出仲裁，其请求除解除租赁合同，退回租金、押金以外，还包括物品损失赔偿，细致到额外购买的沐浴露、牙刷、衣架等物品数十项。暂且不讨论这些请求在举证方面的难度，以及得到支持的可能性，单从主、次区分角度而言，虽然诉讼请求的范围最大、最完整，但重点不突出，对诉讼请求的有效表达形成干扰，对申请人并不当然有利。第二，简明扼要原则，在诉讼请求设计上，尽量简单明了，要点突出，便于裁判者把握，避免需要通过繁杂的逻辑区分、数学计算确立诉讼请求。如对于分期付款利息的仲裁请求，如果本金需要分多期主张，从而导致利息的计算期限和起点不一致，要结合诉讼利益充分考虑区分主张利息的必要性，以免导致利息的计算过于繁杂。必要时可以采用简并处理的方式予以调整，如将本金合并至最后一期，并以最终的本金额度为基数，以最后一期利息计算起点为起息日，这样将大大提高审理的效率，一定程度上也有助于裁判者对有利于原告的主要观点予以接纳。第三，条分缕析原则，原告在提出完整的诉讼时，应按照案件在法律上的逻辑对各个诉讼请求进行专门的解释和说明，如有必要应提交专门的文字或图表说明，将各请求所对应的权利基础、计算标准、计算方法、计算结果进行明确。第四，充分授权原则，代理人在进行诉讼请求完整性校验时，无论是增加、变更、减少、简化、简并诉讼请求，均需取得当事人明确、完整的授权，以免产生代理风险。

总之，诉讼请求完整原则并非权利用尽原则，也非寸土必争、锱铢必较原则，而应懂得进退适度，推己及人，换位思考，站在对方角度权衡，尤其站在裁判者角度考虑他们的感受，可能会更容易、更精准地把握和用好诉讼请求完整原则。

（五）诉讼请求可执行原则[①]

诉讼请求可执行原则，其实在前讲论述"贯通"技能时已提及。请求事项具有可执行性，无论是形成之诉还是确认之诉，一般都不需要履行也不需要法院强制执行，但给付之诉则有履行和强制执行等最终解决实际需求的功能，因此在给付之诉中的诉讼请求必须具有可履行性和可执行性。例如，在合同纠纷中，原告要求被告继续履行合同，但诉讼请求中没有具体履行内容的，法院应当向当事人释明，要求其变更诉讼请求，明确具体履行内容，如支付货款、交付标的物等，并告知仅判决继续履行合同，将存在履行内容不明确、无法执行的风险。

[①] 任明艳：《诉讼请求如何提出，法官这样说》，载上海一中法院公众号，http://mp.weixin.qq.com/s/1Z54qK9MyDgYxbL8hgoFpg，最后访问时间：2024年10月23日。

三、诉讼请求确立步骤

诉讼请求确立原则在很大程度上影响着诉讼请求确立步骤,同时诉讼请求确立步骤又推动诉讼请求确立原则的实现。虽然不同类型案件,不同诉讼目的,都会对诉讼请求确立方法和步骤产生影响,但在诉讼请求确立的具体过程中,仍有一些规律性进路可以参考。

(一)明确诉讼目标

诉讼目标或称诉讼目的并非诉讼法学上的严谨概念,既不同于诉讼请求,也有别于诉讼标的。我国民事诉讼法学传统观点认为,诉讼请求与诉讼标的是不同的概念,诉讼请求是当事人在诉讼中提出的具体请求,而诉讼标的则是当事人争议的民事实体法律关系。[①]可以说,诉讼目标是诉讼请求的生活化表达,系基于诉讼标的,即诉争的民事实体法律关系而提出,体现了相关法律争议所要解决的社会经济生活问题。在确定诉讼请求之前,首先应明确诉讼目标,也就是诉讼需要达到什么样的目的,需要解决什么样的现实问题。比如,确认之诉的目标是要确定特定物的归属所有或者其他目的;给付之诉,目标是赔钱、还钱,或者赔偿损失等。这是诉讼请求的生活化表达,直接来源于当事人的需求和表达,尚未进行法律关系、权利基础、程序通道的固定和规划。明确诉讼目标一方面有利于完整了解当事人的需求,另一方面也可以为诉讼请求的确立奠定基础。

(二)诉讼目标请求化

诉讼目标请求化是指在诉讼目标明晰后,结合案件事实,将生活

[①] 江伟主编:《民事诉讼法》,高等教育出版社2004年版,第12页。

化的诉讼目标法律化、请求化，确定为具体的诉讼请求。首先，需要界定诉讼标的，即所争议的实体法律关系，以此推动案由的确立，再以案由带动诉讼请求类型确立；其次，诉讼请求类型确立后，应进行权利基础的分析，明确请求权的法律依据、合同依据等；再次，进行诉权运行通道的规划，包括主管、管辖、反诉、主体等事项；最后，对请求进行书面化表达和修正，以使其符合法律思维习惯，同时使请求得以具体化、明确化。

（三）诉讼请求二元校核

在笔者看来，无论是确认之诉、给付之诉，还是变更之诉均需有针对性地进行二元校核。所谓二元校核，是指为了诉讼请求的完整性及逻辑周延性，对请求的内容进行两个方面的主动思考。如确认之诉，需要考虑"本源""派生"两个方面内容，不仅需要考虑确认的具体内容，即确认之诉的本源，是权利状态、文书效力、行为效果，还要考虑确认之后可能产生的"派生"诉求，如房屋所有权确立后，得考虑房屋交付问题，进而确定是否需要跟进给付之诉。给付之诉，实际是包括"质"和"量"两个层面，比如，请求判令被告支付逾期交楼违约金10万元。其中，逾期交楼违约金是"质"，即给付内容；10万元是"量"，即给付的具体金额。"质"应该明确是何种性质的款项，"量"应该明确具体数额、计算方法等。除此之外，给付之诉还需要考虑"先""后"两个方面内容，如给付请求的成立是否需要先进行合同效力界定或权利基础的确定，即是否需要先确立确认之诉或变更之诉。变更之诉需要考虑"手段""目的"两个方面内容，变更之诉无论是解除之诉还是撤销之诉，变更原有法律关系、效力、状态一般都仅是手段行为，其"目的"在于重新获得权利或者得到某种给付，也即其目的体现为给付之诉或确认之诉。

（四）诉讼请求主备位设计

经过诉讼请求二元校核后，诉讼请求法律化、具体化、明确化，基本得以确立。从案件的整体处理看，还需考虑主、备位诉讼请求的设计，即预备合并之诉。由于备位诉讼在我国现行法律制度中尚无明确规定，司法机关对于其也未明确表示反对，但司法实践中对于主、备位诉讼请求的提法仍存在一定争议，需要区分不同情况予以对待，但作为诉讼请求确立的一种操作方法仍可借鉴。①

（五）常态化诉讼请求补齐

常态化诉讼请求，主要包括两个方面：一是维权费用，如律师费、鉴定费、保全保险费等由第三方机构收取的费用的承担请求；二是诉讼费用，包括案件受理费、申请费、财产保全费等由人民法院或其他案件审理机构收取的费用的承担请求。这些常态化诉讼请求需要在确定诉讼请求的最后进行有针对性的闭合，以免遗漏。

经过上述五个步骤（见图38）后，诉讼请求基本得以确立，最后需要逐字、逐句进行校对，整体通读修改，完善书面表达。

---

① 最高人民法院在（2019）最高法民申1016号案裁判文书中表明：袁某某提出的第二项诉讼请求是在第一项诉讼请求不能获得法院支持情况下的预备性诉讼请求，在诉讼法学理论上称为预备合并之诉，并不违反我国民事诉讼法的相关规定。原审法院在审理认为袁某某第一项诉讼请求不能成立的情况下对第二项诉讼请求予以审理并作出裁判，符合诉讼便利和经济的原则，也有利于法院对当事人争议裁判的协调统一，并无不当；最高人民法院在（2022）最高法民终179号裁判文书中表明：我国民事诉讼法尚未明确承认备位诉讼制度，即便当事人可以提起备位诉讼，其也仅是相同当事人在同一诉讼中提出的两个以上具有先后满足顺序的诉讼请求的预备合并。上海市高级人民法院2006年发布的《关于审理涉及债权转让纠纷案件若干问题的解答》、重庆市高级人民法院2007年发布的《关于当前民事审判若干法律问题的指导意见》均对预备合并诉讼制度进行了规定。

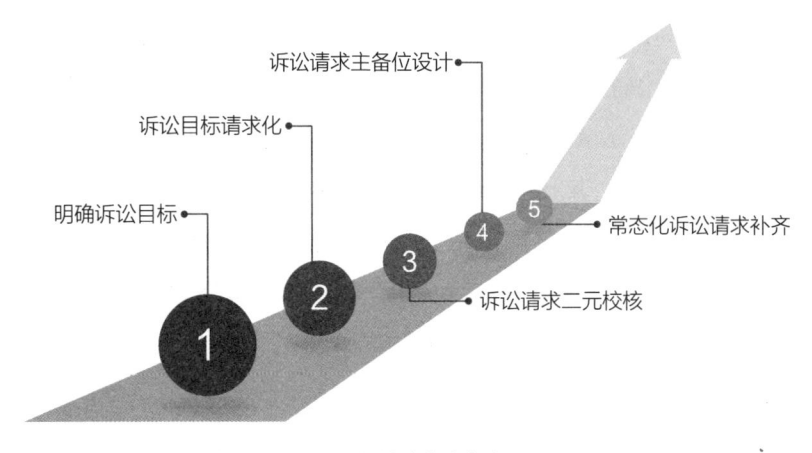

图38 诉讼请求确立步骤

四、结语

诉讼请求是原告的"方向标",确定了诉讼请求,诉讼才有了方向、目标;诉讼请求是被告的"定位标",被告只有清楚了原告的诉讼请求,才能找到答辩的方位和着力点;诉讼请求更是裁判机关的"水平标",裁判机关应围绕诉讼请求进行审理,其作出的裁判内容应与诉讼请求保持在同一水平位,既不能低于该水平位,也不能高于该水平位。

第二十六讲　民事起诉状之事实和理由

文章合为时而著，歌诗合为事而作。

——白居易

当事人给法官事实，法官给当事人法律。

——法谚

民事起诉状的"事实和理由"部分是整个民事起诉状的主体部分，事关诉讼请求的基础是否牢靠这一终极目的，不可谓不重要。实践中，由于该部分的写作较为自由，也没有相应的规范标准和格式要求，导致相应的呈现内容和方式较为多样，但绝非无章法可循。"事实和理由"应包含"事实"和"理由"两部分。事实是指与诉讼请求相关的案件事实，包括背景事实、相关事实以及直接体现小前提的要件事实。理由是指推动诉讼请求成立的法理、情理、推理以及直接联结小前提和结论的大前提法律法规。

从整体写作风格和习惯来看，起诉状在事实和理由部分一般采用记叙结合议论的方式展开，即用记叙的方式描述案件事实，最后以事实为基础，结合相关的法理、情理、推理、法条得出相关结论。在具体展开手法上，一般以案件事实发展的时间为主线，结合诉讼需要，渐次展开。如"2018年8月8日原告与被告签署《房屋买卖合同》，主要约定：……""根据《中华人民共和国民法典》第×××条规定，原告与被告所签订的合同因违反法律、行政法规的强制性规定而无效""原告认为：因合同无效，被告理应将收取的原告的房屋购买款项返还给原告"。常见表达范式为"事实+理由+结论"。当然，由于民事诉讼法并不禁止其他表达方式，实践中也会出现接近普通法系的罗列式事实表达方式，即将事实拆分成若干独立的语句或段落，并以标明序号的方式进行罗列式表达。我国部分法院也曾倡导采用罗列式表达方法陈述事实和理由，分别陈述案件主管依据、案件管辖依据、第一项诉请事实和理由、第二项诉请事实和理由等，但最终未能持续推行。无论采用何种风格表达，"事实和理由"部分撰写的内核不会发生改变，所谓"万变不离其宗"。

笔者根据自己的办案经验和体会，总结以下核心要点，供读者参考。

一、案件事实表述

在司法实践中，多数民事案件的争议主要体现为对案件事实的争议，如果案件事实得以认定，则法律适用、逻辑推理、结论确立等工作便有了基础和前提。当然，也有很多案件存在严重的法律之争、逻辑之争、结论之争。只是对于单纯的非事实之争，一般裁判者根据已知事实进行独立判断的自主意志较强，各方的争议观点对裁判者进行裁判的影响相较于事实之争较弱。起诉状的案件事实部分是原告第一次向裁判者表述案件事实，也是裁判者进入案件的大门和通道，写作者应该给予高度重视，并审慎考虑以下事项：认知规律、事实特点、表述方法、空间保留。

（一）认知规律

认知规律可分为普通人的认知规律和法律人的认知规律。普通人对于事实的认知一般表现为按照讲述者对事实的描述，以时间、人物、空间或者一定逻辑进路为主线逐步接受事实，并形成对事实的判断，最终产生观点。法律人对事实的认知虽然也遵循前述一般规律，但不同的是法律人对事实的认知在一定程度上具有跳跃性、结构性以及批判性。由于法律人对于事实的认知目的是发现和固定法律推理所必需的要件事实，这就必然促使其在认知事实过程中会在一类案件事实的模型中去发现和印证事实，而非单纯地跟随讲述者对事实表达的节奏。这导致法律人在对事实的认知过程中具有跳跃性，并不完全按照严格的时间、空间或逻辑顺序渐次展开。同时，基于法律人对案件要件事实及法律结论的追逐，其在认知事实的过程中必然同时进行法律推理框架的结构性准备。法律人在事实认知过程中还难免具有强烈批判性的特点。法律人认知案件的目的是认定事实、适用法律、进行推理、得出结论。一个成熟的争议解决方案，一定包含着至少三个思考维度：一是己方的事实观点；二是对方的事实观点；三是裁判者可能接受的事实观点。在该三维思考模式之下，法律人对于所认知的任一案件事实均会抱有质疑的批判态度，以求最终使相关案件事实趋于稳定。

（二）事实特点

从事实特点的角度来看，诉讼中的事实不同于日常生活中的事实，也不同于科学实验中的事实。在诉讼中，作为法官决策对象的事实，始终是过去发生的事实，具有已完成性和不可逆的特点。作为审判者的法官无法观察实际发生的案件事实，而只能根据某些媒介去推测、判断案件事实。因此，从某种意义上说，法官在诉讼中并不是去"发现"事实，而是借助于某些媒介来"印证"事实，这种印证只能是一种具有盖然性的推定，而不具有像自然规律一样的确定性。① 因此，诉讼中所确立的事实必须具有可印证性，即有相关的证据予以证明；可推定性，即通过一定的事实和证据可以推定出另一事实；可信性，即被印证和被推定的事实符合一般社会经济生活规律和普通人的情感认识，具有可信性。

（三）表述方法

在表述方法层面，首先是整体表述风格，基于前文论述，一般是采用记叙式的手法，以案件事实的时间、人物、空间为主线进行铺展。在表达的详略方面，建议采用前文"点叙式"的方式，将案件的关键事实按照法律推理所需要的要件进行针对性的表达。关于如何使用"点叙式"记叙方法，前文已有论述，不再赘述。在表达次序方面，建议首先客观描述、说明，而不先表达观点。在语言表达风格方面，要求语言客观、平实、确定，少用或不用主观性、猜测性语言，谨慎使用具有模糊意味和情感色彩的形容式、比喻式语句。对于为何慎用比喻式语句，主要原因在于：一方面比喻意味着对事实的主观加工，客观性降低；另一方面比喻不一定准确，精确性降低，况且比喻手法通常用于将抽象事物具体化或者将难以理解的事情通俗化，使用比喻难免让人产生"你理解不了，我来点醒你"的被俯视感，尊重度减弱。在逻辑基础层面，要确保所描述的事实可以成为案件的要件事实，可以通过涵摄成为法律推理的小前提。这就要求语言表达具有可转化性，即通过语

---

① 钱卫清：《法官决策论：影响司法过程的力量》，北京大学出版社2008年版，第94页。

言的表达，将生活中的争议事实转化为案件争议事实，并确保其可以进入争议处理的法律通道。

（四）空间保留

空间保留，即要求原告在进行事实描述时应充分预设对方答辩方向和内容的可能性，并同步考量法官对事实的探究方向和可能的质疑内容，并为此预留好相应的空间，以备对案件事实进行补充、完善。这一点在事实描述时较为重要，很大程度上也间接体现了文书写作者对案件的整体把握和专业水准。尽管在开始写作之前，我们对案件已经有了整体把握，对事实背景、内容以及延展的方向都准备了完整的预案，但由于起诉状是开启争议解决的大门和通道，在对方进行答辩之前，法官确定争议焦点之前，原告实际上是无法确定案件事实最终的争议点的。有可能原告在起诉时认为的可能产生争议的事实，在诉讼程序中会因对方自认而成为无争议事实。也有可能出现相反的情况，即原告认为本无争议的事实最后却因为对方的否认而产生重大争议。因此，起诉状在进行事实的描述时，应预留空间，以待对方答辩或法官询问之时能够从容应对。这与前文所提及的"最大包围圈""最小着力点"的理念是相通的。

二、诉讼理由表述

从起诉状的完整性角度而言，诉讼理由其实也包含前述事实，即事实本身为起诉理由的一方面。之所以将事实和理由分开进行表述，主要是因为从诉状内容的具体构成角度而言，即诉状的主体内容客观上包含了案件事实和诉讼理由两方面内容。如前文已述及，诉讼理由一般以议论的写作手法展开，实践中建议重点关注以下事项：

首先,议论可以采取夹叙夹议或者先叙后议的方式。在陈述诉讼理由时,可以在叙述案件事实的同时,边叙述事实,边表达观点,有层次地渐次推开,最后进行与诉讼请求观点的闭合。这种写作方法一般可适用于案件较为复杂,需要构建的逻辑层次较为丰富的案件。例如,在同时涉及债务清偿、保证责任承担、抵押责任、质押责任、连带责任的案件中,可以进行这样的表达安排,即先叙述主债务情况,表达主债务成立的理由,再分别叙述其他责任成立的事实和理由,最终进行与全部诉讼请求相关的理由的闭合。值得注意的是,在起诉状中一般不建议采用先议后叙的表达手法,原因在前文中已有论及。在答辩、辩论中一般建议观点先行,先议论再叙述事实,那是建立在各方对争议事实已有了解的基础上所采用的方法。但起诉时,除了原告,其他诉讼参与方,尤其是法官对于案件基本事实尚无任何了解,更不可能知晓原、被告在本案中的争议,若直接表达观点,会显得突兀,也会让人感觉观点较为主观,没有说服力。

其次,诉讼理由的议论应较为直接和简洁,避免迂回、复杂的说理。如前文所述,起诉状的重要目的:一是开启诉讼程序;二是促使法官形成"利己初始印象"。基于法官中立、批判的审判态度,其不可能仅通过诉状的单方表达便形成确信或判断,但可以促使其快速、有效地形成对案件模型的初步匹配,获取对于原告有利的初始印象。如起诉状的事实和理由过于复杂,不能让法官快速反应,并进行案件模型的关联,其有可能放弃对起诉状的深入研究,转而通过对方的答辩了解案件事实和理由,或者自己在相关证据和材料中进行独立探索,以完成对基本事实的了解及案件类型的匹配。以简单事实的串联,说明一个显而易见的道理。如果事实被描述得过于复杂,说理又过于烦琐,法官很难快速识别案件事实,也不能高效理解诉讼理由。

再次,诉讼理由应当进行法律关系的界定、法律行为的定性、行为效力的表达、请求权基础的固定以及责任归属的明确。在进行诉讼理由的表达时,应根据所叙述的事实,对案件涉及的法律关系进行明确界定,并对案涉关键法律行为的效力状态进行表达,以确定相应的请求权基础及责任归属。当然,实践中也存在基于案情的需要不对法律关系进行明确界定,不对效力进行明确表达,而是保留空间,视诉讼进程中的各方观点再做打算的情形。如对于合同纠纷和不当得利纠纷的确定存在争议时,考虑到案件主管、管辖及实体认定等方方面面原因,在诉状中可能不会先明确表达,而是视案件受理、审理情况再进行针对性的补充、完善。

最后,诉讼理由的表达应首先引用具体的法条,法理次之,情理再次之。基于司法三段论对大前提的需要,引用法条时应注意以下事项:一是应引用完全法条,而不引用宣示条款;二是引用核心条款而无须面面俱到;三是常见条款、耳熟能详的条款无须引用,如对于合同效力的认定条款,作为法律人尤其是法官基本都烂熟于心,可以不用具体引用,点到即可。

三、推理结果表述

起诉状涉及的推理主要是法律推理,其中最为核心的仍然是司法三段论的推理。虽然推理客观上还包含了证据认定的推理,即事实推理,但鉴于起诉状的性质和功能,建议不在起诉状中进行事实推理,以免影响事实表达的客观性。在进行法律推理的表述时建议关注以下事项:

首先，推理应以起诉状表述清楚的事实为小前提。起诉状的事实和理由是不可分割的一个整体，在完成法律推理过程中应坚持以起诉状已明确表述的事实为必要、充分条件，而无须再附加其他隐藏事实。

其次，推理的逻辑层次应简洁、清晰。如起诉状中的推理一般不应超过三个层次。第一，通常涉及法律关系确立、行为定性、效力；第二，通常涉及请求权基础的固定；第三，通常指向诉讼请求的成立。当然对于简单案件也无须机械适用该三个层次，可直接指向诉讼请求成立这一终极目的。

再次，推理一般采用归纳式的逻辑表达。从具体的案件事实，到一般的法律规定，最终得出结论。

又次，推理一般使用"原告认为"的表达方式，即在事实和理由表述完成后，以"原告认为"的方式完成最后的法律推理，以结束起诉状的主体内容。所以，推理在起诉状中基本是隐性的，并不需要进行生硬的推理式语言表达，也不需要就逻辑推理过程进行开放性论述。

最后，在完成推理后应适当进行逻辑校验，以确保推理在逻辑上的周延性。

值得注意的是，最高人民法院、司法部、中华全国律师协会于2024年3月4日发布了《关于印发部分案件民事起诉状、答辩状示范文本（试行）的通知》，对民间借贷纠纷、离婚纠纷、买卖合同纠纷、金融借款合同纠纷、物业服务合同纠纷、银行信用卡纠纷、机动车交通事故责任纠纷、劳动争议、融资租赁合同纠纷、保证保险合同纠纷、证券虚假陈述责任纠纷十一类案件的民事起诉状、民事答辩状进行了格式化示范。这些案件的共同特点是事实模型容易建立，权利义务类型比较固定，审理方向和套路较为成熟，较容易建立范例。如相关范本得到推行，民事起诉状、答辩状自由撰写的空间较小。当然，对于非法律专业或并非长期从事诉讼工作的人员而言，准确、适当填写格式化文本的难度其实更大。

本书在附录部分节选了部分案件的示范文本，一方面是为了对比两种风格和模式，另一方面也是为读者提供一些研究范本。

第二十七讲　民事答辩状撰写要点

君之所以明者，兼听也；其所以暗者，偏信也。

——王符

言论自由是一切权利之母。

——本杰明·内森·卡多佐

民事答辩状是指民事诉讼程序中，被告在收到受理法院送达的起诉状之后向法院提交的针对原告提出的诉讼请求、事实和理由所形成的应答、辩解文书。答辩既是被告的一项诉讼权利，也是一项诉讼义务，但当事人是否答辩，不影响人民法院对案件的审理。答辩对于案件的审理、对于审判人员内心确信的形成具有重大意义，应该认真、谨慎对待。实践中有的当事人或代理人认为答辩会导致诉讼思路的提前泄露，从而选择当庭口头答辩或当庭答辩，补充提交书面答辩意见。笔者结合代理人和仲裁员的实际工作感受认为该做法并不可取，答辩应当以书面的方式在法定期限内提出，最为有效亦最为稳妥。主要理由如下：首先，法律规定[①]被告应当在收到起诉状副本之日起十五日内提出

[①] 《民事诉讼法》第一百二十八条第一款规定："人民法院应当在立案之日起五日内将起诉状副本发送被告，被告应当在收到之日起十五日内提出答辩状。答辩状应当记明被告的姓名、性别、年龄、民族、职业、工作单位、住所、联系方式；法人或者其他组织的名称、住所和法定代表人或者主要负责人的姓名、职务、联系方式。人民法院应当在收到答辩状之日起五日内将答辩状副本发送原告。"

答辩状。被告理应遵守法律所确定的诉讼程序，在法定期限内作出答辩。虽然就目前民事诉讼实践而言，法院并不禁止被告进行当庭答辩，也不禁止口头答辩，没有在法定期限内进行答辩并不意味着被告答辩权利的丧失，也不意味着原告诉讼观点的成立，但被告怠于答辩的行为客观上会对法院的案件审理程序产生干扰，甚至增加审判人员的工作难度和工作量，在一定程度上也会影响审判人员对被告诉讼诚信的评价。如果在行政诉讼中，作为被告的行政机关没有在法定期限内答辩和提交证据，依法可以直接作出不利于被告的否定性评价，即视为被告作出的行政行为没有理由和证据，其后果难以承受。其次，从争议解决程序设置的本意来看，诉讼程序具有将当事人的社会经济生活争议转化为法律认定、司法裁判等客观结果的社会价值和法律意义。只有当受理法院和审判人员充分了解了双方争议的具体事项及各方的诉求后，诉讼程序才能正常运转，诉讼效率才会提高，争议才能得到实质性化解。如果光有原告起诉，没有被告答辩或者被告不按规则进行答辩，不可避免地会对诉讼程序及审判效率造成影响。再次，从认知规律来看，如前文所述，审判人员通过阅读原告的起诉状后，已经对案件的基本事实及争议内容有了初步了解。其在心理期待上，希望能看到被告对原告观点的意见，以初步确定有无争议事实，进而调动其在审判经验中所积累的案件模型，初步预设审理的方向以及探究事实的广度和深度。最后，从"利己初始印象"的形成看，不及时提供清晰的答辩意见，不利于审判人员构建有利于己方的诉讼印象。

在正式撰写答辩状之前建议遵循一些基本的思维、工作流程，以确保答辩方向的正确性和答辩内容的准确性。答辩思维流程主要可分为以下环节：收集应诉资料、确认程序性事实、审查原告诉讼方案、制定答辩策略、表达修改（见图39）。收集应诉资料，首先，取得受理法院送达的全部诉讼材料，包括但不限于民事起诉状、证据清单、证据、应诉通知书、举证通知书、开庭传票、邮寄底单等（包含第三人提交的资料）；其次，确定举证时限、答辩时限、开庭时限及可能影响民事答辩状撰写工作的其他要求；再次，以获得的起诉材料为基础，获取案件全部事实和相关证明材料；最后，若发现材料不完整，应及时进行阅卷、询问以及检索，获取相关材料或信息。确认程序性事项主要包括确认是否存在财产保全、证据保全、先予执行等诉讼措施或申请；确认原告是否向法庭提出鉴定、调查收集证据等类似申请；同时考虑本案的主管及管辖问题。审查原告诉讼方案是答辩过程中最为核心和重要的事项之一，也是答辩思路形成的基础性工作。主要包括对原告诉请、主体、管辖、权利、救济、内容的审查，不仅包括对其表达方式的审查也包括对其观点的基础和来源的审查。如对权利的审查，既要审查原告提出权利主张的形式表达是否清楚，是否完整，还要审查该权利所可能对应的权利基础，是法定权利还是约定权利等。

收集应诉资料 ▶ 确认程序性事实 ▶ 审查诉讼方案 ▶ 制定答辩策略 ▶ 表达修改

图39 答辩的思维进路

在答辩策略制定和表达修改方面，建议考虑以下几个关键点：演绎、立靶、解构、简要、明确、照应（见图40）。"演绎"是指答辩状在形式逻辑整体确立方面，一般建议采用演绎式表达方法。由于原告已经通过起诉状表达了请求和理由，被告答辩的目的主要是否定或修正原告提出的观点理由，而审判人员在通过起诉状获取案件的基本信息后,也希望被告能提炼出对原告观点的否定性意见,以明确争议。基于这样一个基础,被告在答辩时应尽量做到观点先行,即明确表达观点,如原告主张的事实、援引的法律不对,逻辑推理不对,以及它们如何不对,应该如何,在观点表明以后,再对观点进行详细阐述,即整体采用总分式的演绎结构。在具体表达方式上可以采用主旨句加段落的模式,即在正文中使用一个或多个主旨句作为某一部分观点的统领,再用段落叙述的方式对每个主旨句展开论述。一般而言,主旨句建议采用一个长句对该部分观点进行提炼式表达,不建议采用多句式主旨表达方式。当然,如果主旨句因案情原因,确实无法提炼、浓缩,导致主旨句过长而必须分成多句时,建议采用"主旨句+扩展句"的方式进行表达,即主旨句表达后,在段首以突出显示的方式对主旨句进行扩展,在扩展句后,再以段落方式对主旨句和扩展句进行表达。根据个案情况,也可以在答辩状首段对案件的整体情况和整体观点进行统筹性表达和叙述,以便审判人员快速从宏观上了解案情和答辩体系。

图40 答辩的关键点

"立靶"主要是指通过答辩应明确将争议的焦点树立起来,让包括审判人员在内的诉讼参与人能清晰地知晓或判断需要审查和决断的具体事项,好比射击中的靶位一样。一般而言,答辩的作用之一在于明确争议焦点,这是诉讼程序设置的目的之一,也是审判人员追求的方向。从这个角度而言,答辩状已清晰、准确地将争议事项确立起来。好的答辩状甚至可以对原告主张的事实和观点进行提炼、总结、穿透,引领审判人员透过复杂的事实和争议把握双方争议的本质。当然,在原告起诉状和证据比较混乱而导致无法通过答辩"立靶"的情况下,也可以先表达基本观点或在一定假设的基础上表明观点。实践中也有一些案件,原告先"立靶",而被告需要刻意进行模糊,即所谓"把事情搞复杂"的答辩思路。这种情况一方面非常特殊,另一方面笔者还是认为应坚持将复杂事情简单化这一原则作为诉讼思路的基本安排。

"解构"主要体现在对原告起诉状的事实、观点和结论首先需要"化解",其次需要构建己方事实和观点。在事实方面,主要通过对原告事实的否定、修正、替代形成对原告事实的阻碍。这就是前文所提到的要"化解"原告提出的简单事实的串联,要打破这种串联链条或形成替代性的并列事实。在法律适用方面,主要通过对事实的确立,进而形成对应的法律定性,也可以理解为前文所提及的"法律坐标"提取,最终确立相应的法律观点。推理主要是基于对形式逻辑确立与否的审查和纠正,并结合司法三段论的特点对小前提、大前提的适当性进行审查、化解。在化解起诉状的事实和观点时,答辩状需要同时构建自己的事实面、法律观点和推理,并令人信服,此所谓"解构"中的"构建"。

答辩状是原、被告关于诉争事项的首次交锋,也是审判人员对案件的首次诉辩观察，且是观点先行，应尽量做到"简要""明确"。至于"简要""明确"的标准，笔者认为，只要做到观点是清晰的，并且针对原告的观点作出了明确反驳，同时也表明了己方观点，完成第一回合的论辩就可以了，一般情况下不需要在答辩状中进行多重论辩。还有一个标准可供参考，即阅读答辩状的人通过阅读主旨句、扩展句便可以做到基本了解答辩观点，将主旨句、扩展句单独提出来进行组合，也是一篇完整的文章。除此之外，答辩状还需要实现对原告起诉状、证据以及被告证据的"照应"，不能脱离起诉事实和在案证据进行表述。另一个"照应"体现在答辩状的最后一段，笔者称之为"提升段"。提升段可以对整体答辩思路作一个总结，在总结的基础上可以对答辩主旨、核心意见、案件处理意义和影响等进行适当拔高，以使得整体答辩状更加平稳和有力。这种总结式的提升其实是对整个答辩状内容的一种"照应"，相当于"总分总"的叙述结构。

答辩状写作还存在一些误区，在此作一提示，供大家对照参考：第一，在主体列示方面，很多人喜欢用"答辩人""被答辩人"进行主体称谓的表示，但"答辩人"和"被答辩人"这一称谓实际在诉讼法中并无体现，是在实践中形成的一种对诉讼主体的简称。在人民法院公示的文书版本中使用了"答辩人"这一称谓，但并未使用"被答辩人"。为了规范起见，建议在答辩状中使用"答辩人"，但不使用"被答辩人"，可以用"原告"替代，或者无须列明，在答辩状第一段常规叙述中予以指示交代。第二，在写作风格方面，很多人并未做到观点先行，而是采用与起诉状相似的叙事结构，采用归纳的方式而非演绎的方式进行写作。这种写作风格不能达到提纲挈领、突出重点、点明争议的目的，一般情况下建议不采用。第三，在主旨句使用方面，很多人在写作过程中不注意使用主旨句,或者使用主旨句不恰当,如主旨句提炼不精准,表达不清晰,或者主旨句过于复杂,形成多句式表达,以主旨段代替了主旨句。第四,在转化性表达方面,答辩状一个很重要的功能,就是将原告主张的生活事实争议进行转化,用法律语言将事实争议转化成相应的法律问题,并表达有利于自己的观点。很多人在写作中不注意这一点,与原告进行过多的、无谓的口水之争,不进行法律问题的转化,这一方面导致法律争议焦点不能树立,另一方面自己的法律逻辑体系也不能建立。这种转化能力本质上对接的是裁判者的裁判思路,裁判文书说理最为重要的一方面,就是将双方争议的事实问题,首先转化为法律问题,再进行法律分析、推理,最终形成裁判意见。如果裁判者不进行这样的转化,便无法将争议纳入法律的范畴进行处理,其说理和裁判便没有轨道和边界,处理结果就不能产生法律上的确定力和信服力。所谓"当事人给法官事实,法官给当事人法律"说的大抵也是这个意思。第五,在逻辑层次方面,如前所述,答辩状的逻辑层次不宜过多,在与原告的首次争议中,直指重点和核心,进行最为关键的反击,一般不在答辩状中进行复杂甚至假设性说理。第六,谨慎使用"骑墙式"答辩,当答辩中出现两种相反的方案时,需要谨慎表达观点,不能让审判人员产生答辩人自己都不能准确定性、心中没有谱的观感。第七,在主旨提升方面,很多人在答辩状末尾段仅是简单表达希望获得法院支持,但并未对答辩状进行提升和总结,或者仅做重复性总结,这样的总结没有意义,建议总结段要适当进行主旨的提升。第八,在如实陈述方面,有的答辩状对原告提出的基础事实全部予以否定,对一些明显有证据支持的事实拒绝表达认可的观点,这样不仅无意义,还容易让审判人员对答辩人产生诉讼诚信的质疑。答辩人对于一些基础事实，尤其是确有充分证据支持的事实，或者对一些可以明显推知的事实，应当如实予以认可，配合法庭的事实查明，固定无争议事实，突出争议事实，逐步缩小争议范围。

总之，答辩要找到回应感和对象感，回应原告的意见，回应裁判者的期待，并在答辩全程以裁判者为对象，与其进行对话、交流，而答辩状就是交流的媒介和载体。想象裁判者是在阅读你的来信，信中对别人提到的一些事情和观点进行澄清、说明。另者，在找到回应感、对象感后，要提供视角，要进行视野界定和引导。在表达观点时，要给裁判者一个观察的方向，并进行视野的界分。例如，在表达合同无效的观点时，可以表述"要判断案涉合同的效力，需要首先明确合同的性质"，给定"考察合同性质"的视角，引导关注，界定视野。接下来还可以继续引导，"合同性质的确定"，不能仅以合同名称作为判断标准，而应结合合同的主体、合同的内容以及合同的实际履行情况进行综合评判。"首先，从合同主体来看……；其次，从合同内容来看……；再次，从合同履行来看……"通过这样的结构安排和表述，不断给阅读者以视角提示，更能显示出逻辑层次，也更容易获得关注和认可。

第二十八讲　民事代理词撰写要点

在安排字句的时候,要考究,要小心,如果你安排得巧妙,家喻户晓的字便会取得新义,表达就能尽善尽美。

——昆图斯·贺拉斯·弗拉库斯

要使事物合乎正义(公平),须有毫无偏私的权衡;法律恰恰正是这样一个中道的权衡。

——亚里士多德

民事代理词一般是指在民事诉讼庭审结束后,由各方当事人根据案件事实、审理情况自主决定撰写并向法庭提交的有关本案的补充性或终局性的观点和意见。在司法实践中长期存在的争议是,一个案件到底是否需要撰写、提交代理词?持肯定观点的人主要认为,代理词是代理人对案件的补充性或总结性法律意见,对于审判人员裁判观点的形成具有加强甚至根本性调整作用,具有重要意义。持否定观点的人主要认为,双方该表达的观点均在起诉状、答辩状及庭审笔录中有记载,代理词基本属于重复表达,且法官基本不看代理词,没有实际意义。笔者结合仲裁员及律师的办案经验认为,民事代理词虽非诉讼程序中必须提供的材料,但仍具有重要意义,一般情况下应该撰写代理词并及时提交给法庭。主要理由如下:首先,庭审时间不充分限制了观点表达，有必要通过代理词予以补充完整。由于人民法院受案数量多、审判压力大等，导致很多案件的庭审并不充分，诉辩观点未能全面表达，理应在庭审后，通过代理词的方式将庭审中应当表达而未表达的观点进行补充陈述。其次，争议焦点的固定方式和结果不同限制了诉辩观点的全面表达，有必要通过代理词的方式进行延展。在我国目前的司法实践中，有的审判人员在法庭调查后不进行争议焦点的总结，或法庭总结的争议焦点并未涵盖诉辩双方认为的争议问题。在此情况下，为了全面展现诉辩观点，有必要通过代理词的方式对争议焦点进行调整、修正并予以完整表达。再次，因结案期限较长，庭审观点表达较为松散，也容易被遗漏、遗忘，需要进行总结，以供法庭在合议或撰写文书时予以查阅。代理词将可能成为法庭一个重要的回忆抓手，其重要性不言而喻。又次，庭审笔录不全面，有必要通过代理词进行补充。司法实践中法庭记录是一项重要工作，庭审笔录也是裁判的重要参考文件。尽管目前很多法院采用了语音输入方式以解决庭审笔录不全面这一问题，但由于该技术智能化程度还有待提高，并不能普遍、精准适用，以代理词补充庭审笔录的缺陷仍然具有其必要性。最后，从代理人工作职能的角度看，提交代理词可以看作工作尽职的表现，理应完成。当然，笔者同时也认为，若一个案件的案情较为简单，且各方均已在庭审时充分表达观点并记录在案，也没有必要为了写代理词而写代理词。

实践中还有一个争议问题，代理词应当什么时候提交？有的人在开庭前提交，有的人在法庭辩论结束或庭审结束时提交，也有的人在庭审结束后提交。笔者认为，基于代理词内容和作用的特殊性，代理词一般应在庭审结束后，根据庭审情况，围绕法庭在庭审时关注的问题或总结的争议焦点进行分析。从这个角度看，代理词理应在庭审结束后才能形成并提交。笔者不太赞成在庭审前提交代理词，由于庭审尚未进行，双方的诉辩对抗还停留在起诉、答辩及证据交换层面，此时撰写代理词缺乏相应的基础，没有实际作用。但值得注意的是，对于一些法律关系简单，事实较为清楚的案件，诉辩双方通过前期的对抗，都具备了预估争议焦点的可能性，此时也可以先形成代理词，在法庭辩论前提交。

基于代理词的前述特点和作用，对于原告而言，代理词的撰写应注意以下几个方面：第一，抽离起诉面，获取整体性。如前所述，代理词系在诉、辩、审三方已经对案件进行审视的基础上所形成的法律文件。此时，各方对于案件事实、争议焦点已经有了较为全面的认识，法庭也获取了对案件的初始印象。原告在写代理词时应更多地将自己置换至裁判者的中立位置，离开完全利己的起诉面，而应较为客观地关注全案事实。确认无争议事实，归纳有争议事实，并站在裁判者的位置固定争议焦点并进行有效表达。第二，固定或修正争议焦点。代理词应尽量围绕法庭总结的争议焦点进行。当然，如果代理人认为法庭总结的争议焦点不准确或有遗漏甚至根本未总结争议焦点，代理人应自行总结争议焦点或对法庭所确立的争议焦点进行自我修正，并紧紧围绕最终确立的争议焦点进行论述。第三，阶梯性进行观点延伸。代理词应遵守"事实—法律—观点—结论"式的阶梯性观点延伸规则。即首先对事实进行总结、澄清，其次进行法律分析，再次表达观点，最后阐明结论。当然，此处所述延伸规则，并非对"观点先行"的否认，而是在大的架构上遵守这一规则。在对每个问题的表述时仍应做到观点先行，即类似于答辩状的

"主旨句"或"主旨句+扩展句"的表达方式。如代理词的第一点应关注事实问题，如事实需要进行总结性、修正性表述，应首先进行陈述，明确表达观点。然后，在事实基础上对法律问题进行分析。第四，具有充分的对话性。代理词是对此前诉辩庭审意见的回应和补充，当然不能脱离被告的答辩意见和法庭对相关问题的关注。在代理词的撰写过程中，应时刻对此进行关注，并进行针对性的回应。第五，高度总结观点。由于代理词具有充分的对话性，对话本身就是对他人观点的一种回应，回应之前的首要任务即是对被回应观点的提炼和总结，只有对他人的观点进行总结、理解后，回应才能开始，对话才能进行。第六，贯通司法三段论。原告在整个诉讼程序中，实际都在协助法庭完成有利于己方的司法三段论推演。只是由于代理词具有最终总结性陈词的特点和功能，在代理词中更应直接体现司法三段论的逻辑构架，以强化说理和固定利己结论。

对于被告而言，代理词的撰写同样应关注前述六个方面，只是首先应完成答辩面的抽离，以获取整体性，这是被告的身份和角色使然。同时，被告是基于辩方的身份在完成代理词，其还需更多关注对原告观点的回应、逻辑的阻断等事项。如前文所述，答辩的主要目的是否定对方的观点，整体属于驳论，所以被告在撰写代理词时应更多地回到原告诉讼请求不能成立或不能完全成立的角度，进行针对性回应，并更多地寻找原告在形式逻辑或司法三段论推演过程中的漏洞进行阻断式表达。

无论是对于原告还是被告而言，代理词的撰写应避免出现以下问题：第一，随意漫谈。即没有围绕庭审时法庭关注的问题或争议焦点进行表述，单纯按照自己的想法进行表达，导致主旨不突出，目的不明显。第二，重复累赘。即对于在此前诉辩程序中已表达的观点，进行没有总结性的重复表达，徒增诉累。第三，无效辩论。即没有获取案件的整体性，完全离开客观性、中立性，完全进行利己性表述，或者作完全脱离、违背案件事实的表达。这些表达由于脱离了客观性、准确性，无论说得多么慷慨激昂都无法让人信服。第四，逻辑缺失。即在代理词中弱化或脱离对司法三段论推演的关注或者单纯地进行情感表达，离开了理性和逻辑。

民事代理词写作的基本原则如图41所示。

原告原则	起诉面抽离、争议焦点提取（修正）、阶梯性延伸、司法三段论表达
被告原则	答辩面抽离、争议焦点修正、原告观点回应、逻辑阻断、利己结论形成
双方避免	随意漫谈、重复累赘、无效辩论、逻辑缺失

图41 民事代理词写作的基本原则

实践中，代理词按呈现方式主要分为，对全案整体性观点表达的代理词，对专门性问题进行陈述的代理词，对首次代理词的补充等。代理词的表达格式并无严格的限制，较为自由，实践中亦无须过于拘谨，除当事人、代理人身份、争议焦点、写作对象、案号、写作受体需要交代清楚外，并无其他特殊要求。值得提醒注意的是，因为代理词具有高度的对话性，所以"抬头"要清楚、准确，不能出现将审判长写成审判员、将审判员写作人民陪审员等低级错误。在表述的语气方面也要予以适当关注，不能产生教裁判者进行审判的语言风格，整体应是客观、平和的建议或意见式表达。

第二十九讲　民事上诉状的撰写要点

要是没有把应当写的东西经过明白而周到的思考，就不该动手写。

——尼古拉·加夫里诺维奇·车尔尼雪夫斯基

我不同意你的说法，但我誓死捍卫你说话的权利。

——伏尔泰

民事上诉状是开启二审诉讼程序的法定、必备文件，是二审法院了解上诉人对一审判决意见及上诉请求的基础性文件。从上诉人角度而言，提起上诉说明其对一审判决存有异议，需要二审法院通过二审程序进行纠正、改判。其应在上诉状中明确其对一审判决的异议是什么，其想要二审法院进行什么样的调整，维持什么、撤销什么、改判什么、如何改判等。在这一点上，民事上诉状与起诉状具有相似之处，但由于其产生的基础和阶段并不一样，导致其内容及表达方式也不一样。实践中，很多人将上诉状写成与起诉状相当的文书，导致文书质量受影响，应予以注意。一般而言，民事上诉状的写作应关注以下要点：

第一，格式方面。民事上诉状属于开启程序的法定文件，应采用人民法院认可的通用文书格式，避免随意套用其他格式。

第二，谋篇布局方面。民事上诉状可以采用"主旨句"或"主旨句+扩展句"引领的段落式表达方法，做到观点先行。如果认为一审判决事实不清、事实错误或遗漏事实，又或需要对案件的背景事实进行特别交代，可以在正文第一段以叙述的方式进行说明。另外，如上诉人需要就整个案件的处理进行总括性说明，以表明案件的整体法律性质或处理方案，也可以在正文第一段进行总括性表述。在结尾段，可以就全文内容进行总结，或对法庭进行裁判结果的引导性陈述。

第三，写作手法方面。民事上诉状一般应以议论的写作手法为主，辅以记叙、说明、抒情。民事上诉状主要是对一审判决不服而写的，理应提出一审判决错误、不适当的论点，进而予以论述。其整体语言风格和写作手法应该属于公文式的议论。只是在具体说理过程中，会根据案情的需要予以叙述、说明、抒情等。

第四，写作目的方面。民事诉讼法对于上诉案件的处理结果有明确的规定[①]，写作目的应围绕民事诉讼法关于二审处理结果的规定进行，不能偏离。

第五，写作内容方面。写作内容应结合前述写作目的予以确定，并应保持较为严格的对应关系，在主旨句及论述段落中均应明确表达体现写作目的的内容。如上诉人需要二审法院"改判、撤销或者变更"原审判决、裁定，则应围绕原判决、裁定认定事实错误或者适用法律错

[①] 《民事诉讼法》第一百七十七条规定："第二审人民法院对上诉案件，经过审理，按照下列情形，分别处理：（一）原判决、裁定认定事实清楚，适用法律正确的，以判决、裁定方式驳回上诉，维持原判决、裁定；（二）原判决、裁定认定事实错误或者适用法律错误的，以判决、裁定方式依法改判、撤销或者变更；（三）原判决认定基本事实不清的，裁定撤销原判决，发回原审人民法院重审，或者查清事实后改判；（四）原判决遗漏当事人或者违法缺席判决等严重违反法定程序的，裁定撤销原判决，发回原审人民法院重审。原审人民法院对发回重审的案件作出判决后，当事人提起上诉的，第二审人民法院不得再次发回重审。"

误进行上诉意见表达；如上诉人需要二审法院"发回原审人民法院重审，或者查清事实后改判"，则应围绕原判决认定基本事实不清进行表达；如上诉人认为原判决遗漏当事人或者存在其他严重违反法定程序的，则应围绕该等理由进行陈述，并提出"发回原审人民法院重审"的上诉请求。当然，上诉人可能在上诉理由和目的上存在交织的情形，则可以分别进行表达，但应注意相互之间不能产生矛盾。如既提出改判又提出发回重审的请求和理由，实践中这种提法较多，主要原因在于上诉人对于诉讼结果的未知，导致不得不发表这种"骑墙式"的上诉意见。笔者建议，对于发回重审而言其实不仅是上诉请求问题，也涉及人民法院的职权行使，尤其对于因审判程序严重违法的情形，发回重审更多的是人民法院的依职权行为，不完全依赖于上诉人的上诉请求。基于这样一种考虑，为了使上诉请求不会直接让人产生矛盾或摇摆不定的主观印象，建议在事实和理由部分表达发回重审的意见，可以不直接体现在上诉请求当中。

第六，说理的针对性方面。如前所述，既然上诉状主要是表达对原审判决的意见，在整个行文过程中则要紧紧扣住原审判决不放，充分表述。如在事实方面，原审判决认定的哪些事实存在错误，正确的事实是什么，为什么，以及原审判决是否遗漏了事实，遗漏了哪些事实？在法律适用方面，哪条法律适用错误或不当，为什么，在法律推理方面，存在哪些逻辑不周延之处，为什么……总之，上诉人应紧紧围绕一审判决进行表达，不应脱离一审判决，进行空泛、没有针对性的说理。但值得注意的是，上诉人在上诉状中对一审判决的评判应该坚持理性、客观、适当的原则，不能出现对一审法院，甚至一审法官进行主观性的人身攻击。更多地应保持就事论事，对事不对人的基本叙述基调和风格。

第七，上诉请求方面。一方面要以一审诉讼请求为基础，原则上不能超出一审诉讼请求范围；另一方面要结合一审判决的具体判项进行清晰表达，如要撤销哪项或哪几项，要维持哪项或哪几项，如要改判，具体应如何改判等。值得注意的是，在表达撤销请求时，要表达为撤销"一审判决""原审判决"或一审（原审）判决第几项，一般不表达为撤销"一审判决书"，一审判决书一经作出，便成为客观物质，无法通过法律程序进行撤销，撤销的应该是原审判决，即撤销的对象应该指向原审判决内容。但在表达撤销原审判决时，应注意原审判项的内容，如只是对原审判决所确定的责任程度、金额等有异议，应该注意不直接表述为撤销相应判项，而建议表述为变更相应判项。

第八，写作视角方面。上诉状是建立在一审判决和一审程序的基础上，所有诉讼参与人对于案件的事实、观点和结果都有了清楚的了解。二审法官也很容易通过一审判决、庭审笔录及其他证据深入了解案件情况。在这样的基础上，上诉状的写作视角应适当提高，更多地站在二审法官的角度，从整体去观察案件，以一种包围式视角对案件进行分析。无论是请求还是观点都要尽量客观、中立，不能一厢情愿。这样更容易与二审法院形成审判思路上的契合，更容易形成良好的交流氛围。

第九，说理取舍方面。由于二审程序的主要功能在于纠错，而关于"对""错"的评价往往容易形成主观判断。为了避免因主观因素产生的判断错误，对于程序性错误、证据事实认定错误、计算错误等可以比对、验证的错误，上诉状可以重点表达。相反，对于原审判决关于自由裁量、酌情、酌定的内容，由于二审难以获得客观性的验证，上诉状对于这一方面的表达可以适当减少。

第十，抒情方面。二审程序是终审程序，对于当事人的权利、义务、责任的判定具有终局性影响，在上诉状中可以适当强化情感的表达。

总之，民事上诉状在功能上与起诉状一致，具有开启诉讼程序的功能，但在整体和细节上均有重大区别，实践中应区别对待，谨慎处理。

Mindset & Skills for Legal Writing

第六编
行政及刑事法律文书写作

第三十讲　行政法律文书撰写思维特点

> 古人作文一篇，定有一篇之主脑。主脑非他，即作者立言之本意也。
> ——李渔
>
> 一切有权力的人都容易滥用权力，这是万古不易的一条经验，有权力的人们使用权力一直到遇有界限的地方才休止。
> ——孟德斯鸠

行政诉讼思维、攻防策略对于行政诉讼法律文书的撰写具有实质性影响和意义。本讲主要针对行政诉讼思维的具体内容进行讲解，供大家在撰写行政起诉状、行政答辩状等行政法律文书时参考。笔者认为，行政诉讼思维方式主要包含中心性思维、合法性思维、程序性思维、平衡性思维、效力性思维和界限性思维等。

一、中心性思维

行政诉讼思维可归纳为以行政行为为中心，以行政行为合法性为基准点，以行政行为合理性为平衡点（见图42）。基于一行为一诉的行政诉讼基本原则，在任何一个行政诉讼案件中都要先确认被诉的行政行为是什么，是作为类的还是不作为类的，是依申请类的还是依职权类的，是行政管理性质的还是行政处罚性质的，是投诉举报类的还是信访类的，等等。只有确定了被诉行政行为的类型、内容，才能开启具体的行政诉讼答辩、审理程序，否则将成为无效答辩和审理。尤其对于行政机关就同一事项作出多个行政答复或决定时，应首先定位被诉的行政行为，以确定诉讼的中心。比如，在涉及税收违法行为举报、投诉案件中，原告可能在诉前通过多种渠道多次进行投诉、信访，税务机关也进行了多次回复。原告对税务机关的全部回复均有异议并提起诉讼，但并未明确指出针对哪次回复、答复提起诉讼。这种情况下，就应先明确原告是针对哪次行为提起诉讼，才能确定起诉期限、行政行为内容、程序规制等具体事项，否则答辩和审理都无从谈起。

以行政行为合法性为基准点

一个中心
两个点

以行政行为为中心

以行政行为合理性为平衡点

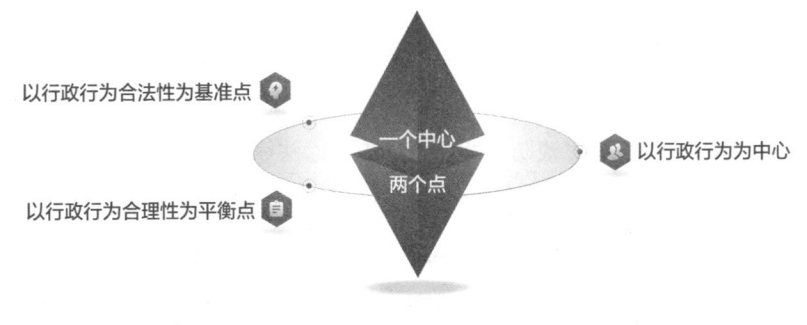

图42　行政诉讼思维

二、合法性思维

行政诉讼一般只处理行政行为的合法性，而不处理合理性。所有针对行政行为的诉讼内容都指向其合法性，包括职权合法性、内容合法性、程序合法性、法律适用合法性、执法目的合法性等，具体体现在行政主体遵守机构法定和职权法定的原则。一般需要关注行政执法主体资格及职权范围两方面，即一方面考虑其能否作为行政机关进行行政执法，是否具有独立的执法资格，另一方面考虑行政执法的职权范围。职权范围又可细分为横向范围、纵向范围、时间范围。横向范围关注的是某一行政机关与其他行政机关的职权界限。纵向范围关注的是某一行政机关在机构改革、职权变迁中的前后职权范围变化。时间范围关注的是行政机关在某一特定时期的特定职权问题。行政行为作出的条件，遵守程序法定主义。一般需要关注以下五个方面：一为业务定性，即找准行政行为的性质、类型、归口；二为内外兼顾，即内部决策程序和外部通知、送达程序要兼顾；三为上审下达，即上级审批，向下送达程序齐备；四为形式规范，即行政决定符合法定形式要求；五为权利保障，即关注权利告知、陈述申辩、保障救济等方面。总之，行政执法是一列行进的列车，必须在轨道上位移并留下痕迹；事实认定要遵守证据收集、采纳的合法性原则。一般要做到客观描述、法条照应、证据固定等。客观描述指行政文书对于事实的认定应采用白描式、记叙式的语言风格，完全尊重现实情况，不能在事实认定层面进行主观推测、预测，也不能进行议论性表达。法条照应，即事实的描述要确保精准落入法律规范所设定的事实前提，即事实与大前提相吻合。证据固定，即所描述的事实应该有证据予以支持，所谓描之有物。总之，在事实认定层面，不仅是行政机关做了什么，更是要让法官相信其做了什么，以保障经得起审查；在法律适用合法性方面，一般要做到首选高位、形成闭环、效力核查等。首选高位，指在适用法律时应首先适用效力层次较高的规范，首选是法律、行政法规，部门规章、地方性法规次之，规范性法律文件再次之。形成闭环，是指在法律适用方面要形成法律推理逻辑的闭环，不能产生推理漏洞。效力核查，是指在确立法律规范时要注意核查相关规范的效力范围，包括时效性、地域性、事权性等方面。执法目的保持正当性，处理结果合法、合理，一般要关注执法动机、功能价值、社会价值等方面。执法动机即行政机关推进执法程序的内在驱动力、执法需求等。功能价值是指行政执法是否遵循了现代行政立法、执法的基本理念。社会价值主要是指行政执法是否有利于社会的整体发展和进步。

与行政行为合法性思维对应，人民法院审查行政行为的要素也主要包括职权依据审、事实审、程序审、法律适用审以及执法目的审等。实践中，人民法院也未全部放弃对行政行为的合理性审查，除涉及自由裁量权、行政处罚幅度等当然涉及行政行为合理性审查的事项外，对于职权、程序、事实、执法目的等的审查其实在一定程度上也包含了合理性审查。

行政行为合法性的审查内容具体如图43所示。

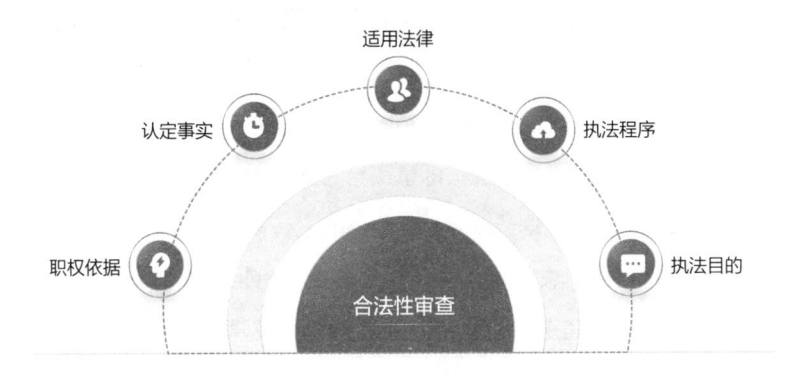

图43　行政行为合法性的审查内容

三、程序性思维

如前讲所提及的，行政诉讼具有通道式特点，即行政行为的作出一定要在一定的通道中进行，具体包括行政行为运行的归口、主体、程序、出口等，这里所称的"通道"即行政行为的程序。一个行政行为要作出，必须遵守一定的程序，失去程序依托，行政行为便会失去管束而变得肆意。这是现代行政法理念和原则所不容许的。要确定一个行政行为的程序通道，首先得确定行政行为的性质、类型，再对应归口管理的机构、部门，从而确定依据，确定进入程序的入口。入口确定后，行政行为具体应如何流转、运行，受程序性规定的通道约束。行政行为不能溢出，也不能脱离该通道，直至行政行为作出并依法送达后，程序性通道约束才告结束。实践中对行政程序把握的难点主要体现为对行为的定性存在争议，无法确定程序的入口。另外，还体现为有的行政行为由于立法的原因缺少相应的程序性规范，导致通道需要向一般性程序条款逃逸。例如，在税务机关征收社会保险费案件中，由于很多征收过程中的行为没有针对性的程序规定，导致需要向相类似的行政行为所依赖的程序或者合理程序的一般性原则逃逸。对于涉及社会保险费的违法行为投诉、举报事项而言，就因为缺乏专门的行政程序规范，导致需要借用税收违法行为举报的相关规定进行程序性约束，或以合理程序作为评价标准。再者，也体现为行政行为的内部程序和外部程序不分明，导致行政行为在运行过程中通道界限不清晰。

四、平衡性思维

行政诉讼平衡性思维主要体现在权利、权力的平衡上。在行政法领域，法无授权不可为。行政管理既保障私权利的运行，又干预和调整私权利的运行。行政执法思维一般指向的是"为什么不能管"，而行政诉讼思维一般指向的是"凭什么能管"。行政权先天具有扩张性，行政诉讼对行政行为的监督功能恰恰能阻止和消融这种扩张性，即所谓的"将权力关进笼子里"。在行政诉讼中，时刻都要关注权利和权力的平衡，既要保障行政权的正当运行，以确保私权利处于正常的秩序中，同时又要限制行政权的任意运转，以保障私权利的安全性。对于行政机关而言，其作出的任何行为，只要可能对相对人的私权利产生限制和影响，其就要关注该行为的合法性问题。人民法院对案件的审理原则和方向同样如此。

五、效力性思维

效力性思维主要体现为行政行为效力先定原则，行政行为一经作出即具有拘束力，无须经人民法院判决确认其合法性。基于此，人民法院对行政行为的监督主要体现在对违法行为的撤销或对其违法性的确认上，所对应的诉讼请求为撤销行政行为或确认违法。行政行为的合法性并不需要人民法院确认，对于确认行政行为合法的诉请，因其实质上并不存在行政争议，合法权益并未受到侵害，因而不具有诉的利益，不符合起诉条件。效力性思维还体现在行政行为执行与行政诉讼之间的关系上。一般而言，行政诉讼不影响行政行为的执行，除非符合法定的应当停止执行的条件。

六、界限性思维

行政诉讼界限性思维主要体现在行政权和审判权的界限及相互影响上。审判权一般只应停留于对行政行为合法性的评价，并根据该种评价结果作出确认违法、撤销、重作等决定。审查不能直接介入行政行为的具体作出过程，也不能代替其作出行政行为。厘清了界限，对于行政起诉、应诉都具有重要意义。实践中，很多行政诉讼案件出现原告起诉要求人民法院责令被告作出何种行政行为，而不是责令重新作出，就是没有正确把握界限性思维所致。

第三十一讲　行政起诉状的撰写要点

> 我在提笔写之前，总要给自己提出三个问题：我想写什么，如何写，以及怎么写。
>
> ——马克西姆·高尔基

> 法不阿贵，绳不挠曲。
>
> ——韩非子

行政诉讼是指公民、法人或其他组织认为行政机关和行政机关工作人员的行政行为侵犯其合法权益，向人民法院提起诉讼，人民法院予以受理、审理并作出裁判的活动。原告是公民、法人或其他组织，被告是行政机关，即俗称的"民告官"。相较于民事诉讼而言，行政诉讼的特点主要体现在：第一，从诉讼主体之间的关系来看，民事诉讼解决的是平等主体之间的人身、财产权益纠纷，而行政诉讼的基础关系源自行政机关的行政行为，行政行为是在行政管理过程中作出或形成的，作为原告的行政行为相对人与作为被告的行政机关在基础关系层面属于管理与被管理关系。这会对行政起诉状的表达风格、逻辑架构以及攻防策略产生影响。第二，从法院审判的角度而言，民事诉讼中法院的主要任务是依法解决民事争议，而行政诉讼除化解行政争议外，人民法院还负有对行政机关依法行政进行监督、审查的义务。

这会对行政起诉状的写作视角、诉讼请求等产生影响。第三，从以行政行为为中心的审判理念看，行政诉讼审判以行政行为为中心，人民法院一般应围绕行政行为的职权依据、事实认定、行政程序、法律适用、执法目的等层面进行审理。而在民事诉讼层面，虽然相同案由或同一类型的案件，在事实模型、审判结构上具有相似性，但并不能表现得像行政诉讼案件一样在诉讼请求类型和审理范围具有较多明确的法定要求、规范。这会对行政起诉状的谋篇布局、整体架构产生影响。第四，从审查标准看，行政诉讼一般只解决行政行为的合法性问题，除涉及自由裁量权、执法目的等事由外，人民法院一般不审查行政行为的合理性。而民事诉讼除关心权利、诉求的合法性外，还要审查合约性以及公平合理性。这会对行政起诉状的表达范围和重点产生影响。第五，从行政权和审判权运行的角度看，人民法院对行政诉讼案件的审理一般只停留在事后监督层面，而不能代替行政机关作出行政行为。其审判结果可以为确认违法、撤销、责令重作等，但一般不能直接判决具体如何作出行政行为；除非涉及明显的错误如计算错误，一般不能直接对行政行为进行更改。这会影响行政起诉状的撰写目的和预期。第六，从举证责任看，行政诉讼遵守由被告就其行政行为的合法性进行举证的基本原则，与民事诉讼"谁主张，谁举证"，或举证责任的依法分配并不相同。这会影响行政起诉状对事实的表达和固定。

正是因为行政诉讼具有上述明显特点，行政起诉状在撰写方面有以下要点需要予以关注：

第一，关于原告身份的确立。根据行政诉讼法的规定，行政行为的相对人以及其他与行政行为有利害关系的公民、法人或者其他组织，有权提起诉讼。①实践中，确定行政行为的相对人较为容易，但对于与行政行为有利害关系的人的确定需要结合有关法律、司法解释以及社会经济生活经验，充分考虑，谨慎确定。

第二，关于被告身份的确立。行政诉讼法对行政诉讼的被告进行了明确规定②，但鉴于行政行为的作出涉及审批行为、委托行为、授权行为、联合行为、复议行为等，而且不同行政管理类型又具有特殊性，如税收行政行为、自然资源行政行为等，其作出程序、复议程序有着自身的特点，因此对于行政行为被告的确立，既要考虑行政诉讼法，还要考虑行政复议法及其他与行政行为相关的实体法、程序法。

第三，关于诉讼请求的确立。由于行政判决类型的法定性，导致行政诉讼请求应进行相应的规范和限制。根据行政诉讼法的规定，行政诉

---

① 《行政诉讼法》第二十五条规定："行政行为的相对人以及其他与行政行为有利害关系的公民、法人或者其他组织，有权提起诉讼。有权提起诉讼的公民死亡，其近亲属可以提起诉讼。有权提起诉讼的法人或者其他组织终止，承受其权利的法人或者其他组织可以提起诉讼。人民检察院在履行职责中发现生态环境和资源保护、食品药品安全、国有财产保护、国有土地使用权出让等领域负有监督管理职责的行政机关违法行使职权或者不作为，致使国家利益或者社会公共利益受到侵害的，应当向行政机关提出检察建议，督促其依法履行职责。行政机关不依法履行职责的，人民检察院依法向人民法院提起诉讼。"

② 《行政诉讼法》第二十六条规定："公民、法人或者其他组织直接向人民法院提起诉讼的，作出行政行为的行政机关是被告。经复议的案件，复议机关决定维持原行政行为的，作出原行政行为的行政机关和复议机关是共同被告；复议机关改变原行政行为的，复议机关是被告。复议机关在法定期限内未作出复议决定，公民、法人或者其他组织起诉原行政行为的，作出原行政行为的行政机关是被告；起诉复议机关不作为的，复议机关是被告。两个以上行政机关作出同一行政行为的，共同作出行政行为的行政机关是共同被告。行政机关委托的组织所作的行政行为，委托的行政机关是被告。行政机关被撤销或者职权变更的，继续行使其职权的行政机关是被告。"

讼判决的类型主要包括①驳回诉讼请求、撤销或部分撤销、重新作出行政行为、限期履行、履行给付义务、确认违法、确认无效以及规范性

---

① 《行政诉讼法》第六十九条规定："行政行为证据确凿，适用法律、法规正确，符合法定程序的，或者原告申请被告履行法定职责或者给付义务理由不成立的，人民法院判决驳回原告的诉讼请求。"

第七十条规定："行政行为有下列情形之一的，人民法院判决撤销或者部分撤销，并可以判决被告重新作出行政行为：（一）主要证据不足的；（二）适用法律、法规错误的；（三）违反法定程序的；（四）超越职权的；（五）滥用职权的；（六）明显不当的。"

第七十一条规定："人民法院判决被告重新作出行政行为的，被告不得以同一的事实和理由作出与原行政行为基本相同的行政行为。"

第七十二条规定："人民法院经过审理，查明被告不履行法定职责的，判决被告在一定期限内履行。"

第七十三条规定："人民法院经过审理，查明被告依法负有给付义务的，判决被告履行给付义务。"

第七十四条规定："行政行为有下列情形之一的，人民法院判决确认违法，但不撤销行政行为：（一）行政行为依法应当撤销，但撤销会给国家利益、社会公共利益造成重大损害的；（二）行政行为程序轻微违法，但对原告权利不产生实际影响的。行政行为有下列情形之一，不需要撤销或者判决履行的，人民法院判决确认违法：（一）行政行为违法，但不具有可撤销内容的；（二）被告改变原违法行政行为，原告仍要求确认原行政行为违法的；（三）被告不履行或者拖延履行法定职责，判决履行没有意义的。"

第七十五条规定："行政行为有实施主体不具有行政主体资格或者没有依据等重大且明显违法情形，原告申请确认行政行为无效的，人民法院判决确认无效。"

第七十六条规定："人民法院判决确认违法或者无效的，可以同时判决责令被告采取补救措施；给原告造成损失的，依法判决被告承担赔偿责任。"

第七十七条规定："行政处罚明显不当，或者其他行政行为涉及对款额的确定、认定确有错误的，人民法院可以判决变更。人民法院判决变更，不得加重原告的义务或者减损原告的权益。但利害关系人同为原告，且诉讼请求相反的除外。"

第七十八条规定："被告不依法履行、未按照约定履行或者违法变更、解除本法第十二条第一款第十一项规定的协议的，人民法院判决被告承担继续履行、采取补救措施或者赔偿损失等责任。被告变更、解除本法第十二条第一款第十一项规定的协议合法，但未依法给予补偿的，人民法院判决给予补偿。"

文件一并审查等。行政诉讼请求应严格使用前述行政诉讼法规定的标准概念进行表述，并要确保某一诉讼请求与其对应的法定理由是匹配的，如确认行政行为违法的请求，要对应《行政诉讼法》第七十四条列明的情形：（一）行政行为依法应当撤销，但撤销会给国家利益、社会公共利益造成重大损害的；（二）行政行为程序轻微违法，但对原告权利不产生实际影响的；（三）行政行为违法，但不具有可撤销内容的；（四）被告改变原违法行政行为，原告仍要求确认原行政行为违法的；（五）被告不履行或者拖延履行法定职责，判决履行没有意义的。同时，要确保几项诉讼请求之间不产生法律和逻辑冲突，如请求判决确认违法，一般不再请求撤销行政行为；请求确认无效，则无须再请求确认违法。

实践中，对于诉讼请求的写法主要存在以下常见错误或不当之处：一是诉讼请求表达不规范，没有使用"撤销""确认违法""重新作出"等法定概念，而使用"撤回""收回""判决违反法律规定"等。二是诉讼请求彼此之间存在矛盾，如既要求判决确认违法，又要求撤销行政行为。三是要求直接判决行政机关作出行政行为，如请求法院判决被告不得对原告进行行政处罚，或同意作出行政许可决定等。四是没有准确区分作出机关和复议机关各自的职权，没有针对复议决定进行表述，甚至要求直接判决复议机关作出何种行政行为。五是没有准确理解行政不作为和作为违法之间的区别，如在被告已经作出行政行为的情况下，仍要求确认其行政不作为违法，而非对已作出行政行为合法性进行审查。六是没有把握驳回诉讼请求和维持行政行为的立法本意。复议机关作为下级行政机关的领导、指导机关，其复议审查权本质上属于上级对下级的行政监督，同属于行政权体系运行的范畴，可以作出"维持行政行为"的决定,但司法机关作为外部监督机关,只能作出同意或不同意原告诉讼请求的判决,如同意,依法作出撤销、确认违法、责令重作等判决;如不同意,依法只能作出"驳回原告诉讼请求"的判决。但如原告的诉讼请求影响行政行为本身的确立,则法院一般会要求原告变更诉讼请求或作其他程序性处理。如原告向税务机关投诉某单位存在税收违法行为,导致其利益受损,要求税务机关查处。原告认为税务机关不作为,请求法院判决税务机关作出处理决定,但在诉讼期间,税务机关已经针对被举报的税收违法行为作出了处理决定。此时,原告请求法院判决税务机关作出处理决定已然没有意义,其诉讼目标本质上应转变为对已作出的处理决定的合法性审查。如其坚持原诉讼请求,法院难以支持,但可以要求其变更诉讼请求,或撤诉以后,另行对税务机关的查处决定提起诉讼。七是没有对行政协议类行政诉讼进行区别对待。行政诉讼领域内较为特殊的一类案件是针对行政协议提起的行政诉讼案件[①],同时具有行政行为和合同的特征,其在诉讼请求的设置方面具有特殊性。根据《最高人民法院关于审理行政协议案件若干问题的规定》第九条的规定,在涉及行政协议的行政诉讼案件中,诉讼请求一般包括:(1)请求判决撤销行政机关变更、解除行政协议的行政行为,或者确认该行政行为违法;(2)请求判决行政机关依法履行或者按照行政协议约定履行义务;(3)请求判决确认行政协议的效力;

---

① 《最高人民法院关于审理行政协议案件若干问题的规定》第二条规定:"公民、法人或者其他组织就下列行政协议提起行政诉讼的,人民法院应当依法受理:(一)政府特许经营协议;(二)土地、房屋等征收征用补偿协议;(三)矿业权等国有自然资源使用权出让协议;(四)政府投资的保障性住房的租赁、买卖等协议;(五)符合本规定第一条规定的政府与社会资本合作协议;(六)其他行政协议。"

（4）请求判决行政机关依法或者按照约定订立行政协议；（5）请求判决撤销、解除行政协议；（6）请求判决行政机关赔偿或者补偿；（7）其他有关行政协议的订立、履行、变更、终止等诉讼请求。见图44。

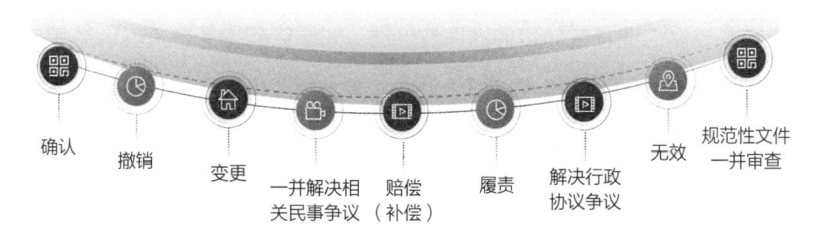

确认　撤销　变更　一并解决相关民事争议　赔偿（补偿）　履责　解决行政协议争议　无效　规范性文件一并审查

图44　行政诉讼的诉讼请求

第四，关于事实和理由的表达。与民事诉讼一样，行政诉讼起诉状也需要表达与诉讼请求适配的事实和理由。起诉状在表达事实和理由时，一种方法是严格根据行政诉讼法规定的判决类型进行表述，如原告提出的诉讼请求是撤销或部分撤销行政行为，则事实和理由应围绕《行政诉讼法》第七十条的规定，针对行政行为存在的以下合法性问题进行阐述：（1）主要证据不足；（2）适用法律、法规错误；（3）违反法定程序；（4）超越职权；（5）滥用职权；（6）明显不当。另一种方法是围绕人民法院对行政诉讼案件的审判方向进行表述，如从职权合法性切入，在事实是否清楚、程序是否正当、适用法律是否正确等层面展开，最后如有必要，可回归至执法目的是否正当的归结点。除此之外，还有一种表述方法，就是根据行政行为作出过程进行记叙式的阐述，对行政行为的作出过程、内容和结果使用记叙性的语言进行描述，最后转为对行政行为合法性的质疑。以上三种表述方法体现出三种不同的诉讼结构：第一种以契合人民法院判决理由为方向，进行匹配性表述，其优点是让法官在适用法律进行判决时，说理更为直接、有针对性；第二种从人民法院审理行政诉讼案件的层次或要素出发，并以此为论述结构，其优点在于与法庭审理行政诉讼案件的推进层次相当，能更好地配合法庭对案件的调查；第三种以行政机关作出行政行为的过程为依托进行表述，其优点在于对行政行为的作出事实可以表达清楚，而将全面合法性审查的重点交由法庭，为将来诉讼观点的表达留有更大空间。当然，实践中很多行政起诉状的事实和理由都较为粗糙，没有直接反映出行政行为事实及合法性评价。这种现象对于法院的审判效率以及主要矛盾的解决力度还是存在消极影响的，实践中应予以注意。

总之，行政诉讼起诉状相较于民事诉讼起诉状而言，似乎更容易撰写，其主要原因在于行政诉讼聚焦于行政行为合法性审查，并由作为被告的行政机关对其行政行为合法性进行举证，降低了起诉状撰写的难度。笔者认为，行政诉讼对于被告责任的严苛并不必然代表对原告诉讼要求的降低。作为原告的行政相对人对于行政行为如何不合法，如何侵害其合法权益的观点和表达理应做到清晰、准确，并具有相应的事实和法律依据。尤其对于专业的法律工作者来说，更应主动探究提高行政诉讼起诉状写作质量的方法，并在实践中加以运用。

第三十二讲　行政答辩状的撰写要点

文学创作的技巧，首先在于研究语言，因为语言是一切著作，特别是文学作品的基本材料。

——马克西姆·高尔基

法律就是秩序，有好的法律才有好的秩序。

——亚里士多德

在行政诉讼中，作为被告的行政机关或其他可以成为行政诉讼被告的主体，应在收到起诉状副本之日起十五日内向人民法院提出答辩状。[①]行政答辩状与民事答辩状的功能和作用基本相同，都是对原告诉讼请求及事实和理由的回应，其目的都是阐明己方针对诉请观点的意见。但是基于前文所提到的行政诉讼本身所具有的一些特点，结合行政诉讼被告的特殊主体身份，行政答辩状的撰写需重点关注以下要点：

第一，关于答辩状格式。人民法院一般都会就诉讼文书给定相应的模板，供诉讼主体制作和提交文书时参考。民事诉讼对原、被告提交文

[①]《行政诉讼法》第六十七条规定："人民法院应当在立案之日起五日内，将起诉状副本发送被告。被告应当在收到起诉状副本之日起十五日内向人民法院提交作出行政行为的证据和所依据的规范性文件，并提出答辩状。人民法院应当在收到答辩状之日起五日内，将答辩状副本发送原告。被告不提出答辩状的，不影响人民法院审理。"

书的要求并不会过于严格，人民法院对此也往往比较宽容，只要文书的基本要素具备了，一般也不会提出过于严苛的要求。但行政诉讼的被告则不一样，由于其本身为行政机关，是执法单位，其出具的文书理应严谨，无论是形式还是内容都应当规范，格式方面应尽量与相应的模板文本保持一致。

第二，关于整体内容架构。行政答辩状的内容应以行政行为为中心，围绕作出行政行为的行政主体、职权依据、事实认定、程序规定、法律适用以及执法目的等方面进行写作。这是行政答辩状的撰写主线，也是人民法院审理行政诉讼案件的要素。

第三，关于谋篇布局。按照前述写作架构和要素，行政答辩状应以总分或分总的结构，对每一项具体内容以"主旨句"或"主旨句＋扩展句"的方式展开。例如，在行政程序方面，可以使用类似于"案涉行政行为的作出符合法定程序"等主旨句，也可以在主旨句中对行政行为如何符合程序的观点有针对性地进行完整阐述。如果详细阐述会导致主旨句过长，也可以使用扩展句。由于行政行为的要素较为清晰、固定，一般可以在主文前或文末进行总结，使得答辩状的结构更为严谨。

第四，关于写作目标。行政诉讼主要解决行政行为的合法性问题，并且由被告就合法性进行举证。行政答辩状应紧紧围绕行政行为合法性这一核心目标展开。被告应在行政答辩状中尽量回避论述其执法过程中的情理、情感问题，而应充分展现执法理性。正如前文所述，行政答辩状需要基本完成对行政行为合法性的推演。当然，对于确实需要对原告所提出的合理性问题进行回应，或者对于一些实体法规定不清晰的历史遗留问题、特殊问题，也可以进行情感、合理性方面的表述。只是这里的情感及合理性应尽量上升至行政管理、集体、社会价值的层面，脱离具体事务、具体工作人员、行政相对人，才会更具有权威性、说服力。

第五，关于写作视角。从信息沟通的角度而言，行政答辩状应具有明确区别于其他诉讼文书的表达视角。行政诉讼被告通过行政答辩状首次就案涉问题向人民法院表达观点。在行政诉讼的角色关系层面，行政机关同时为执法机关、行政管理主体、被告，法院为审判机关、监督机关，原告同时是行政管理的相对人。行政机关在表达观点时，要体现出作为执法者的客观性、准确性、权威性，又要表现出作为行政管理主体的包容和风范。行政机关在表达过程中要注意情绪克制及人文关怀，同时又要以被告、接受司法监督的身份，对原告提出的问题和观点进行完整、坚定的回应。被告在撰写行政答辩状时，应时时将行政机关置身于上述关系中，不断体会这种对话的视角感和身份感，以恰当表达观点。在这一过程中，比较重要的是换位思考的能力，通过角色的转换，感受表达的内容、风格，并及时进行调整。

第六，关于诉辩观点的表达。行政诉讼程序中，基于被告执法者、行政管理者的角色定位，无论是在答辩状中还是在庭审程序中均要求其在表达诉辩观点时应当具体、全面、明确，没有模糊的空间，也没有退让的余地。在民事诉讼中，或许可以基于诉辩技巧在答辩状中保留一定的观点空间，或者使用退让式表达，如"庭后询问当事人后书面答复"，但在行政诉讼中，基于"卷宗主义规则"及人民法院对行政行为合法性进行审查的要求，作为行政机关的被告在表达诉辩观点时应当尽量全面、具体、清晰。

第七，关于个案内容与整体框架的关联。正是基于行政诉讼要素式审判模式的要求，行政答辩状具备了前述整体框架，但每个案件的实际情况并不相同，撰写过程中应根据每个案件的不同情况，将个案涉及的事实、程序、法律等观点恰当地表述在整体构架中。

第八，关于驳回起诉。行政诉讼实践中经常出现驳回起诉的情形，《最高人民法院关于适用〈中华人民共和国行政诉讼法〉的解释》第六十九条列举了十种人民法院可以驳回起诉的情形，而且明确了可以不经开庭径行裁定驳回起诉。[①] 对于被告而言，如果通过答辩状能实现不经开庭，直接驳回起诉的诉讼效果，显然是有益的。因此，在行政答辩状中应首先关注案件是否存在足以驳回起诉的情形，并在答辩状中予以明确表达。当然，为了使答辩意见更加全面，在驳回起诉结论不能够当然成立的情况下，仍要进行实体答辩，只不过在表达时，将该两种情形分别论述，并注意恰当衔接。

第九，关于行政复议。行政诉讼中，很多案件是经过行政复议的，作出行政行为的机关在进行答辩时，应考虑行政复议程序，并注意与行政复议结论的呼应和衔接。行政复议机关在进行答辩时，则应注意区分原行政行为与复议行政行为的关系。行政复议机关应主要论述行政复议决定的合法性，当然在涉及对原行政行为的评价时，会对原行政

---

① 《最高人民法院关于适用〈中华人民共和国行政诉讼法〉的解释》第六十九条规定："有下列情形之一，已经立案的，应当裁定驳回起诉：（一）不符合行政诉讼法第四十九条规定的；（二）超过法定起诉期限且无行政诉讼法第四十八条规定情形的；（三）错列被告且拒绝变更的；（四）未按照法律规定由法定代理人、指定代理人、代表人为诉讼行为的；（五）未按照法律、法规规定先向行政机关申请复议的；（六）重复起诉的；（七）撤回起诉后无正当理由再行起诉的；（八）行政行为对其合法权益明显不产生实际影响的；（九）诉讼标的已为生效裁判或者调解书所羁束的；（十）其他不符合法定起诉条件的情形。前款所列情形可以补正或者更正的，人民法院应当指定期间责令补正或者更正；在指定期间已经补正或者更正的，应当依法审理。人民法院经过阅卷、调查或者询问当事人，认为不需要开庭审理的，可以径行裁定驳回起诉。"

为的合法性进行表述。

　　第十，关于立意提升。由于行政机关担负着行政管理的职责，在进行个案答辩时，可以考虑在文末对个案的社会整体价值进行适当表达，以强化答辩的宏观性和正当性。

　　总之，在撰写行政答辩状时一定要将自身代入行政执法者的角色，充分考虑现代行政法、社会公众以及行政相对人对该角色的期待，并以恰当的篇章结构及语言表达方式进行回应。

第三十三讲　刑事辩护词撰写思维特点

文采是来自思想而不是来自辞藻。

——奥诺雷·德·巴尔扎克

法无明文规定不为罪，法无明文规定不处罚。

——保罗·约翰·安塞尔姆·冯·费尔巴哈

辩护词，是辩护人在刑事案件庭审过程中，针对公诉机关的公诉意见，紧密围绕案件事实和质证意见，对全案进行深入总结剖析，依法阐述被告人无罪、罪轻，或者建议法庭依法减（从）轻、免除被告人刑事责任的意见。可以说，辩护词是整个刑事案件中辩护工作最重要的一份法律文书。其在全面阐述辩护立场，引导法庭明辨事实，反驳错误公诉观点，依法实现对被告人从轻、减轻或者免除处罚方面，具有其他任何刑事诉讼文书都不可替代的重要作用。因此，写好辩护词，不仅是每一名刑事辩护律师的基本技能，也是刑事辩护工作的核心工作内容。①

辩护词相较于起诉状、答辩状、代理词等民事、行政法律文书而

---

① 陈文海：《辩护词撰写十二要义》，载中国政法大学刑事辩护研究中心公众号，https://mp.weixin.qq.com/s/xpUTiGp3Fls5OQ-F0quWtQ，最后访问时间：2024年10月23日。

言，无论是在底层逻辑还是在表现形式上都具有明显特征。首先，从代理的法律逻辑看，无论是民事诉讼还是行政诉讼，代理人的诉讼权限都来源于当事人的授权，其在本质上属于民法上的代理关系。按照民法关于代理制度的理论和规定，代理人在代理权限内从事代理活动的法律后果归属于被代理人，即作为委托人的当事人。在这样的基础关系下，代理人以自己名义出具的法律文书，或在法庭上所表达的代理意见，均代表当事人的意见，法庭可以将其视为当事人的意见，并以此作为裁判的依据。辩护制度则不同，辩护权虽然也要经过当事人（犯罪嫌疑人、被告人）同意才能正常行使，但辩护关系一旦建立，辩护权则具有相对独立性，辩护人依法独立行使辩护权。这种独立性体现为，辩护人的辩护意见并不能直接视为当事人的意见，尤其是在事实层面，辩护人的表述在未经当事人认可且有证据予以证明的情况下，不能将该意见可能产生的后果当然归结于当事人；独立辩护还体现为辩护人对于定罪、量刑的意见可以不同于当事人，辩护人关于无罪、罪轻、从轻、减轻、免除处罚的辩护意见具有独立性。从程序上看，正是基于辩护的独立性，才产生了辩护人对于刑事案卷的保密性义务要求，这一点与民事、行政诉讼程序中的代理人亦有着本质区别。

　　思维决定表达，刑法思维高度决定刑事法律文书质量。辩护词的撰写离不开对刑法思维特点的整体把握。本讲主要从文书表达的角度出发，结合学界观点，对刑法思维特点作一个整体观察。刑法思维特点可从四个方面予以整体观察：规范性、理论性、形式与实质统一性和精确性（见图45）。[1]

---

[1] 孙国祥：《谈谈法律人的刑法思维》，载《人民检察》2019年第7期。

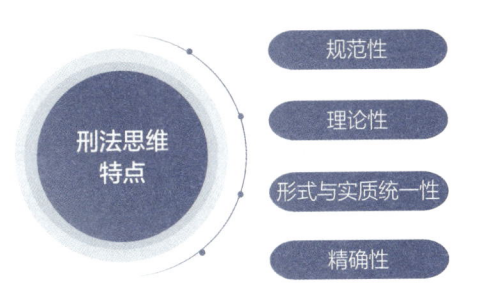

图45 刑法思维特点

一、刑法的规范性思维

刑法的规范性思维主要体现在罪刑法定意识、裁判性规范意识两方面。前者是刑事法律思维的基本要义，经由该意见延展出的罪刑法定原则是刑法体系的基石。刑法规范保护何种法益、规制何种行为，均通过条文作了明确的规定和定性，司法应当依据刑法作出严格的判断。这决定了辩护词关于定罪、量刑的任何表述都离不开刑事法律规范，都应具有坚实的规范基础，不能空谈理论、情感。规范的选择和适用首先需要对规范所确立的行为性质、保护法益等进行适配，适配正确才能产生规范性思维的正面效果，反之，则会出现规范与事实、行为脱节，甚至背道而驰的情形，偏离罪刑法定的基本原则。后者是相对于行为规范而言的，行为规范侧重于对行为模式的事前否定，面向的是全体国民，发挥的是规范对行为的导向作用，因而要严一些，简单一些，便于人们遵守。而裁判规范是刑法规范的司法适用，约束的是司法人员，是对行为的事后评价规范，其适用要受多种因素影响，因而要复杂得多。在入罪方面，裁判规范与行为规范应保持一致，即都要遵守罪刑法定的基本原则，法无明文规定不为罪。裁判规范的弹性主要体现在出罪方面，即刑事司法过程中，对于行为规范所确立的定罪标准，赋予一定的空间和弹性，使其具有出罪可能。例如，醉驾案件，凡醉驾都是犯罪，这是从行为规范的角度说的，但从裁判规范的角度，司法解释对于醉驾情节标准的确立以及出罪条件的规范本质是裁判规范的适用。当然就广义上的刑法而言，裁判规范同样属于刑法规范，本质上契合刑法的规范性思维。裁判规范意识要求在辩护词的撰写过程中除关注行为规范外，还应当广泛、深入地关注裁判规范的发展和变化，充分挖掘和利用裁判规范的出罪弹性。

二、刑法的理论性思维

民法、刑法、行政法作为规范社会经济生活有序运行的三大部门法，其在立法、司法中面临的最大难题在于将纷繁复杂的社会现象分门别类地转化为法律现象，并确立相应的法律制度和法律规范进行约束、管理。每一项法律制度的确立，甚至每条法律规范的制定背后都可能蕴含着厚重的法律理论。法条的文字虽然能让人望文生义地知道个大概，但实务中延伸出的问题往往比现成的答案多得多。换句话说，尽管我们读通了某个条文的文字，但未必知道该文字表达的意思到底是什么、涵摄到底有多宽。事实上，每个规范背后都有精深的刑法理论学说支撑，对其正确的理解常常需要借助于一定的刑法理论指导。刑法理论一方面为裁判提供解决方案和理论依据，另一方面有助于提升判决的公信力，如电影《第二十条》引发了人们对正当防卫制度的热议，正当防卫制度在司法实践中的运用与该项制度的理论发展具有密不可分的联系。只有当社会对于正当防卫制度的理论根据予以了高度关注，并取得充分发展，该项制度才能切实转化为具有普遍意义的司法实践。

对于辩护词撰写而言，在刑法理论方面应做到：第一，对于新类型案件，要充分挖掘刑法理论，并精准阐述。由于社会的发展变化及法律规范的滞后性，必将产生诸多可能涉嫌犯罪的新的行为模式，尤其在经济犯罪领域。对于该种行为模式在刑法上的定性和评价，往往具有较大的理论探讨空间，应予以重点关注。第二，理论阐述应围绕定罪量刑的关键要素进行，如对行为在刑法上的定性、犯罪构成要件、构成要件所分解出来的刑法概念（定义）以及特定的可能影响定罪量刑的刑事程序和出罪、从轻（减轻）处罚制度等。第三，理论阐述要保持专业性。一方面要求辩护人所表达的理论观点要符合基本的、已确立的刑法基础理论，不能一味地标新立异。另一方面也要求辩护人将裁判者、公诉人置于相应的专业维度进行对话，避免就一些法律人均已熟知的法律理论进行无谓的阐述和说明。第四，辩护人进行刑法理论阐述时应简洁、清晰、有力。辩护词对于理论观点阐述不宜长篇大论，应就相关理论进行提炼式表达。第五，辩护人进行刑法理论的阐述时应结合本案实际情况，进行必要的、精准的关联。一项刑法理论如何对本案产生影响，本案事实如何与相关理论建立实质性关联，辩护人在撰写辩护词时应有针对性地进行对照表述。第六，辩护人在表述刑法理论时应立足于我国的政治体系、社会生活及司法实践。很多刑法理论可能与我国实践并不吻合，该类理论在辩护词中应尽量避免出现。第七，辩护人进行刑法理论的阐述时应保持准确性、客观性、中立性。理论用于指导实践，辩护人在进行理论表述时应保持该项理论观点的准确性，并进行客观、中立的表达，不能先入为主或者代入案件对理论本身进行修改，或错误表达。

于某水盗窃案刑事判决书，正是因为其以恰当方式进行充分说理，

使人耳目一新的同时增加了裁判的权威性,以下摘录该判决书关于"此罪与彼罪"的说理部分,供参考:

二、此罪与彼罪①

既然被告人行为应当进入刑法规范的领域,那么他构成什么罪?控方认为,被告人于某水的行为构成盗窃罪,辩方认为构成侵占罪。

(一)我们认为,被告人的行为构成盗窃罪。理由如下:首先犯罪的主客体不存在问题。被告人已达到法定责任年龄,也具有刑事责任能力,侵犯的客体是银行财产权。

从主观方面来讲,被告人于某水具有非法占有的目的。责任主义原则要求,责任与行为同存,也即行为人必须在实施盗窃行为时已经具有非法占有的目的,本案中,被告人后面17次存款的目的非常明显,其明知ATM机发生故障,积极追求多存款不扣现金的后果,明显具有非法占有公私财产的故意。

本案的关键在于犯罪的客观方面,被告人的行为是否符合盗窃罪中秘密窃取的特征?本案及许某案的争议集中于此,许多人认为,被告人以真实银行卡,到有监控录像的ATM机操作,银行可以根据真实账号查到,被告人的行为具有公开性,是"公开"窃取,不是秘密窃取,也就不构成盗窃罪。我国刑法理论认为,秘密窃取是指行为人采取自认为不使他人发觉的方法占有他人财物,只要行为主观意图是秘密窃取,即使客观上已经被人发觉或者注意,也不影响盗窃的认定。本案

---

① 于某水盗窃案,广东省惠州市惠阳区人民法院(2014)惠阳法刑二初字第83号刑事判决书。

中，被告人利用机器故障，通过存款方式占有银行资金时，银行并不知晓其非法占有的目的，也不知道存款最后被非法占有的情况，即构成秘密窃取。身份的公开性并不能否定其行为的秘密性，不能将盗窃罪要求行为的秘密性等同于身份的秘密性，混淆两者的区别。退一步说，即使银行当时知晓情况，但只要被告人行为时自认为银行不知晓，也构成秘密窃取。从被告人后来连夜转移资金的行为来看，他就是希望在银行未知晓或将ATM机维修正常之前占有银行资金。因而，其行为符合秘密窃取的特征。

最后，辩方还认为，盗窃罪作为一种最原始最古老的犯罪，被赋予了约定俗成的含义，国民在日常生活中对什么是盗窃有明确的认识和界定，被告人以合法形式取得钱财，认定其构成盗窃罪很难让公众信服和认可，因为法律制度的正当性，必须使基本规则为民众所认可。我们认为，认定任何犯罪都需要主客观相统一。本案中，案件事实和被告人的行为过程都显示，被告人于某水由于主观意图发生变化，导致先前合法行为后来转化成了非法行为，所以被告人的合法形式并不能掩盖其非法目的。同时，本案也是因ATM机故障让被告人临时起意的犯罪，发生的概率较小，在盗窃方式上具有特殊性，但概率小和特殊性都不影响对被告人犯罪构成的分析。被告人于某水后来的多次操作行为，主观上具有非法占有银行资金的故意，客观上实施了窃取银行资金的行为，已经构成盗窃罪。

（二）被告人的行为不构成侵占罪。我国刑法规定，侵占罪是指以非法占有为目的，将代为保管的他人财物，或者将他人的遗忘物、埋藏物非法据为己有，数额较大，拒不退还或拒不交出的行为。分析侵占罪的客观要件，侵占的突出特点是"变合法持有为非法所有"，这也是侵占和盗窃的本质区别，即行为人已经合法持有他人财物，是构成侵占的前提条件。《中华人民共和国刑法》第二百七十条规定，合法持有他人财物包括两种情形：一是以合法方式代为保管他人的财物，是典型意义的侵占，二是合法占有他人的遗忘物或者埋藏物，即对于脱离占有物的侵占。本案不能认定是侵占的关键在于，银行没有同意或授权，所以不构成典型侵占；同时，被告人于某水对银行资金的占有是通过恶意存款取得，不是合法持有，也不构成脱离占有物的侵占。

其次，前面已经分析过，如果在被告人未采取任何主动行为时，ATM机吐钱，被告人得到，可以认定为遗忘物。但本案是被告人通过故意行为，ATM机"被操纵"而吐出现金，那么这些现金肯定不是银行的遗忘物，被告人也不是替银行保管钱财，因为从立法本意来说，遗忘物、保管物、不当得利都不是获得者通过主动行为来获得。如果说某人通过自己故意的、主动的行为获得他人的遗忘物，显然违反法律关于遗忘物的定义，违反基本逻辑。本案中，被告人通过故意行为取得的财物，显然与遗失物、不当得利的法律含义不一致。既然银行资金不能认定为遗忘物，那么被告人的行为更不可能是替银行保管，因而其行为也不构成侵占罪。

三、刑法的形式与实质相统一思维

刑事司法是对人们社会生活秩序进行保障和矫正的最强国家力量。一方面其紧贴每个人的现实生活，另一方面其力量之强大、后果之严厉远超过民法、行政法的调整方式。正因如此，刑事司法的发动及其后果往往更容易被人们所关注，也更容易为人们所评价。社会大众对一个具体刑事案件的处理结果所产生的印象或评价自然会包含实质性的法律评价以及普通人的形式价值情感。我想，这也是刑法应具有形式与实质思维的原因之一吧。这种思维方式的二维性，在刑法理论上体现为犯罪实质标准及形式标准的二元冲突。犯罪的实质标准，指的是犯罪成立的内在根据，即犯罪的法益侵害性（传统的刑法理论称之为社会危害性）。犯罪的形式标准，则是指犯罪的刑事违法性，即从行为是否符合（抑或触犯）刑法规定的角度，评判行为是否构成犯罪。正如前文所述，刑法的要件式思维方式，更要求对犯罪要件进行实质性评价，这也是罪刑法定原则的实质要求。但从司法本身可能具有的被动性及安全性考虑，在刑法规范内进行严格单一的形式标准判断似乎更容易对一个行为作出入罪的评价，刑事司法的风险也更小，即只要行为触犯了刑法规范，形式上符合了刑法的构成要件即做入罪评价。但这种评价往往会与犯罪实质标准所考虑的社会危害性或法益侵害性评价产生对立和冲突。于社会大众及刑法目的而言，这种社会危害性后果实际更能让人感知，也更能催生人们对刑事司法结果的社会价值和情感价值期待。当刑事司法拘泥于完全的、单一的形式标准时，这种冲突就可能在某些具体案件中产生巨大的社会影响力，从而倒逼司法机关进行形式标准和实质标准的统一性调整。

从辩护词撰写的角度看，在把握犯罪形式标准、实质标准的基本思维方式的基础上，具体构思和写作过程中应注意以下要点：第一，形式标准在先考虑。形式标准是最为直接也是最容易表述的，在辩护时应首先严格对照刑法规范，在刑法规范内全面、细致考察形式标准是否吻合，并围绕刑法规范的犯罪要件进行精准表述。第二，实质标准综合考虑。无论形式标准是否可以确立，实质标准作为刑法思维的一个维度，在所有的案件处理中都要去考虑，并注意根据案件的不同类型，将犯罪行为置于相应的行业背景、经济环境、社会环境中去具体考量，将这种实质标准显像化，让人更容易接受和理解。例如，某私募项目涉嫌非法吸收公众存款案件中，对于该类案件所涉及的非法性、公开性、利诱性、社会性四个要件，在进行形式标准的对照分析时，还应结合相关项目在私募行业的类型、发展背景、监管政策变迁等因素，进行实质标准分析。第三，在进行实质标准出罪、罪轻辩护时，应确保实质标准的确立符合现时、当地的主流社会价值观，不能形成与普通人情感价值背离的观点表述，也不需要谈古论今，中外兼收。例如，在张某某故意杀人案中，网上广为流传的一份辩护词可谓博古通今、高谈阔论，也不失为一种风格，但是否可取，是否可参考，还得慎之又慎。第四，对于实质标准的阐述，可以结合抒情的写作手法，动之以情，但抒情不能过于丰富和泛滥，要注意适度。打动人的从来不是语言本身，而是事件积累形成的感同身受的共鸣。第五，实质标准只能进行出罪、罪轻的单向思考，不能将实质标准作为入罪要件。在入罪方面包括此罪与彼罪的确立，均应坚持罪刑法定的基本要求，不能轻易进入实质标准的思维判断。第六，刑事辩护的最佳效果和目标在于通过形式标准和实质标准相统一而实现有效辩护。在辩护词撰写中应争取通过说理、抒情等方式实现形式标准和实质标准的统一。

四、刑法的精确性思维

刑法运行的严厉性以及刑法规范的完备性，决定了刑法应当具备精确性思维。刑法的精确性主要体现在定罪和量刑两方面。出罪与入罪，刑罚的种类和幅度均应在刑法规范体系下匹配、衡量、计算。在量刑规范化发展愈加精细的情况下，更应具备刑法精确性思维。在辩护词的构思和撰写过程中要充分考虑这种精确性,主要体现在以下几方面:第一,出入罪判断时,应比照刑法规范,在主体、责任年龄、起刑金额、损害后果等方面进行慎重考量,并作出决定,如对于以数额来衡量情节轻重的犯罪,应严格对照案涉数额与规范数额,并确定入罪要件是否成立。第二,在此罪与彼罪的考虑中,要注意轻、重罪考量,避免错误确定重罪为辩护方向,如在虚开普通发票案件、虚开专用发票案件、逃税案件中都涉及金额、税额的认定,其轻重衡量比较复杂,需要区分不同的情况分别予以比照。第三,在量刑方面,要将具体情节与量刑规范化条文进行对照。尽管司法实践中仍存在量刑规范化虚设的情形,但作为辩护人应尽量以条文为依据进行精准表述。第四,刑法的精确性还体现在对犯罪所涉及的具体数额、情节的事实认定上。辩护人应结合相关证据对案件所涉及的数额、金额进行精准计算,包括对审计、鉴定在程序上、实体上、结果上的质疑。

总之,刑法的思维对于包括辩护词在内的所有刑事法律文书的架构和撰写都具有内在的甚至是决定性意义。只不过刑法的思维一方面与理论发展及现有刑法规范体系相关,另一方面也与个人的思想和经验相关。基于此,关于刑法的思维及其对刑事法律文书撰写的影响仍可以在其他层面和维度展开。

第三十四讲　刑事辩护词撰写之辩护思路

在文学作品里，构思愈是大胆，创作愈应无懈可击。如果你要有与众不同的理由，你的理由就应该十倍于人。

——维克多·雨果

惩罚在罪犯看来应该是他的行为的必然结果——因而也应该是他本身的行为。他受惩罚的界限应该是他行为的界限。

——卡尔·马克思

刑事法律思维是刑事辩护的基石和内核，把握住了刑事法律思维的基本内容，相当于认清了刑事辩护的方向。在此基础上进行辩护思路的延展就有了轨道，有了构架。辩护思路的具体内容一般包括事实之辩、定罪之辩、量刑之辩[1]和程序之辩。具体而言，辩护思路的展开建议关注以下要点，以最大程度确保辩护思路清晰、准确、全面。[2]（本部分在撰写时参考了王琦鑫、于书生等人的观点）

---

[1] 黄琦鑫：《刑事辩护的思维和表达》，载中银律师事务所公众号，http://mp.weixin.qq.com/s/R6UGF_oDGD4zPa8wfnGEYw，最后访问时间：2024年10月23日。
[2] 于书生：《关于辩护词，法官这样建议》，载上海一中法院公众号，http://mp.weixin.qq.com/s/zbYfJwcztEURv17u9J_-_Q，最后访问时间：2024年10月23日。

一、辩护词形式

辩护词并非法律规定必须提交的诉讼材料，一般不具有程序性功能，也没有具体的形式要求。刑事诉讼法对于辩护词是否当庭全部发表，是否庭后提交，写作格式如何确定等并无具体要求。辩护人可以根据案件的具体情况自主决定是否提交辩护词，何时提交，如何提交。严格意义上讲，从案件进入侦查程序起直至审判程序结束，辩护人均可通过提交辩护词或者其他形式灵活表达辩护立场。对于事实复杂、争议较大或重大疑难案件，或者对于庭审观点表达不充分、庭审记录不完整的案件，辩护人一般应当提交辩护词。另者，在侦查、审查起诉程序中，由于缺乏类似于法院开庭的审理环节，辩护人的意见无法系统地向办案人员表达，提交辩护词就显得尤其必要。当然，在侦查、审查起诉中也有听取辩护人意见的专门制度，甚至设置了听证程序，但与庭审程序相比，在程序严肃性、完整性、公开性等方面都存在较大差距。至于辩护词的内容和写作风格也没有强制性要求，但一般而言辩护词应包含标题、首部、正文、结尾等基本内容。标题可以为"辩护词"，也可以为"关于×××案的一（二）审辩护词"，实践中亦有为"关于×××案的法律意见（法律建议）"等。个人认为，刑事诉讼法赋予辩护人辩护权，以辩护词而不以法律意见作为标题更为妥帖。首部一般只要表述清楚当事人、涉嫌罪名、案号等基本信息即可。正文内容应主要围绕事实、定罪、量刑、程序四个方面展开，至于以何种逻辑结构、何种表达风格进行叙述，由辩护人根据案件情况自行决定。尽管如此，对于正文，在逻辑结构方面还是需遵守一些普遍的规则，下文将详述。在结尾部分，可以对正文内容进行提炼和总结，也可适当进行感情抒发，适当表达审判的风险或者有限度的退让。至于提交的形式，有条件的情况下辩护人可通过诉讼服务平台线上方便快捷地提交，亦可选择在庭审活动前后当场提交书记员，或者庭后邮寄给合议庭。关于邮寄对象及份数，建议向审判长或主审法官邮寄一份即可，合议庭成员之间可相互传阅。实务中，有的辩护人提交的辩护词装订成册、做工精美，在外观效果上花费了较大心思，但后期书记员将辩护词归档入册时，仍需拆装、裁剪，故对于辩护词的装订形式应以简洁、易拆分、易重新装订为主。

二、事实之辩

事实之辩，主要分为事实不成立、事实存疑、事实成立三种情况。事实不成立主要通过以下途径阐明观点：一为公诉事实与证据证明的事实不匹配；二为公诉证据之间相互矛盾，不能证成事实；三为公诉证据属于孤证或仅有被告人供述；四为公诉证据非法，需要进行排除；五为公诉证据与辩护人、当事人提交的证据或法庭调查的证据相互矛盾；六为单一证据本身存在矛盾之处，如鉴定报告内容本身在数据方面存在计核错误，或存在逻辑不周延、违反规律和常识之处，如在一份对野生动物进行鉴定的报告中出现了DNA的证明结论，但送检样品为照片，鉴定报告本身出现明显的逻辑、常识错误；七为查漏补缺，拓宽视野，对于法官而言，案件事实的完整性、精准性是保证裁判正确性的前提和基础，辩护词应就全案事实进行细致整理，帮助法官进行事实层面的查漏补缺，同时要拓宽事实审查的视野和边界，比如对于某一事实所涉及的背景及相关行为的了解，以发现新的有价值的事实。辩护人也许不比法官和公诉人更懂法律，但可以做到更了解案件事实，更了解行业现实。**事实存疑**主要通过揭示公诉证据的矛盾之处进行表达，其与事实不成立存在一定区别。事实存疑指公诉证据的证明逻辑存在错误，导致所要证明的事实缺乏足够支撑，且结合本案其他证据或推理尚不能获得有效事实。对于证据充分、事实清楚的案件，辩护人可作出事实成立的辩护表达，并转为对事实轻重的辩护，主要包括**数额之辩、情节之辩、后果之辩**。数额之辩主要针对诉讼证据证明的数额重新计核，或对整体数额根据案件事实进行区分，将一部分数额排除在本案之外或己方当事人之外。对于通过司法审计、鉴定确定的数据，可对审计、鉴定报告的质证意见进行数额的核减或重新确定。情节之辩主要从行为情境、主观恶意、惯常表现等方面进行表述。后果之辩主要从社会危害性、因果关系等方面进行表述。辩护词关于事实的辩护主要应采用描述性语言，进行客观的表述，将关键事实抽离出来，重点通过

```
                  ┌─ 公诉事实与证据证明的事实不匹配
                  ├─ 公诉证据之间相互矛盾
                  ├─ 公诉证据属于孤证或仅有被告人供述
         事实不成立 ├─ 公诉证据非法，需排除
                  ├─ 公诉证据与辩护人、当事人提交的证据或法庭调取的证据相互矛盾
                  ├─ 单一证据本身存在矛盾之处
                  └─ 查漏补缺，拓宽视野

事实之辩    事实存疑 ──── 揭示公诉证据的矛盾之处

                  ┌─ 数额之辩 ──── 重新计核/区分排除
         事实成立 ├─ 情节之辩 ──── 行为情境/主观恶意/惯常表现
                  └─ 后果之辩 ──── 社会危害性/因果关系
```

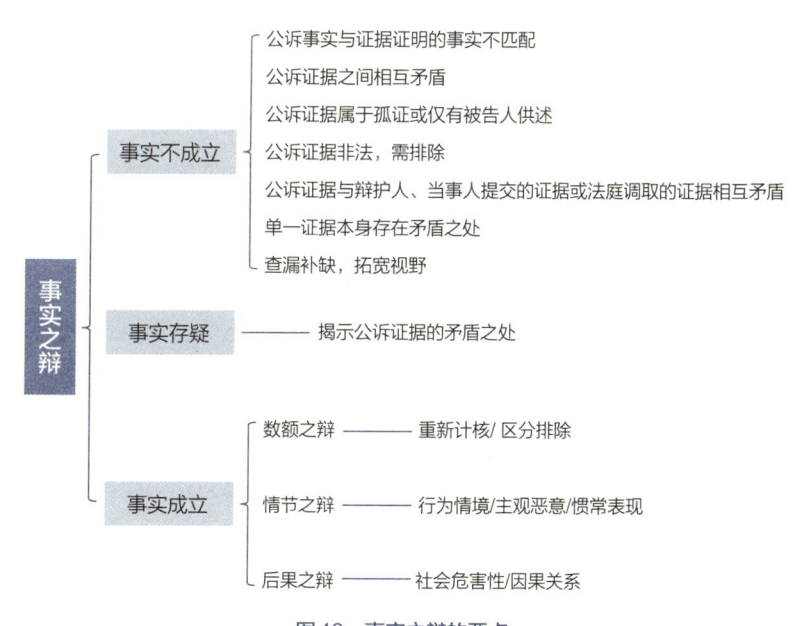

图46　事实之辩的要点

对证据的分析及证据之间的比对获取辩护意见。辩护词应切忌脱离证据、生活常情常理对案件事实进行灌输式的主观叙述。如辩护人认为犯罪事实成立，则应转为定罪之辩。

三、定罪之辩

定罪之辩，主要分为无罪之辩和有罪之辩。无罪之辩的内容较为广泛，不同的罪名在无罪辩护思路的展开方面有着不同的表现形式和内容，本讲难以尽述，仅提出一些惯常性思路供参考。无罪之辩最常见的辩护方法即为"**要件缺失辩护**"，主要围绕犯罪的构成要件，结合本案事实进行对照分析，最终得出由于构罪要件缺失，罪名不成立的结论。要件缺失辩护法在实践中一般可以表现为两种形式：一为以**刑法理论**为核心展开要件分析；二为以**刑法规范**为核心展开要件分析。当然也可以是两者的结合，既考虑刑法的理论也考虑刑法规范的具体内容。对刑法理论而言，最常见的辩护思路展开方式为，围绕犯罪的主体、客体、主观方面、客观方面等进行构成要件的分析。这种分析方法适用面较广，几乎适用所有罪名的无罪辩护，也较容易与审判人员的思路契合。但对于一些司法实践中已然形成的规范性审判要件而言，如坚持用上述要件进行辩护就可能脱离实践，不能达到直接、简明的辩护效果。例如，对于非法吸收公众存款罪的辩护，刑法规范主要指广义的刑法规范已然对该罪的构成要件进行了特定化表述。辩护人只要严格根据规范所确定的非法性、公开性、利诱性、社会性等构罪要件进行分析即可，无须再从刑法的一般性理论出发进行构成要件的分析。不同的要件分析法决定了辩护词主体内容的框架和结构，实践中应特别加以注意。在根据要件缺失法进行无罪辩护时，首先需要精准确立构成要件，包括要件确立的法律渊源、要件的具体内容等；其次要鲜明地表达要件缺失的内容，包括何要件缺失，如何缺失，是认定错误还是存在遗漏等；最后要进行总分式表达，先表明要件的整体构成情况，再就各要件内容进行具体分析。

除按要件缺失法进行无罪辩护外，还可能会使用裁判规范无罪辩护法、但书规范无罪法、行政违法辩护法、违规辩护法、犯罪阻却辩护法等。裁判规范无罪辩护法主要涉及前文所述刑事裁判规范对于出罪给予的空间和弹性，辩护人以该裁判规范为切入口，充分表达出罪的正当性。但书规范无罪法主要紧扣刑法规范在进行入罪表达后的但书情形，如情节显著轻微，不认为是犯罪的情形，辩护人以本案符合该但书情形为由主张出罪。行政违法辩护法、违规辩护法主要涉及行政管理和刑事司法的界限，核心在于违法行为的轻重，以及刑法的谦抑性要求等，辩护人以被控犯罪行为本质上属于一般行政违法、违规行为，仅需进行行政法上的评价，而无须落入刑法评价为由，进行出罪分析。犯罪阻却辩护法主要在犯罪构成要件已具备的情况下，刑法规范确定了相关的阻却事由，当阻却条件具备时，则不再进行刑事追责。典型的罪名为逃税罪，纳税人在符合逃税罪的构成要件，本应作入罪评价时，刑法规范确立补缴税款作为阻却条件。只要纳税人在税务机关责令限缴的期限内缴交了税款，或者税务机关未下达责令限缴通知，则产生犯罪阻却的效果，不作入罪评价。

如无罪之辩不能成立，则应转入罪轻之辩。罪轻之辩主要体现为辩护人对公诉机关指控的犯罪无异议，但仍从犯罪的背景、主观动机、社会危害性、犯罪手段、犯罪情节以及单位犯罪等方面进行罪轻的辩护。其在本质上也可以归为量刑之辩。除此之外，罪轻辩护实际还包含此罪和彼罪的辩护以及罪数的辩护。此罪和彼罪辩护的关键是要准确把握两罪的轻重关系,尤其对于法定刑幅度受犯罪金额、数额、情节影响的罪名,应谨慎分析,以免导致将轻罪辩为重罪的后果。罪数主要涉及吸收犯、竞合犯、牵连犯以及法定一罪的辩护意见。

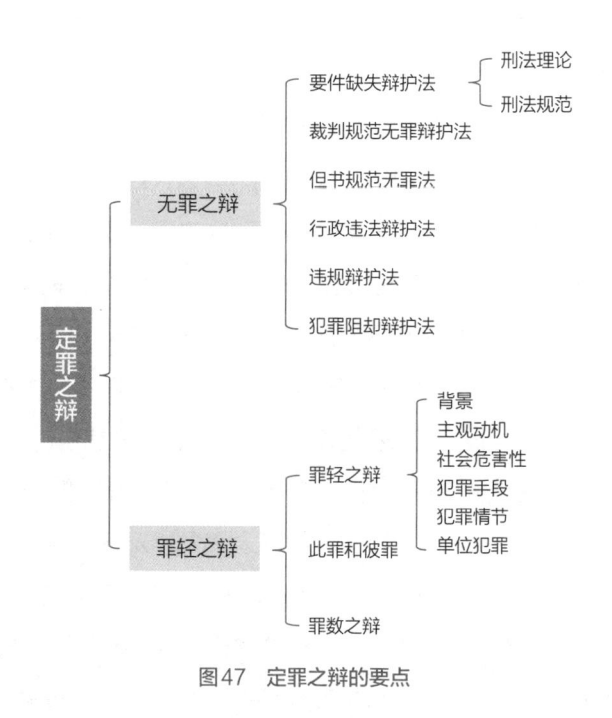

```
                        ┌─ 要件缺失辩护法 ┬─ 刑法理论
                        │                 └─ 刑法规范
                        ├─ 裁判规范无罪辩护法
              ┌─ 无罪之辩 ─┼─ 但书规范无罪法
              │         ├─ 行政违法辩护法
              │         ├─ 违规辩护法
              │         └─ 犯罪阻却辩护法
   定罪之辩 ──┤
              │                         ┌─ 背景
              │                         ├─ 主观动机
              │         ┌─ 罪轻之辩    ├─ 社会危害性
              │         │              ├─ 犯罪手段
              └─ 罪轻之辩─┼─ 此罪和彼罪 ├─ 犯罪情节
                        │              └─ 单位犯罪
                        └─ 罪数之辩
```

图47 定罪之辩的要点

四、量刑之辩

量刑之辩主要包括量刑情节之辩和刑罚宣告之辩。前者主要包含坦白、自首、立功、未遂、从犯、被害人过错、刑事和解赔偿(补偿)、退赃、认罪认罚等。刑罚宣告之辩主要包含基准刑、量刑标准化、减轻处罚、单处罚金以及缓刑适用等。实践中,量刑之辩最需要关注的是全面性,首先,对于案件可能涉及的量刑情节和事实需要一一进行对照考虑,以免遗漏。其次，对于量刑情节的表述应具有清晰的法律依据和事实依据。当然，对于一些量刑情节本就存有较大争议的案件，如对自首是否成立存有一定争议的情况下，应尽量从宽处着手，以表达为原则。再次，对于法定从轻、减轻量刑情节应重点、详细表述，对于酌定情节适当简化。最后，要用好退赃及认罪认罚，辩护人要对全案材料进行相对客观的评估，并谨慎决定是否推动退赃及认罪认罚程序。对于犯罪事实比较清晰、争议不大的案件，应积极推动和运用退赃、认罪认罚程序，实现量刑优化。

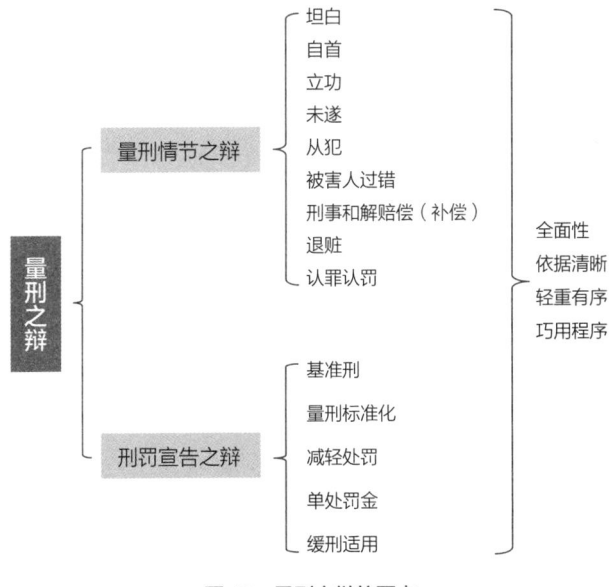

```
                    ┌ 坦白
                    │ 自首
                    │ 立功
                    │ 未遂
          量刑情节之辩 ┤ 从犯
          │         │ 被害人过错        ┐ 全面性
          │         │ 刑事和解赔偿（补偿）│ 依据清晰
量刑       │         │ 退赃             │ 轻重有序
之辩 ─────┤         └ 认罪认罚          ┘ 巧用程序
          │
          │         ┌ 基准刑
          │         │ 量刑标准化
          刑罚宣告之辩┤ 减轻处罚
                    │ 单处罚金
                    └ 缓刑适用
```

图48 量刑之辩的要点

五、程序之辩

程序之辩一般可以分为办案程序之辩以及证据认定程序之辩。办案程序之辩主要指向案件的侦查程序、起诉程序、审理程序中存在的程序性问题。该等程序性问题并不直接涉及对案件事实或定罪、量刑的最终评价，如法庭审理环节的不严谨，举证、质证、示证的方式存在问题等都属于办案程序性问题。证据认定程序之辩主要指向直接影响证据确定、事实认定、定罪、量刑的程序性问题，如非法证据排除程序、司法鉴定程序等。直接影响定罪、量刑的证据认定程序之辩，也可以包含在定罪之辩或量刑之辩中，不作为独立的程序之辩进行表达。但对于诸如案件办理程序本身的异议，由于辩护观点不能当然包含在无罪或罪轻意见中，仅涉及程序的纠正、重开，则一般作为独立的程序性意见予以表达。在发表程序性辩护意见时，要注意进行区分，对于一些可能对定罪、量刑结果不会产生影响的程序瑕疵，点到即可，不必过分纠缠。但对于那些直接影响案件定罪、量刑的程序性问题，则要坚定地予以表达。当然在进行程序辩护时应先精确适用正确并且现行有效的程序性规定，再严格依照程序性规定发表意见，以免辩护意见失去法律依托或错误适用已被更新、替代的程序性规定。

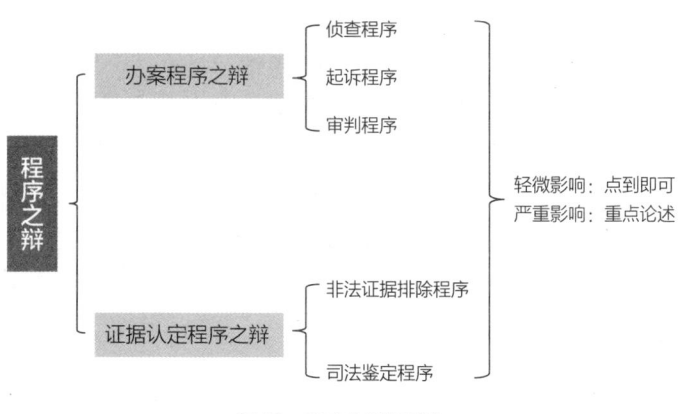

图49 程序之辩的要点

六、实践中应注意的问题

结合前文分析,辩护词撰写过程应注意以下问题:

第一,观点鲜明,结构清晰。关于定罪、量刑的观点应该明确、坚定,不能轻易摇摆,并按照前文所述事实、定罪、量刑、程序四方面内容有机地架设辩护结构。首部应开宗明义,指明辩护立场,是作罪轻辩护还是无罪辩护,对案件事实、关键证据、定性及主要量刑情节等是否有意见,使法官能够直观了解辩护人的辩护方向,快速判断与当庭发表的意见相比是否发生立场性转变。正文部分具体阐述辩护观点,可按照事实、定性、量刑及其他意见等顺序排列;做到观点鲜明、逻辑严密、论据充分。结尾部分可对辩护意见进行归纳,并提出处理意见或请求。对于实践中出现的"骑墙式""退让式"辩护意见,个人认为不宜出现在无罪辩护意见中。如确实需要向法庭作兜底式表达,可以在庭审时提出,或通过其他适当方式向法官表明。

第二,重点突出,要点优先。辩护词应对辩护观点的重要性进行区分,突出重点、要点,关键意见要表达在先,如重大的程序性问题、核心要件的缺失问题、法定从轻情节等应优先表达。

第三,公诉回应,明确方向。辩护词应结合证据及庭审时的情况,对公诉意见、起诉书进行有针对性的反驳,明确指出公诉意见或起诉书的错误或不妥之处,同时提出审判机关应予以关注的审理方向和处理方式。

第四,资料翔实,类案检索。辩护词的写作应尽量避免单纯的逻辑论证,而应当注意为辩护观点援引必要的论据支持,包括新证据、类案裁判、权威观点、司法惯例、跨部门法或比较法层面的材料、其他无罪或罪轻材料等。尽量齐全地搜集、整理、提交上述材料，能够在很大程度上为法官决断提供全面而重要的参考。

第五，语言平实，情感真切。辩护词中的语言应多为描述性、论述性语言，尽量避免长篇大论及空洞的情感式表达。

第六，立足现实，脚踏实地。辩护词应依赖现实的社会生活环境进行表达，避免过多引用域外法律制度及个人学术观点。

第七，找准身份，尊重他人。在刑事案件审理过程中，无论是公诉人、审判人员还是律师，其实都担负着保障法律正确实施的共同目的。辩护意见不能完全丧失客观性，也不能当然将公诉人甚至审判人员视为对手或潜在的威胁，而应找到法律职业共同体的责任感、荣誉感，在促进法律正确实施，维护当事人合法权益的高度上发表辩护意见。

第八，提炼表达，便于摘录。司法实践中，刑事判决书对于辩护词的表述通常采用观点摘录的方式，这一点区别于民事判决书、行政判决书对起诉、答辩内容的整体性抄录。为了使辩护意见能够更为完整地展现在判决书中，有必要通过提炼的方式确定主旨句，以便在判决书中摘录。

综上，刑事辩护词的撰写是一项复杂的系统工程，不同的罪名，不同的案件，不同的庭审风格都有不同的要求。限于篇幅和能力无法予以周全阐述，仅做前述纲要性分析，供大家参考。

Mindset & Skills for Legal Writing

附录

⊙ 附录一

民事法律文书的庭审表达
——律师如何提升民事庭审效果

律师参与庭审的效果和感觉之所以不同，除与律师的个人水平和风格密切相关外，也与诉讼模式有关。目前学界通说的两种诉讼模式分别为职权主义模式和当事人主义模式。这两者的区别也导致庭审中法官、律师、当事人的定位和作用不同。在职权主义模式之下，法官会更多地依据职权去控制庭审的方向，针对双方在庭审中的表现，法官会给出自己的意见，有职权的介入。而在当事人主义模式下，裁判者往往处于消极中立的地位，由当事人自己去探究事实的真相。举个不是很恰当的例子，如果把庭审看成是一个"捏面人"的工艺过程，那么裁判者、原告律师、被告律师以及当事人都在参与完成一个作品，即法庭最终通过裁判确立的事实及结论。在职权主义模式之下，法官不仅指挥其他诉讼人怎么捏，甚至自己也参与捏的过程，最后在共同努力之下形成一个作品，即最终审判结论；而在当事人主义模式之下，裁判者严格意义上并不参与捏面人的过程，仅是做中立观察，程序判断，规则引导。裁判者让当事人及律师按自己的方式把握各自的作品，最终双方当事人可能形成两个不同的作品，由裁判者居中选择或确立一个其认可的作品，即选择裁判的结论。

我国民事诉讼中法院与诉讼当事人的地位和关系正在由传统的职

权主义模式向当事人主义模式转变。我国民事诉讼的模式也越来越多地开始引进对抗模式,即在民事诉讼中,当事人对自己的主张承担举证责任,并对对方的主张承担对抗的责任,法院在诉讼中只处于居中裁判的地位,不允许在诉讼中对任何的一方有增益或者减益的行为。例如,在《民事诉讼法》修改以后,举证规则的改变,以及高度盖然性标准的确立,都是一种职权主义模式向当事人主义模式迈进的体现。由当事人自己去发现真相,否则将承担败诉的后果。

在这种诉讼模式进一步向当事人主义融合的情况下,律师在庭审中的表现将显得越来越重要。在庭审中如何展现良好的形象,如何引导裁判者的关注和认可,如何表达观点、组织证据,如何恰当展示司法三段论的推理过程,都值得我们细细打磨、深深研究。

一、树立正确的庭审目标

律师参与庭审的目标到底是什么?只有明确了庭审的目标,才能找准发力的方向。

有人认为,庭审就是一场打败对手的辩论。庭审确实包含辩论,但庭审绝对不是与对方一争高下的辩论赛。赢得了辩论,输了官司,整个诉讼就是失败的,对律师而言,没有任何意义。

也有观点认为,庭审就是一次说服法官的演说。其实,说服一个人是非常困难的,尤其当说服对象知晓说服者的心理动机,并且说服者与被说服者处于大致相同的信息认知水平时,更难以实现说服。一般而言,说服只有在三种情况下才可能实现,一为利己后果型说服,即说服者向被说服者充分提示听从的获利后果,使被说服者产生趋利的听从驱动;二为损己后果型说服,即说服者向被说服者充分阐述不听从可能导致被说服者利益贬损的后果，使被说服者产生避害的听从驱动；当然还有一种说服，即权威说服，说服者利用自己的优势地位及权威进行命令式说服，该种说服严格意义上已经属于命令和服从的范畴，而非真正意义上的说服。但无论何种类型的说服，都不容易在庭审中实现。裁判者对案件的裁判，只要其程序合法，职权运用恰当，对裁判者而言，除审理的精力成本和错案的风险外，不会形成其他的趋利或避害后果，也不会形成权威压力。因此，在法庭上实现裁判者的被动说服是非常困难的，尤其在裁判者明确知晓律师的说服目的，且裁判者与律师同属于法律专业人士，处于大致相当的信息认知水平时，几乎不可能实现对裁判者的主动说服。

还有人认为，庭审就是一场给当事人看的表演。庭审当然包含律师向当事人展示代理成果的演示，但这绝不是一场表演。多数当事人追求的是审判结果，而非诉讼的过程。如果诉讼的结果失败，再好的表演对当事人而言也失去了意义。

笔者认为，上述观点都失之偏颇，对于律师而言，庭审应当通过论辩、演说对裁判者作出自我说服提供助力。律师在庭审中所起的作用，主要是协助、引导法官进行有利于己方的自我说服。就裁判者的心态而言，通过阅读双方庭前提交的文书材料，基本会形成一个对案件的初始印象和宏观判断。该判断可能不会基于严格的证据规则，不会基于精准的逻辑推理，不会基于稳定的利益衡平产生，但却反映出裁判者对自然公平、正义的初始考量，是审判结果倾向性形成的最直接动因之一。

在此后的庭审过程中，裁判者自觉或不自觉地都在寻找印证这一初始印象的证据和推理。律师在庭审中的表现，主要是引导裁判者完成对这一初始印象的确立，协助其进行自我说服。当然，作为律师，在庭审过程中或庭审前无法知晓裁判者对案件的初始印象是否形成，以及所形成的初始印象是否有利于己方。但其所有的工作目标，应该是协助、引导裁判者形成有利于己方的初始印象，或矫正不利于己方的初始印象，最终协助、引导裁判者完成对审判结论的自我说服。

二、正确核实代理人身份

庭审开始后，除权利义务告知、回避事项外，核实代理人身份是法庭调查正式开始前较为重要的工作。但实践中，当法官询问一方律师对于对方出庭人员身份是否有异议时，多数律师要么回答没有异议，要么回答由合议庭核查。其实，民事诉讼法司法解释修改后，对代理人的资格和身份进行了界定，使得代理人身份核实变得尤其重要，这是庭审正式开始后的第一次进攻，这个权利不应该放弃。

修改后的民事诉讼法及其司法解释确立了如下八类人员的代理人身份证明要求：

1. 无诉讼行为能力监护人身份；

2. 当事人近亲属（夫妻、直系血亲、三代以内旁系血亲、近姻亲关系以及其他有抚养、赡养关系的亲属证明）；

3. 律师（律师执业证、律师事务所证明材料）；

4. 基层法律服务工作者（法律服务工作者执业证、基层法律服务所出具的介绍信以及当事人一方位于本辖区内的证明材料）；

5. 工作人员（身份证件、合法劳动人事关系的证明材料）；

6. 社区、单位推荐人员（身份证件、推荐材料和当事人属于该社区、单位的证明材料）；

7.社会团体推荐人员（身份证件、依法登记设立或者依法免予登记设立的非营利性法人组织、被代理人属于该社会团体的成员，或者当事人一方住所地位于该社会团体的活动地域、代理事务属于该社会团体章程载明的业务范围、被推荐的公民是该社会团体的负责人或者与该社会团体有合法劳动人事关系的工作人员）；

8.专利代理人（经中华全国专利代理人协会推荐，可以在专利纠纷案件中担任诉讼代理人）。

在核查身份时，应重点注意非律师代理人的身份证明核查，要求对方当事人严格按照上述要求提供其符合代理人资格的有效证明文件。当然，在核实代理人身份时，也要把握以下原则：

第一，不要为了核实而核实。漫无目的地核实，或者明显没有必要核实，仍刻意、机械地去核实，就显得非常多余。比如，在律师担任代理人的情况下，鉴于律师执业资格的特殊限制，基本上可以信任法庭核实的结果。

第二，赢得足够的诉讼时间。核实对方代理人身份一定是有目的的，如为了赢得足够的诉讼时间，就可以在对方代理人是否符合代理资格问题上进行探究。有时某个诉讼时间非常仓促，但向法院申请中止诉讼没有得到同意，如果这时候通过核实对方代理人的身份，发现其不符合法律的规定，那么就可以要求法院延期审理。此时庭审活动就需要重新排期，可以为我们赢得足够的准备时间。

第三，下马威赢得开场主动权。如果在法庭调查开始前，通过核实对方代理人身份，发现其不符合资格，而要求法院不准许其参加开庭，或延期开庭，则无疑会打乱对方的诉讼策略，给其带来诉讼压力，赢得开场主动权。

第四,为裁判结果的稳定性打基础。如果任何一方代理人身份不合法,即使裁判已作出,都可能成为将来再审的一个事由,导致裁判结果不稳定。

三、恰当陈述诉请(事实和理由)

诉讼请求和事实理由陈述是原告代理人展现诉讼思路的起点、开端。一个好的开端,重要性不言而喻。

首先需要注意的是,原告代理人应坚持"陈述为常态,不陈述为例外"的基本原则。很多原告律师在法庭要求其陈述诉讼请求和事实理由时会消极应对,如只表明诉请及事实理由与诉状一致,不作详细陈述。庭审时间本来就有限,审判人员要将有限的时间,按庭审规则及案情分配给各诉讼参与人。陈述诉请及事实和理由是原告的权利,也是原告协助审判人员形成利己初始印象的重要环节。原告代理人一定要珍惜发言机会,以陈述为常态,不陈述为例外。这种例外也只是针对案情简单,没有必要陈述的案件,或者案情相同的由同一个合议庭审理的系列案件。陈述的好处有很多,除引导法庭对基本事实形成一个初步认知外,还可以稳定情绪,让自己进入状态,为后面的庭审热身。

其次需要注意的是,陈述的方式要得当。笔者将陈述诉请的方式总结为三种:直陈式、导入式、融合式。一是直陈式,即直接陈述诉讼请求。例如,原告的诉讼请求为:第一,解除原告与被告所签订的商品房买卖合同;第二,赔偿原告的损失,退还订金。这是直陈式,开门见山告诉法庭原告的起诉要求。二是导入式,即不直接陈述诉讼请求,而是先陈述案由和简要案情,再导入诉讼请求。例如,本案是商品房买卖合同纠纷,它涉及的基本事实如何,因此原告认为怎样,请求法院判令什么。这是一个典型的导入陈述方式。这种情况下,法院更容易从案件的基础事实出发,按认知的一般逻辑,了解原告的诉请及事实理由。三是融合式,即将诉讼请求融合进案件事实及理由中去陈述,在叙述案件事实和理由的同时,也陈明了起诉要求。例如,在家事案件中,诉讼请求的类型相对统一和明确,如离婚案件无非就是婚姻关系解除、子女抚养、财产分割等。这种情况下可以不用直陈式及导入式,在陈述事实和理由的时候,其实法庭就已经能够明确原告的要求了,只需要对诉讼请求的具体问题做一些细化。该三种模式可以按案情的需要单独使用,也可以结合使用。

原则
陈述为常态,不陈述为例外
形成印象、进入状态
引导方向、固定结构

直陈式 → 直接陈述。
如:请求法院判令……

导入式 → 案由+简要案情+请求。
如:原告通过协议购买被告商品房,依约支付全部房款后,被告无正当理由拒不过户,违反合同约定,原告特诉至法院,请求法院依法判令:第一,被告立即将商品房过户登记至原告名下……

融合式 → 将诉讼请求融入事实和理由中一并陈述。
如:某年某月某日,原告与被告签署商品房买卖合同……原告认为,请求法院判决……

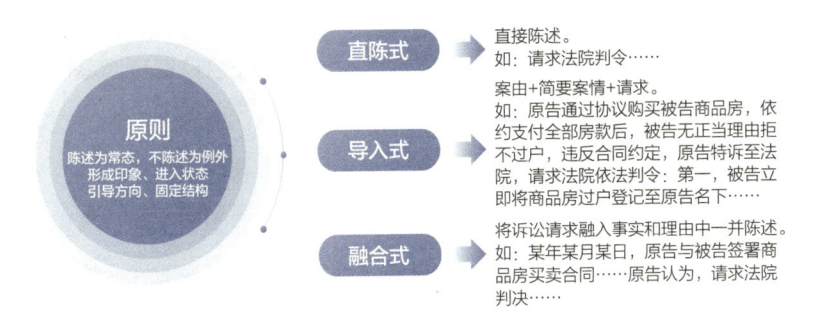

图50 起诉思维之陈述诉请

再次需要注意陈述的语言组织结构。笔者认为陈述事实和理由的语言组织结构主要有记叙式、分类式、提取式三种。我们在陈述事实和理由时,要按照人的认知规则和一般的经验、习惯去陈述。第一种为记叙式陈述。庭审开始时,审判人员事先可能不了解或不能详细了解案情,所以最常见的是采用类似记叙文的方式,按时间发展顺序,陈述基本事实。但记叙并不是平铺直叙,一定要有选择性地记叙,对于影响诉讼请求的主要事实、关键细节予以陈述,其他则可以不陈述。例如,在买卖合同纠纷案中,我们可以按照如下逻辑来叙述——2008年原告与被告签订了某合同,合同主要约定……原告依约付了所有货款,但被告没有按照合同约定方式发货等。这样能促使审判人员对案件事实形成代入感。但需要注意的是,原告代理人所叙述的每一句话最终都必须落实到证据的角度,而不能脱离证据凭空叙述。第二种为分类式陈述,即按照事实关系,或者对照法律关系进行分类陈述。以侵权案件为例,可以侵权构成要件为主线,对事实和法律关系进行分类,先陈述被侵权的权利状况,如著作权侵权案件,可以先陈述著作权来源和凭证,再陈述侵权事实、因果关系,最后陈述所遭受的损害以及损害的大小。按照侵权的法律要件对事实关系进行分类,这样的陈述方式跟法庭的审判方向相同,更有利于合议庭查清案件事实。第三种为提取式陈述,即按照案件事实对诉讼请求的影响,提取最为重要的事实,有选择性地直接向法庭陈述。有的案件既不适合分类式,也不适合记叙式,而是需要提取相应的观点重点陈述。最直观的例子是离婚诉讼,对于离婚的事实和理由,可以用提取式,将夫妻感情确已破裂所对应的事实从全案事实中提取出来,有重点、清晰地向法庭陈述,而不需要陈述冗长的婚姻缔结背景和过程。该三种方式可以单独使用,也可以视案情结合使用。

最后在选择上述方式进行陈述时,还需把握一些基本的原则。第一,一定要有事实基础。在陈述事实和理由的时候,一定要以事实为主,事实要有证据支持,每一句话都要落到证据上。第二,要宏观简要。无论采用何种方式陈述都要做到有逻辑主线,所陈述的内容一定是与诉讼请求有关的，否则无须陈述。第三，要肯定正向。陈述时尽量采用肯定、正向的方式进行，不要轻易提出反问、疑问、设问。

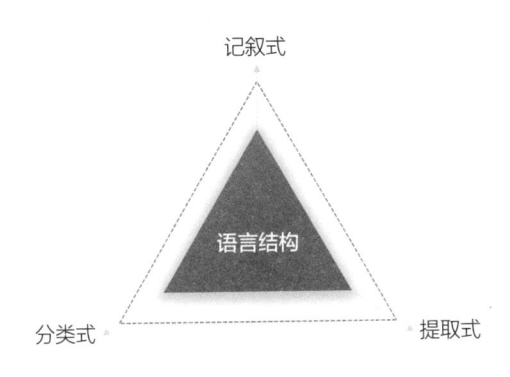

图51　陈述诉请的语言组织结构

四、精准答辩

首先，作为被告，要陈述答辩意见。在正式发表答辩意见前首先应审视对方的诉讼请求，对其进行检验、修正和固定。在实践中，很多诉状并不符合写作的规范要求，甚至违背了诉讼请求设立的法律基础。比如，在民事诉讼中，原告在没有提出解除合同的诉讼请求之下，直接诉请对方承担合同解除的后果。对于这种情况，我们须先请求法庭核实原告的诉讼请求，是否就合同的解除进行处理，并要求原告进行明确。又如，在行政诉讼中，有些诉请本身是相互矛盾不能并立的，原告请求撤销行政行为，同时又请求确认该行政行为违法。在行政诉讼法上，只有当行政行为违法但已具有不可撤销的内容时，才能确认违法。一般不能在撤销的同时又确认违法。所以，答辩前对原告诉请的校验工作非常重要。对原告诉讼请求的修正有时可以把庭审从原告的起点上拉到被告的起点上,赢得主动,甚至可以打乱对方的诉讼方案和思维,也为合议庭准确审理本案提供一定意义上的引导。

其次,陈述答辩意见要注意方式,以达到精准答辩的目的。笔者认为,答辩陈述也可分为三种方式:直辩式、推导式以及融合式。一是直辩式,即开门见山地告诉法庭,对方的诉讼请求哪些认可,哪些不认可。这有利于节约时间,把争议焦点拉到最核心的问题上。同时一定程度上也可以获得法庭对答辩人诉讼诚信的积极评价。二是推导式,即先不对诉讼请求本身直接发表意见,而是针对原告的事实和理由进行反驳,通过反驳,推导出对原告诉讼请求的意见。比如,原告要求解除合同、认定合同无效,答辩方先不针对这些请求直接答辩,而是对原告提出的解除合同、合同无效的理由进行反驳,通过反驳推导出合同不应解除或合同有效的论断,以打消原告的诉讼请求。三是融合式,即将直辩式和推导式两种方式结合起来使用的答辩方式。该种方式多用于原告诉讼请求、案情较为复杂的案件类型。

最后,无论采用何种方式答辩,都需要把握以下原则:第一,要突出焦点。原告起诉往往是着重于事实展开,其目的在于形成利己的事实面。作为被告来讲,答辩时一定要直指焦点问题,尽量跳出起诉面,来陈述答辩的事实,协助法庭找到解决关键问题的通道,引导法庭朝着己方希望的方向进行审理。第二,要观点明确。答辩是建立在所有诉讼参与人,尤其是法庭对案件事实已经具有初步了解的基础上进行的。所以,答辩一定要做到观点明确,先确立观点,再表述事实和理由。第三,要先程序后实体,先事实后说理。大部分案件争议重点其实都在于对案件事实的争议,只有少部分复杂、疑难案件存在法律适用上的不确定性。因此,答辩的首要重点应在于对事实是否成立的辩驳。当然，所有的事实查明，都应在既定规范的程序中进行。因此，如果对程序有异议，应先于事实反驳之前提出。

五、原告陈述和被告答辩的异同

在前述基础上，笔者将原告陈述和被告答辩进行总结对比，以说明该两方面应如何交替进行。

在现有审判模式之下，原告陈述和被告答辩主要在逻辑结构、思维方式上存在明显区别。首先，在逻辑结构上，原告通过陈述一个故事，归纳一个结论，它采用的逻辑方法是归纳和立论。被告则一般是先提出一个结论，再讲一个故事，即用演绎和驳论的方法。试想，如果原告在起诉状中一开始就表明观点，将会显得非常唐突，因为此时，基本事实还没有建立，没有事实基础对观点进行支撑，观点无法树立。从逻辑上讲，在起诉事实面还没有形成的情况下，判断观点是否成立的逻辑通道就没有建立，表达观点就没有意义。所以作为原告，一般需要先陈述基本的案件事实，再表达对事实结论的观点。待原告陈述完事实之后，作为被告，再针对原告形成的起诉面，进行点对点的攻击。对原告的基本事实或法律观点，逐一有针对性地反驳。这个时候，被告就应该首先旗帜鲜明地表达观点，再提供支持观点的事实和理由。

其次，在横向思维方面，原告侧重于展现一个面，从一个事实整体中去挤压或推导出结论；而被告则是在了解原告起诉面的基础上，进行点对点的攻击，破坏起诉面。这对被告有两个好处：树立被告方的结论，以及形成己方的答辩面。如果答辩面能够形成，被告就可以在答辩面的基础之上，通过点对点的攻击方式破坏原告的事实面和起诉面，在这个过程当中自然而然就提炼出了自己的观点。

再次，从纵向思维的角度看，原告一般是力求通过简单的事实串联得出一个显而易见的结论。如果原告的诉状，自己都认为结论不明显的话，那说明这个诉状存在逻辑或常理上的问题。再复杂的事情都可以简单化，从某个简单的事实出发，从而得出一个显而易见的结论。原告起诉陈述应该做到，在没有外界干扰因素的情况下，诉状结论是明显可以成立的，这样才算得上是合格的陈述。相反，被告答辩则力求将原告串联的事实打断或展现若干相互干扰的事实，避免使原告的结论显而易见。被告答辩的目的是通过否定原告的事实，或另行证明多个相反的事实以否定原告树立的事实，或者通过切断原告的逻辑运行通道，达到否定原告结论的诉讼目的。被告的答辩应做到对原告事实的明确否认、干扰，或司法三段论的逻辑通道阻断，使得原告的起诉结论明显错误，或并不显而易见，才算得上是合格的答辩。

最后，在情感运用上，需要加以注意，无论是原告陈述还是被告答辩，在开庭的时候一定要适当地控制和运用情感。在有关人身关系的案件或者涉及公共利益的案件中，可以适当运用情感，适当地拔高和渲染，但是对于一般财产关系案件，应尽量保持平实、稳定、理智的表达方式，不要过多地掺杂情感的因素。

六、充分举证、质证

举证、质证是庭审查明事实最为重要的部分。举证、质证不仅要在充分了解证据规则的前提下进行，还应具备灵活的当庭应辩能力。举证的目的是形成、固定事实，质证的目的是破坏、否认对方的待证事实。

在举证时，首先，注意向法庭提交的证据要符合民事诉讼法要求的形式要件，做到证据清单清晰、证据编排合理。证据名称要保持与证据的严谨同一性；证据排列的页码要形成与证据目录的准确关联性。其次，更为重要的是要注意证据的展示。展示证据有多种方式，如逐一展示、整体展示、分类展示、平面展示、立体展示、实验展示、当庭展示、现场勘验等。作为举证的一方，一般应尽可能争取整体展示证据，即向法庭一次性展示完所有证据，由质证方在证据全部展示完以后再发表整体质证意见。这样有利于举证方形成连续的证明思路，同样也在一定程度上减弱对方质证效果。对于用前述分类法陈述事实和理由的案件，我们可以按分类的事实法律关系，分组展示证据。必要时，我们还可以申请立体展示，如侵权产品的比对，我们可以就实物进行立体展示；有的特殊证据需要进行实验，我们要申请进行实验展示等；确有必要时还可以申请庭外鉴定、现场勘验等。最后，举证时应尽可能向法庭明确证据和待证事实之间的关联性。只有在关联性得以确立的情况下，举证才有意义，否则就是无效举证。在关联性并不明显的情况下，应尽量引导法庭进行关注，如提醒法庭注意证据的某一特定部分，并重点说明其与待证事实之间的关联性。具体而言，在质证时应注意以下事项：

其一，质证时，要围绕五个方面，即真实性、合法性、关联性，以及有无证明力和证明力大小进行说明和辩论。对真实性要考虑它的形式真实性和内容真实性；合法性则要考虑主体合法、程序合法、方式合法、形式合法四个方面；关联性一定是与待证事实的关联性，不是与本案的关联性。还有两点容易被忽略，即针对有无证明力和证明力大小进行说明和辩论，这是民事诉讼法明确规定的质证内容。但是其中也存在一些问题需要注意，如对证据三性的质证顺序，即真实性、合法性、关联性意见的发表顺序。笔者认为，应该先判断关联性问题，若证据与待证事实没有关联性，则讨论真实性、合法性就没有意义。当然，当关联性并不明显时，可以先从真实性、合法性入手。在真实性判断方面，需要把握原件核验的度，对于确无必要进行核验的可以不核验。比如，双方均向法院举出的同一份证据，则没有必要进行原件核验；又如，形式真实性明显成立的身份关系证明，也没有必要进行核验。

其二，质证时，要准确把握对证明力的理解。很多人将证明力与证据能力混为一谈。事实上，证据能力和证明力是两个完全不同的概念。证据能力是指证据资格，其解决的是某项材料能不能作为证据使用的问题，属于民事诉讼法规定的证据范畴。但证明力是指某项证据与待证事实之间是否存在关联性、印证性，以及关联、印证强度，其解决的是证据能否证明待证事实的问题，属于民事诉讼法对证据的采信判定范畴。

其三，质证时，要做到引导关注。对于重要的事实，一定要引导合议庭去关注，不能完全陷入自我陈说的机械质证。

其四，适当询问证人、鉴定人。向己方证人提问的时候，要尽量使用开放式提问，由证人向法庭展示、叙述案件事实，尽量不使用回答"是"或"不是"，"有"或"没有"的封闭式提问。但是，询问对方证人可适当使用封闭式的提问，这样可以让法庭迅速、直接了解案件的关键事实。

其五，质证时，要准确把握客观性回避的问题。客观性回避是指当举证方所举证据基本可以证明某一事实的存在，但质证方予以否认的情形。对于法庭需要查明的事实，往往举证一方证其有，而质证一方辩其无。但是，在举证一方已基本能够证明某一事实存在，法庭根据现有证据亦可以采信的情况下，质证一方往往就没必要再进行客观性回避。比如，在举证方已举出证据证明其曾向被告发出、被告签收过某一邮件资料，质证方仍否定收到该材料，就属于没有必要的客观性回避。质证方进行不必要的客观性回避时，不仅不能达到否认事实的效果，还可能使法庭形成不诚实诉讼的不良印象。

七、精心设计发问

发问是整个庭审过程中最具攻击性的环节，一旦开始发问，相当于向对方举起了手中的利剑。但发问多数时候是把双刃剑，用得好，会出奇效；用得不好，则会伤害自己。对各方而言，发问一定要围绕关键事实进行。一般不以以下问题发问：一为与案件无关或对方可以轻易回答、避让的问题。有的律师为了发问而发问，会使发问变得机械、僵硬，没有意义。比如，有律师说"现在代理人问你三个问题，第一个问题……，第二个问题……，第三个问题……"，在对方回答后，不会形成任何追问。这样的发问就是无效发问，没有任何意义，反倒使发问方显得稚嫩。好的发问，一定是可以形成追问，或者使对方落入难以回答的情形，甚至直接逼迫对方作出不利己的回答。这样的发问才是有效发问。二为合议庭已询问过或对方已认可的问题。很多律师所询问的问题，都是在庭前准备好的，但开庭过程中，原来准备的问题实际已查清，这时就不能询问，否则法庭可以制止，对方也可以不回答。三为对主观心理状态或主观事实进行求证的问题。比如："你当时签这合同的时候有没有欺骗的心理？"此类问题，没有任何意义，因为内心的思想活动和主观心理状态是难以通过询问的方式加以证明的。四为依据自然规律或正常思维逻辑明显可以推定结论的问题。有的律师的问题根据已查明的事实完全可以推导出，则没有必要发问。五为对法律条文或法律观点的理解问题。对法律条文、法律观点的理解，也属于主观认知，这一部分无须进行求证，不需发问。

另外，要把握好发问的目的。发问的目的是通过发问协助法庭更加了解对己方有利的事实。所以，发问应围绕案件的关键事实和证据精心设计。切忌利用发问来炫耀自己的辩论水平和法律功底。带有这样的目的发问，不仅不能形成利己事实，还容易使人产生反感。

八、有效法庭辩论

法庭辩论是最考验律师辩论水平的一个阶段。但实践中，经常有律师照搬庭前已准备好的辩论意见，完全没有结合庭审情况，也没有针对性；有的辩论意见散乱不堪，形不成中心和焦点；还有的没有完成司法三段论的推理，仅是观点的陈列。对于原告而言，笔者建议应该把握好以下几个原则：

第一，抽离起诉面，形成争议焦点。在法庭调查已完结的基础上，原告在发表首轮辩论意见之前，应从起诉的基本面抽离出来，对诉讼各方包括法庭调查的事实进行总结、概括，提炼争议焦点。如果法庭已总结了争议焦点，则可以进行补充、修正。

第二，总结法庭调查，实现观点阶梯性延伸。在发表辩论意见之前，应整体把握对方提出的反驳事实及法庭调查的事实范围，并在这个事实范围内，根据对方和法庭的观点深度，阶梯性延伸己方观点。对于对方或法庭没有提出或调查的对己方不利的观点，不能主动提出，不能面面俱到。比如，对方及法庭均没有提及诉讼时效问题，原告就不能自己主动提出诉讼请求没有超过诉讼时效的辩论意见。而应该避而不论，当对方提出时，再作有针对性的延伸。

第三，紧扣对方观点，实现辩论对抗。现实中，多数法庭辩论流于形式，辩论变成了相互的观点罗列。双方没有形成有效对抗，对法庭查明事实及形成审判结论没有任何意义。有效的辩论，一定要把握对方的辩论意见，并有针对性地进行反驳，形成事实、观点和逻辑交锋。

第四，法条和事实照应，实现司法三段论推演。很多律师在法庭辩论环节，要么只讲事实，要么只讲法律规定，但没有将事实和规范进行照应，没有完成司法三段论的推演，这样不利于结论的形成。辩论中一定要在确立法律规范的同时，将利己事实装入法律规范，完成结论推导。

对于被告而言，除了坚持上述原则，还有一点必须注意，那就是被告一般是在法庭或原告总结的争议焦点基础上，提出补充和修正意见。因此，审视、检验争议焦点是被告答辩之前必须明确的问题。

九、最后陈述及调解

最后陈述环节，在法庭上往往被忽视，大部分人最后陈述都只是简单地说一句"我坚持我的庭审和起诉意见"。其实最后陈述可以适当拔高，可以重新从宏观上去简要构建责任体系，如"原告认为不论本案的法律分析，仅从公平角度而言，原告在合作中投入了4000万元，最终却没有取得任何盈利款，相反被告利用原告的投资，独自享受了合作成果，这对原告是极其不公平的，希望法院能判决支持原告的诉讼请求，维护社会公平、正义"，用一句话告诉法庭最直观的事实和道理。或者在涉及国家利益、公共利益的时候，也可以进行观点拔高。比如,在行政诉讼案件中,"为了保障国家税收的安全性和稳定性,请求法院驳回原告的诉讼请求",这就有一定程度的拔高,也是一种引导和暗示。

在发表调解意见的环节,首先要比较积极正面地回应法院的调解询问,在权限范围内,一般应同意调解,但在发表调解方案的时候一定要慎重。尽管民事诉讼法规定,调解阶段所作出的不利于己方的陈述,不能作为证据使用,但调解方案的表达往往会在裁判者心中形成一个责任有无和责任限度的初始暗示,而这样的暗示,对于裁判者在确定责任限额时,自觉或不自觉都会产生一定影响。比如,原告提出的损害赔偿请求金额是200万元,如果调解时退让至100万元,则可能对裁判者形成实际损害在100万元左右的暗示,这样的暗示一旦形成,对于裁判者的自由裁量权会产生影响。

十、提升颜(言)值

在整个庭审过程中,要注意自己的律师身份,尽量提高我们的颜(言)值。具体包括两个方面:一是颜值即形象;二是语言。提高颜值,需要我们具有良好的着装和仪态。律师出庭要着律师袍,内搭白色衬衣,黑色皮鞋。姿态要端正挺拔,保持工作面的清洁有序,特别要注意动作的舒缓柔和。语言的表达方面,要注意声音、气息的运用,做到声音洪亮,语速适中,并保持跟书记员的记录速度大体一致。如果把律师当成一个职业来讲,法律活动的产品主要是语言产品,包括口头语言和书面语言。很多律师比较重视代理词等书面材料的完善,但是很少有律师会关注到自己在法庭上的声音,关注自己说话的语速、语气以及发音,这其实都是非常重要的,应坚持对自己的声音和表达进行有效训练，以获得更高的"言值"。

总而言之，庭审是一个展现代理律师综合能力的绝佳场所，当然也是暴露一个律师能力欠缺的最直观形式。不过无论多好的能力，都需要精心的准备，只有庭前对一般性能力的持续性培养，对特定案件的有针对性准备，才能向法庭展现一场高水平的律师庭审。但是，永远都没有完美、不留遗憾的庭审。遗憾是正常的，当你感觉到有遗憾存在的时候，就说明你已经进步了。

⊙ 附录二

仲裁庭审程序推进的收放之道

　　诉辩大赛的硝烟在晚秋的凉风中渐渐弥散。我们都知道，终有一场大雪将这一切覆盖。唯有最初的梦想和勇气，在阳光的照耀下熠熠生辉。无论是快乐还是失落，荣光抑或卑微，所有都将黯淡，只有你，才是自己永远的光，照亮前行的路。

　　历时4个月，跨26省（区、市），66支战队，300余名律师，100余位裁判……一路走来，从成都、杭州、太原、广州到北京，感触颇多。感慨于大成的恢宏，感动于大成的细微，感怀于大成的胸襟，感恩于大成的遇见。

　　非常有幸受邀在本次诉辩大赛中担任首席仲裁员，负责民事组H场小组赛。我总在思考，作为首席仲裁员，应该如何去组织庭审？如何去裁判？回想过往，展望未来。我想将裁判的思路记录于此，供借鉴，求指正。

　　我以为，无论是真实还是模拟仲裁庭审，首席仲裁员所应当把握的无非"收""放"二字。犹如人之于风筝，首席仲裁员要拽紧案件争议这根线，收、放之间，开合有度，既掌握控制权，又实现平衡；既打开视野，又考量细节；既能腾空而起，又可平稳落地。细言之，主要有以下几点，供斟酌。

一、庭审程序和庭审氛围

首席仲裁员应在收、放之间保持严肃和适度活泼的庭审氛围。对于庭审秩序、程序引导应该"收",对于情感关切和言语交流应该"放"。正当的仲裁程序是仲裁的红线,不能逾越。庭审的整个流程应严格符合仲裁法及仲裁规则。如确需调整和改变,应征询各方当事人的意见。因此,对于仲裁秩序、程序,首席仲裁员应该尽量收拢至仲裁法和仲裁规则的范围内,不能随意放松。

但基于仲裁权来源于当事人意思自治范围内的授权这一基本原则,仲裁庭和当事人之间的关系,应当区别于诉讼中法庭与原、被告之间的关系。前者是基于信任、自愿和授权的平等关系,后者是基于法律规定的强制要求。因此,首席仲裁员在与当事人进行情感交流、语言沟通的过程中,应更多地"放",尽可能使用尊敬、轻松、活泼的语言表达方式。首席仲裁员应尽量避免刻板、冰冷,甚至居高临下的庭审氛围。毕竟活泼、轻松的氛围不仅体现了仲裁的本质,也有助于各方减少对抗情绪,最终有利于争议解决。

二、仲裁请求和事理阐述

首席仲裁员应在收、放之间明确仲裁请求,查明事理。确立仲裁请求时应当"收",查明事实和理由时应当"放"。仲裁请求是仲裁的核心和目标,首席仲裁员在庭审之初应引导双方固定仲裁请求,尽力将仲裁请求收拢在规范、明确、具体的范围内。所谓规范,即既要符合仲裁法和仲裁规则的表述,也要符合实体法中关于请求权性质和责任类型的表述。比如,要注意裁决解除合同与确认解除合同的区别:返还款项与赔偿款项的区别、共同责任和连带责任的区别等。所谓明确，即责任主体明确、责任形式明确、责任计量明确。比如，关于利息的计算，应该明确计息期间、本金、利率以及额度等。所谓具体，即要求责任具备现实性或可执行性。比如，对于可能需要强制执行的仲裁请求，应当具有现实可执行性等。首席仲裁员只有首先将仲裁请求进行收拢才能确立仲裁目标，从根本上缩小争议和审理的范围，否则就会使得整个仲裁庭审变得漫无边际，由庭审变为漫谈。

但对于事实和理由的查明，仲裁员应予以放开。由各方当事人围绕已收拢的仲裁请求进行充分阐述和说理。对于仲裁庭而言，对案件事实的认识，相当于对"暗房"的探知。客观事实永远是"黑暗"的，当事人的主张和证据就是照亮"暗房"的火把，仲裁庭要借由这些火把，照亮事实，并以此为据，奠定裁判基础。因此，首席仲裁员应容许当事人在最大限度范围内陈述事实、理由和提供证据。只有最大限度地"放"，才能在最大范围内照见事实。

三、举证和质证

首席仲裁员应在收、放之间进行证据认定和采信，通过优势证据标准，形成内心确信。对于证据提交而言，首席仲裁员应以查清客观事实为基本原则，在仲裁规则允许的范围内最大程度地"放"。以许可当事人补充证据为原则，不许可为例外。

但在当事人发表证明内容和质证意见方面应"收"。证明内容不允许过于松散和盲目，质证意见亦应做到规范和精准，围绕证据"三性"及有无证明力、证明力大小等方面发表质证意见。否则，会造成证据审查和认定方面的障碍，最终影响查明事实。

四、争议焦点和仲裁辩论

首席仲裁员应在收、放之间确立争议焦点,并充分听取各方辩论意见。在争议焦点形成方面,首席仲裁员应该"收",以一定的分类方法提炼争议焦点。当事人是争议的主体,争议焦点首先应由首席仲裁员征询双方当事人意见,按其自治意思予以确立,尤其是对于事实问题焦点,更应充分征询当事人意见。在当事人确实无法形成争议焦点时,首席仲裁员应当结合仲裁庭意见,提炼争议焦点。首先需要各方明确无争议的事实和观点。在此基础上,首席仲裁员一般应采用归纳的方法,以周延司法三段论逻辑推演为整体目标,结合仲裁请求、案件事实和请求权基础形成争议焦点。争议焦点可以是小前提争议,也可以是大前提争议,还可以是逻辑推理争议。但无论争议焦点类型为何,争议焦点一般应该是精练的、关联的以及完成司法三段论推演所必需的。一般而言,脱离司法三段论推理模式的争议焦点不仅不利于裁决的作出,反而容易形成干扰和障碍。

但在释明争议焦点后的仲裁辩论方面,首席仲裁员应该"放"。焦点释明后,如何辩论应回归当事人意思自治,其辩论的好坏、对错不由仲裁庭在庭审当时评判。首席仲裁员应该容许各方当事人采用自由论证方式进行说理。非在当事人辩论意见已严重背离争议焦点,或者超过平等给予双方当事人时限的情况下,首席仲裁员一般不干扰仲裁辩论。在仲裁庭主持数轮辩论的情况下,首席仲裁员应在原争议焦点的基础上,引导当事人逐渐缩小争议范围,最终形成确定性指向争议,并获取各方最终意见。

五、案件事实和法律观点

首席仲裁员应在收、放之间恰当处理案件事实和法律观点之间的关系。对于案件事实,首席仲裁员应"收",通过询问、审查证据主动探究案件事实,并将案件事实逐渐归拢至各项诉请之下,这是一个目标明确的缩围过程。其目的是查清案件的核心和关键事实,为裁决奠定事实基础。

但对于法律观点,首席仲裁员应"放",一般而言,不应直接介入、提示甚至评论任何一方观点,而应由其自由表达,仲裁庭仅需听取和记录其法律观点,并在合议时对其对错及在本案中的可适用性进行评价。如果首席仲裁员在庭审中对观点进行评论,由于观点天生具有主观性,任何一方均可能认为首席仲裁员存有偏向。因此,对于观点的表达,首席仲裁员应最大限度地"放"。

六、表达形式和语言内容

首席仲裁员应在收、放之间引导当事人形成表达形式和语言内容的最佳融合。在表达形式上,首席仲裁员应尽可能"放",最大限度容忍当事人的语言表达方式。在语速、口音、音量、连贯、详略等方面应尽可能尊重当事人的习惯,避免对其形成干扰和压迫。当然,如果其表达方式已影响记录和信息获取,首席仲裁员应适当提醒。除此之外,不能对语言表达形式进行个人喜好式评判,进而影响裁判结果。

但在语言内容上,首席仲裁员应适当"收",尽可能引导当事人做到观点清楚、立意明确、连接紧密。对于当事人发表得不清晰、不准确,甚至与案件审理无关的观点应予以收拢,进行必要的限制。

七、首裁和边裁

首席仲裁员应在收、放之间恰当界定边裁的身份,并充分听取其意见。对于边裁的角色定位,首席仲裁员要"收",适当防范边裁可能因为选定关系而形成的主观偏向性。在整个庭审过程中,首席仲裁员要适当观察边裁的言行,尽量避免进行有主观倾向性的调查甚至提示,必要时可以进行限制或阻止。

但对于边裁发表意见,首席仲裁员要"放",充分听取边裁的意见。边裁的意见不仅可以提示仲裁可能存在的程序性问题,更有利于形成对案件的多维、全面审查。只有充分尊重和听取边裁意见,才能最大限度地规范仲裁程序,同时能够对首裁意见形成印证或反观。

八、裁决和调解

首席仲裁员应在收、放之间进行精准裁决或有效调解。对于裁决,首席仲裁员应"收",裁决的范围应严格限定在仲裁请求范围内,并充分考虑裁决对案外人、案外程序、案外利益的影响,在最安全的范围内收拢裁决。裁决的理由亦应在开放层面围拢、闭合,以形成明确、充分、有力的裁判基础。

但对于调解而言,首席仲裁员应"放",在最大可能范围内引导当事人进行和解。调解应在程序内进行,但应超越案件的争议内容,从形成新的权利、义务平衡关系的角度综合考虑。

收放自如,进退有度,在整个仲裁程序中,首席仲裁员实际都在处理收、放、进、退之间的关系。以上八个方面,不足以涵盖所有仲裁庭审细节。当然,每个首席仲裁员都有自己的裁判风格,这无可厚非。

但平等、自愿、均衡、平和、中立应该是仲裁员尤其是首席仲裁员坚持的基本原则。

回想本次担任首席仲裁员的历程，我在每次庭审中都努力督促自己按照上述原则，尽最大努力让庭审变得更真实、更专业，也更具观赏性。模拟仲裁庭审来源于真实庭审，但要适当高于真实庭审。当然我也要特别感谢小组赛H场南京队、合肥队、乌鲁木齐队、南宁队、南昌队及诸位边裁对我的包容和配合，让我得以顺利完成本次大赛的仲裁工作。

诉辩大赛是大成内部练兵，也是对外的整体形象展示。我们认真，但不较真；我们争议，但不非议；我们有脾气，但不置气；我们在意，但不执意。我们相信：志存高远、跬步千里、海纳百川、共铸大成！

"不思过往，不思未来，我只生在这一呼一吸须臾之间"，一呼一吸、一收一放，生命如此，生活如此，诉辩、裁判……凡此种种，世间万物，皆如此般！

附录三

律师出庭规范

为规范事务所（以下简称本所）律师代理当事人出庭诉讼行为，保障本所律师充分履行代理职责，树立本所律师良好形象，根据《中华人民共和国民事诉讼法》《中华人民共和国律师法》《律师办理民事诉讼案件规范》及其他有关规定，结合本所律师工作实践，制定本规范。

第一章　通则

第一条　律师出庭诉讼的职责是以委托代理人的身份，根据案件事实和相关法律规定，代表委托人向法庭陈述或申辩，请求法庭支持委托人的诉讼主张或驳回相对方的诉讼主张，维护委托人的合法权益。

第二条　律师出庭诉讼应当严格依据《中华人民共和国民事诉讼法》《中华人民共和国律师法》和其他有关规定，正确履行代理职责。

第三条　律师出庭诉讼，应当取得委托人书面授权，并经本所指派，在委托人的授权范围内开展代理工作。

第四条　律师出庭诉讼应当围绕己方诉讼主张所依据的事实或者反驳对方诉讼主张所依据的事实，依照证据规则，客观、真实、清晰、有针对性地向法庭提供证据。

第五条　律师出庭诉讼除在少数民族聚居或者多民族杂居的地区使用当地通用的语言外，应当使用普通话。发言时应做到用语规范，语速适中，吐字清晰，声音洪亮。

第六条 律师出庭诉讼应当遵守法庭规则和庭审秩序。

第七条 律师出庭诉讼言行、举止应大方、得体，符合律师身份。

第八条 律师出庭诉讼应最大程度地维护委托人的合法权益。

第二章 庭前准备

第一节 技术性准备

第九条 律师出庭前应充分熟悉案情，对于案件事实的掌握应当全面、精准，必要时应当制作案件事实图表。

第十条 律师出庭前应在掌握案件事实的基础上，运用法律逻辑思维，确立案件的法律关系及所对应的法律依据，必要时应当制作法律关系图表。

第十一条 律师出庭前应制作并熟悉开庭提纲，开庭提纲至少应包含举证清单、质证意见、询问事项、辩论要点等内容。

第十二条 律师出庭前应就相对方或法庭可能提出的问题进行推演，并制作出庭预案，必要时可以通过模拟法庭等方式进行演练、完善，并就提纲相关内容与委托人进行沟通。

第二节 事务性准备

第十三条 律师出庭诉讼至少应在开庭前一天或合理时间内确认法庭所在的确切地理位置并选择适当交通工具。

第十四条 律师出庭诉讼应备齐出庭所需的资格证件、案件卷宗、开庭提纲、出庭预案及相关法律、法规文件和示证所需的设备。

第十五条 律师出庭诉讼应当按照中华全国律师协会《律师出庭服装使用管理办法》的要求规范着装，并按《律师协会标识使用管理办法》佩戴徽标。做到仪表整洁，举止得体。

第十六条　律师应按指引进入审判大楼或法庭所处建筑体,并在进入后遵守以下规定:

(一)不得进食或大声喧哗;

(二)食品或其他与出庭无关用品禁止带入法庭或应使其不暴露于法庭;

(三)不得在电梯、卫生间、楼梯间等公共场所与同事或委托人谈论案情或其他不宜被他人获取的信息,确需谈论的,应注意保密;

(四)在规定区域等候传唤进入法庭,不得随意走动,不得推拉、撞击法庭大门或探头张望;

(五)不得随意与对方当事人或代理人交谈,确需沟通的应向委托人说明;

(六)不得有其他有损律师形象的言行、举止。

第十七条　律师应提前将开庭时间、开庭地点、开庭需携带的证据原件等材料告知委托人,对于证据原件应至少在开庭前一天核对无误。

第三章　参加庭审

第一节　一般规定

第十八条　律师应在书记员、工作人员传唤或经其同意后进入法庭。多名律师出庭的,有序进入法庭,并按法庭标明的原、被告身份席就座,主要发言人应坐在靠近审判席的一侧。

第十九条　律师出庭参加诉讼应当尊重审判人员,尊重审判长依法进行诉讼指挥,遵守法庭纪律,不得随意离开法庭。确实需要离开法庭的,应当经审判长同意或提请法庭休庭。

第二十条　律师出庭诉讼对合议庭组成人员应当分别称"审判

长""审判员""人民陪审员"或统称"合议庭"或"法庭";向法庭提出要求时应当称"审判长";当某阶段庭审活动完毕或发表辩论意见时应当称"尊敬的审判长、审判员(人民陪审员)"。对方当事人应称"原(被)告"或"原(被)告×××";对方律师应称"原(被)告代理人"或"原(被)告代理律师"。证人、鉴定人应称"证人""鉴定人"或"证人×××""鉴定人×××"。

律师作上述称呼时应当面向上述人员。律师可以自称"原(被)告代理人"或者"本代理人"。

第二十一条 律师在庭审中的语速应该与书记员的记录速度相适应,发言时应观察书记员的记录情况,必要时应适当停顿或复述。

第二十二条 律师发言时应尽量做到脱稿,如确不能脱稿,应对发言内容进行适当总结、提炼,并在发言时与审判人员进行目光交流,不应照本宣科。

第二十三条 律师在庭审中应尽量使用肯定性、陈述性语句,不用或少用疑问式、反问式、比喻式或模糊不清的语言表述。

第二节 法庭调查

第二十四条 律师陈述起诉状或答辩状时,应保持姿势端正。诉讼请求应着重陈述,做到清晰、准确、完整。陈述起诉或答辩所依据的事实和理由时,应区分主次,必要时可进行概括性陈述。陈述完毕后,应面向审判长告知:"审判长,起诉状(答辩状)陈述完毕。"

第二十五条 律师举证应遵循下列要求:

(一)应制作证据清单,清单应至少包括编号、证据名称、证明对象等内容,证据较多时可以分组列举;

(二)根据案件情况可以向法庭申请逐一出示、分组出示或一次全部出示；

（三）出示、宣读、播放每一份（组）证据前，律师应先就证据名称及所要证明的内容向法庭作必要说明；

（四）每出示、宣读或播放一份（组）证据后，应说明"×××证据出示、宣读或播放完毕"。也可以根据案情在证据全部出示完毕后再向法庭说明；

（五）出示、宣读、播放每一份（组）证据时，可以全部出示，也可以摘要出示，但不得作扭曲原意的删减、概括；

（六）出示的证据一般应当为证据的原件或原物，原物不易搬运、不易保存或确实不具备原件或原物的证据，可以出示书证副本或复制件，但应向法庭作必要的解释、说明；

（七）使用多媒体示证的，律师应向法庭申请，并简要说明该示证方式。

第二十六条 所有证据出示完毕后，律师应向审判长说明："审判长，原告（被告）的有关证据现已全部出示完毕，以上证据确实、充分，足以证明原告的诉讼请求符合（不符合）事实情况和法律规定，请合议庭依法采信。"

第二十七条 律师质证应遵循下列要求：

（一）应逐一核查证据原件或原物，确实无须核查的除外，对于对方不能提供原件核对的证据，原则上不予质证；

（二）应围绕证据的真实性、合法性、关联性发表质证意见，必要时应制作书面质证意见提交给法庭。如否定证据的真实性、合法性或关联性，应适当阐明理由；

（三）根据案件情况可以向法庭申请逐一质证、分组质证或一次全部质证；

（四）对于多媒体证据，应考察其所载电文数据形成的时间，以及是否属于复制品；

（五）质证时条理清晰，重点明确，对任一证据发表质证意见前，应首先说明是对原告（被告）提供的哪份证据发表质证意见；

（六）对某项证据的特定部分发表针对性意见时，应引导或提示合议庭注意该特定部分；

（七）对方质证完毕后，应检查和收回证据原件，并妥善保管，尽快交还当事人，必要时应做好交接清单。

第二十八条 所有证据质证完毕后，律师应向审判长说明："审判长，原告（被告）的有关证据已全部质证完毕，以上质证意见足以说明原告（被告）的证据不足以证明其主张。"

第二十九条 询问己方证人时应尽量使用开放式提问方式，少用或不用封闭式提问方式。询问对方证人时，可结合案件事实情况适当使用封闭式提问方式，但不应使用误导性、倾向性询问方式。

第三十条 询问鉴定人应围绕鉴定人资质、鉴定程序以及鉴定意见等与鉴定行为相关的事项进行。

第三十一条 询问对方当事人或代理人应围绕案件的关键事实进行。所询问的问题应精心设计，一般不询问以下问题：

（一）与案件无关或对方可以轻易回答、避让的问题；

（二）合议庭已询问过或对方已认可的问题；

（三）对主观心理状态或主观事实进行求证的问题；

（四）依据自然规律或正常思维逻辑明显可以推定结论的问题。

第三十二条 对于合议庭询问的问题应明确、果断作答，不宜犹豫不决、含糊其辞，确需询问当事人或核查事实的，可以提请法院休庭或申请庭后书面作答。

第三十三条　询问证人、鉴定人结束时，律师应向审判长说明："审判长，对证人（鉴定人）×××的询问完毕。"

第三十四条　在法庭调查阶段，遇有下列情况，律师应根据具体情况提请审判长予以制止，或者建议休庭：

（一）对方当事人、代理人或旁听人员存在违反法庭纪律，或损害、威胁本所律师权益的言行的；

（二）法庭审理程序存在明显违法情形的；

（三）对方当事人、代理人采取威胁、诱导等不正当方式进行提问的，或所提问题与案件明显无关的。

第三十五条　法庭调查过程中，律师不得随意打断其他诉讼参与人的发言。

第三十六条　律师举证、质证、答辩时应参考提纲，并根据庭审情况及时调整。

第三节　法庭辩论

第三十七条　律师发表辩论意见时应符合以下要求：

（一）围绕合议庭总结的争议焦点发表辩论意见，合议庭未总结争议焦点的，必要时可以根据案件情况自行总结；

（二）按争议焦点的列举顺序逐一发表辩论意见，做到观点明确、条理清晰、逻辑严密、言之有据；

（三）辩论意见应引用证据阐述事实，同时援引法律规定，确定事实产生的法律后果；

（四）辩论意见应确立己方观点，同时应有针对性地反驳对方观点。

律师发表辩论意见时可以说明:"尊敬的审判长、审判员(人民陪审员),原告(被告)代理人根据法庭调查的事实及相关法律规定,围绕合议庭总结的争议焦点,发表以下辩论意见。"

第三十八条 辩论意见发表完毕,律师应告知审判长:"审判长,原告(被告)辩论意见发表完毕。"

第三十九条 法庭辩论阶段,律师认为需要恢复法庭调查的,应当向法庭提出申请。

第四十条 法庭辩论阶段,律师还有新的辩论意见,而审判长未征求律师意见即结束法庭辩论时,律师应向审判长提出:"审判长,原告(被告)律师的辩论意见还没有发表完毕,请恢复法庭辩论或者允许代理人补充答辩意见。"

第四节 最后陈述及延期审理

第四十一条 法庭辩论结束后,如法庭询问最后意见,律师陈述应尽量简洁,可表述为:"原告(被告)坚持起诉状(答辩状)及刚才庭审时陈述的意见,如有补充,代理人将以书面形式另行提交给法庭。"

第四十二条 在法庭审理过程中,遇有《中华人民共和国民事诉讼法》第149条规定的情况,律师应当要求法庭延期审理:"审判长,鉴于……情况,根据《中华人民共和国民事诉讼法》第149条的规定,特提请法庭延期审理本案。"

第五节 休庭、宣判及退庭

第四十三条 宣布休庭后,律师应等待审判人员退庭,仔细核对、签署笔录后离开法庭。

第四十四条 宣告判决时,律师应当按照法庭要求起立。

第四十五条 宣判后,律师应审查判决书,如发现文字性错漏应及时要求法庭补正。

第四十六条 宣判后，律师应向当事人释明判决书所依据的事实和理由，并结合委托人的意见，提出是否上诉的建议。

第四章 附则

第四十七条 本规范适用于本所律师参加适用一审普通程序公开审理的民事诉讼案件庭审。对于人民法院按照简易程序、二审程序、再审程序、特别程序公开审理或不公开审理的案件以及仲裁案件，可以参照适用本规范。

第四十八条 本规范由事务所争议解决部负责解释。

第四十九条 本规范为指引性规范，供本所律师参照执行。

第五十条 本规范自发布之日起施行。

⊙ 附录四

民事起诉状示范文本[1]

民事起诉状实例一（民间借贷纠纷）

说明：

为了方便您参加诉讼，保护您的合法权益，请填写本表。

1. 起诉时需向人民法院提交证明您身份的材料，如身份证复印件、营业执照复印件等。

2. 本表所列内容是您提起诉讼以及人民法院查明案件事实所需，请务必如实填写。

3. 本表所涉内容系针对一般民间借贷纠纷案件，有些内容可能与您的案件无关，您认为与案件无关的项目可以填"无"或不填；对于本表中勾选项可以在对应项打"√"；您认为另有重要内容需要列明的，可以在本表尾部或者另附页填写。

★特别提示★

《中华人民共和国民事诉讼法》第十三条第一款规定："民事诉讼应当遵循诚信原则。"

如果诉讼参加人违反上述规定，进行虚假诉讼、恶意诉讼，人民法院将视违法情形依法追究责任。

---

[1] 选取自《最高人民法院、司法部、中华全国律师协会关于印发部分案件民事起诉状、答辩状示范文本（试行）的通知》，法（2024）46号，2024年3月4日发布，附件《民事起诉状答辩状示范文本》，个别内容做了相应处理。

续表

当事人信息	
原告（自然人）	姓名：沈×× 性别：男□ 女☑ 出生日期：××××年××月××日 民族：汉族 工作单位：无 职务：无 联系电话：×××××××××× 住所地（户籍所在地）：××省××县××镇××村××组
委托诉讼代理人	有☑ 　姓名：李×× 单位：××省××县××法律服务所 　职务：法律服务工作者 联系电话：×××××××××× 　代理权限：一般授权☑ 特别授权□ 无□
送达地址（所填信息除书面特别声明更改外，适用于案件一审、二审、再审所有后续程序）及收件人、联系电话	地址：××县××路1号 收件人：李×× 联系电话：××××××××××
是否接受电子送达	是☑ 方式：短信_____ 微信_____ 　　　传真_____ 　　　电子邮箱×××@qq.com 　　　其他 否□
被告（自然人）	姓名：董×× 性别：男☑ 女□ 出生日期：××××年××月××日 民族：汉族 工作单位：无 职务：无 联系电话：×××××××××× 住所地（户籍所在地）：××省××县 经常居住地：××省××县××镇××村××组

续表

诉讼请求和依据	
1. 本金	截至2023年2月10日，尚欠本金590065元（人民币，下同）
2. 利息	截至2023年2月10日，欠利息46261.85元 是否请求支付至实际清偿之日止：是☑ 否☐
3. 是否要求提前还款或解除合同	是☐ 提前还款（加速到期）☐/解除合同☐ 否☐
4. 是否主张担保权利	是☑ 内容： 否☐
5. 是否主张实现债权的费用	是☑ 费用明细：律师费、财产保全费（以实际发生为准） 否☐
6. 其他请求	本案诉讼费用由被告承担
7. 标的总额	636327元（暂计至2023年2月10日）
8. 请求依据	合同约定：《借款合同》第3条、第8条等 法律规定：《最高人民法院关于适用〈中华人民共和国民法典〉时间效力若干规定》第一条第二款、《中华人民共和国合同法》第一百零七条、第二百零五条、第二百零六条,《中华人民共和国担保法》第十八条、第二十一条
约定管辖和诉讼保全	
1. 有无仲裁、法院管辖约定	有☑ 合同条款及内容：第15条 发生争议由被告所在地人民法院管辖 无☐
2. 是否申请财产保全措施	已经诉前保全：是☐ 保全法院： 保全时间： 　　　　　　　　　否☑ 申请诉讼保全：是☑ 　　　　　　　　　否☐

续表

事实和理由	
1.合同签订情况（名称、编号、签订时间、地点等）	2019年7月16日，在原告所在地签订《借款合同》
2.签订主体	出借人：沈×× 借款人：董××
3.借款金额	约定：10万元整 实际提供：10万元整
4.借款期限	是否到期：是☑ 否☐ 约定期限：自2019年7月16日起至2020年7月15日止
5.借款利率	利率☑ 10%/年（季/月）（合同条款：第3条）
6.借款发放时间	2019年7月16日，银行转账10万元整
7.还款方式	等额本息☐ 等额本金☐ 到期一次性还本付息☐ 到期一次性还本☑ 按季计息、到期一次性还本☐ 按年计息、到期一次性还本☐ 其他☐
8.还款情况	已还本金：0元 已还利息：0元，还息至 年 月 日
9.是否存在逾期还款	是☑ 逾期时间：2020年7月16日至起诉时已逾期100天 否☐
10.是否签订物的担保（抵押、质押）合同	是☐ 签订时间： 否☑
11.担保人、担保物	担保人： 担保物：
12.是否最高额担保（抵押、质押）	是☐ 否☑ 担保债权的确定时间： 担保额度：

续表

13.是否办理抵押、质押登记	是□ 否☑	正式登记□ 预告登记□
14.是否签订保证合同	是□ 否☑	
15.保证方式	一般保证□ 连带责任保证☑	
16.其他担保方式	是□ 形式： 否☑	签订时间：
17.其他需要说明的内容（可另附页）		
18.证据清单（可另附页）	附页	

具状人（签字、盖章）：沈××

日期：2020年10月26日

民事起诉状实例二(买卖合同纠纷)

说明:

为了方便您更好地参加诉讼,保护您的合法权益,请填写本表。

1.起诉时需向人民法院提交证明您身份的材料,如身份证复印件、营业执照复印件等。

2.本表所列内容是您提起诉讼以及人民法院查明案件事实所需,请务必如实填写。

3.本表所涉内容系针对一般买卖合同纠纷案件,有些内容可能与您的案件无关,您认为与案件无关的项目可以填"无"或不填;对于本表中各选项可以在对应项打"√";您认为另有重要内容需要列明的,可以在本表尾部或者另附页填写。

★特别提示★

《中华人民共和国民事诉讼法》第十三条第一款规定:"民事诉讼应当遵循诚信原则。"

如果诉讼参加人违反上述规定,进行虚假诉讼、恶意诉讼,人民法院将视违法情形依法追究责任。

当事人信息	
原告(法人、非法人组织)	名称:南通××混凝土有限公司 住所地(主要办事机构所在地):南通市××区××镇××号 注册地/登记地:南通市××区××镇××号 法定代表人/主要负责人:陈×× 职务:执行董事 联系电话:××××××××××× 统一社会信用代码:911×××××××××× 类型:有限责任公司☑ 股份有限公司☐ 上市公司☐ 　　　其他企业法人☐ 事业单位☐ 社会团体☐ 　　　基金会☐ 社会服务机构☐ 机关法人☐ 　　　农村集体经济组织法人☐ 　　　城镇农村的合作经济组织法人☐ 　　　基层群众性自治组织法人☐ 个人独资企业☐ 　　　合伙企业☐ 不具有法人资格的专业服务机构☐ 　　　国有☐ (控股☐ 参股☐)民营☑

附 录

305

续表

原告（自然人）	姓名： 性别：男☐ 女☐ 出生日期： 年 月 日 民族： 工作单位： 职务： 联系电话： 住所地（户籍所在地）： 经常居住地：
委托诉讼代理人	有☑ 　姓名：袁×× 　单位：江苏××律师事务所　职务：律师 　联系电话：××××××××× 　代理权限：一般授权☐　特别授权☑ 无☐
送达地址（所填信息除书面特别声明更改外，适用于案件一审、二审、再审所有后续程序）及收件人、联系电话	地址：江苏省南通市××区××路××号江苏××律师事务所 收件人：袁×× 联系电话：××××××××××
是否接受电子送达	是☑　方式：短信139××××××××　微信139×××××××× 　　　　　传真_____　邮箱×××@qq.com 　　　　　其他_____ 否☐
被告（法人、非法人组织）	名称：上海××集团建筑工程有限公司 住所地（主要办事机构所在地）：上海市××区××路××幢××号 注册地/登记地：上海市××区××路××幢××号 法定代表人/主要负责人：黄×× 职务：执行董事 联系电话：×××××××××× 统一社会信用代码：911××××××××××

续表

被告(法人、非法人组织)	类型:有限责任公司☑ 股份有限公司☐ 上市公司☐ 其他企业法人☐ 事业单位☐ 社会团体☐ 基金会☐ 社会服务机构☐ 机关法人☐ 农村集体经济组织法人☐ 城镇农村的合作经济组织法人☐ 基层群众性自治组织法人☐ 个人独资企业☐ 合伙企业☐ 不具有法人资格的专业服务机构☐ 国有☑ (控股☑ 参股☐)民营☐
被告(自然人)	姓名: 性别:男☐ 女☐ 出生日期: 年 月 日 民族: 工作单位: 职务: 联系电话: 住所地(户籍所在地): 经常居住地:
第三人(法人、非法人组织)	名称: 住所地(主要办事机构所在地): 注册地/登记地: 法定代表人/主要负责人: 职务: 联系电话: 统一社会信用代码: 类型:有限责任公司☐ 股份有限公司☐ 上市公司☐ 其他企业法人☐ 事业单位☐ 社会团体☐ 基金会☐ 社会服务机构☐ 机关法人☐ 农村集体经济组织法人☐ 城镇农村的合作经济组织法人☐ 基层群众性自治组织法人☐ 个人独资企业☐ 合伙企业☐ 不具有法人资格的专业服务机构☐ 国有☐ (控股☐ 参股☐)民营☐
第三人(自然人)	姓名: 性别:男☐ 女☐ 出生日期: 年 月 日 民族: 工作单位: 职务: 联系电话: 住所地(户籍所在地): 经常居住地:

续表

诉讼请求和依据 （原告为卖方时，填写第1项、第2项；原告为买方时，填写第3项、第4项；第5项至第11项为共同填写项）	
1.给付价款（元）	2395801.28元（人民币，下同；如外币需特别注明）
2.迟延给付价款的利息（违约金）	以2395801.28元为基数，自2020年6月8日起按照年利率6%标准计算 是否请求支付至实际清偿之日止：是☑ 否☐
3.赔偿因卖方违约所受的损失	支付赔偿金 元 违约类型：迟延履行☐ 不履行☐ 其他☐ 具体情形： 损失计算依据：
4.是否对标的物的瑕疵承担责任	是☐ 修理☐ 重作☐ 更换☐ 退货☐ 　　　减少价款或者报酬☐ 其他☐ 否☐
5.要求继续履行或是解除合同	继续履行☐ ___日内履行完毕付款☐ 供货☐ 义务 判令解除买卖合同☑ 确认买卖合同已于 年 月 日解除☐
6.是否主张担保权利	是☐ 内容： 否☑
7.是否主张实现债权的费用	是☑ 费用明细：律师费100000元 否☐
8.其他请求	
9.标的总额	2558026.47元（暂计至2020年11月16日起诉时）
10.请求依据	合同约定：《南通××项目商品混凝土买卖合同》第六条 法律规定：《中华人民共和国民法典》第五百六十二条、第五百六十三条、第五百六十六条、第六百二十六条、第六百二十八条

续表

约定管辖和诉讼保全	
1.有无仲裁、法院管辖约定	有□（合同条款：第 款） 无☑
2.是否申请财产保全措施	已经诉前保全：是□ 保全法院： 保全时间： 否☑ 申请诉讼保全：是□ 否☑
事实和理由	
1.合同的签订情况（名称、编号、签订时间、地点等）	2019年9月16日签订《南通××项目商品混凝土买卖合同》
2.签订主体	出卖人（卖方）：南通××混凝土有限公司 买受人（买方）：上海××集团建筑工程有限公司
3.买卖标的物情况（标的物名称、规格、质量、数量等）	GB×××混凝土×××吨
4.合同约定的价格及支付方式	单价 元；总价 元；币种： 以现金☑ 转账☑ 票据□＿＿＿＿＿（写明票据类型） 其他□ 方式：一次性□ 分期支付☑ 分期方式：每月最后一日根据实际使用数量结账
5.合同约定的交货时间、地点、方式、风险承担、安装、调试、验收	由卖方负责将混凝土运送至指定交付地点
6.合同约定的质量标准及检验方式、质量异议期限	混凝土应符合GB×××标准，质量异议期为收货后15日

续表

7.合同约定的违约金（定金）	定金□ 元（合同条款：第 条） 违约金□ 元（合同条款：第 条） 迟延履行违约金☑ 银行同期活期存款利率 %/日（合同条款：第六条）
8.价款支付及标的物交付情况	支付价款：6950000元，逾期付款 元，逾期未付款2395801.28元 交付标的物：已交付金额为9345801.28元的混凝土；逾期交付 件，逾期未交付 件
9.是否存在迟延履行	是☑ 迟延时间： 逾期付款☑ 逾期交货□ 否□
10.是否催促过履行	是☑ 催促情况：2020年3月24日、2020年5月13日，先后通过发送催款函件方式进行了催促 否□
11.买卖合同标的物有无质量争议	有□ 具体情况： 无☑
12.标的物质量规格或履行方式是否存在不符合约定的情况	是□ 具体情况： 否☑
13.是否曾就标的物质量问题进行协商	是□ 具体情况： 否☑
14.被告应当支付的利息、违约金、赔偿金	利息☑ 62225.19元 违约金□ 元 赔偿金□ 元 共计62225.19元（暂计至2020年11月16日起诉时） 计算方式：利息2395801.28元×0.06/365×158日=62225.19元

续表

15.是否签订物的担保（抵押、质押）合同	是□ 签订时间： 否☑
16.担保人、担保物	担保人： 担保物：
17.是否最高额担保（抵押、质押）	是□ 担保债权的确定时间： 担保额度： 否☑
18.是否办理抵押、质押登记	是□ 正式登记□ 预告登记□ 否☑
19.是否签订保证合同	是□ 签订时间： 保证人： 主要内容： 否☑
20.保证方式	一般保证□ 连带责任保证□
21.其他担保方式	是□ 形式： 签订时间： 否☑
22.其他需要说明的内容（可另附页）	
23.证据清单（可另附页）	后附证据清单

具状人（签字、盖章）：

南通××混凝土有限公司 陈××

日期：2020年7月15日

民事起诉状实例三(银行信用卡纠纷)

说明:
为了方便您更好地参加诉讼,保护您的合法权益,请填写本表。
1.起诉时需向人民法院提交证明您身份的材料,如身份证复印件、营业执照复印件等。
2.本表所列内容是您提起诉讼以及人民法院查明案件事实所需,请务必如实填写。
3.本表所涉内容系针对一般银行信用卡纠纷案件,有些内容可能与您的案件无关,您认为与案件无关的项目可以填"无"或不填;对于本表中各选项可以在对应项打"√";您认为另有重要内容需要列明的,可以在本表尾部或者另附页填写。
★特别提示★
《中华人民共和国民事诉讼法》第十三条第一款规定:"民事诉讼应当遵循诚信原则。"
如果诉讼参加人违反上述规定,进行虚假诉讼、恶意诉讼,人民法院将视违法情形依法追究责任。

当事人信息	
原告	名称:××银行股份有限公司信用卡中心 住所地(主要办事机构所在地):××市××区××路××号 注册地/登记地:××市××区××路××号 法定代表人/主要负责人:王×× 职务:总经理 联系电话:××××××××××× 统一社会信用代码: 类型:有限责任公司□ 股份有限公司☑ 上市公司□ 　　　其他企业法人□ 事业单位□ 社会团体□ 　　　基金会□ 社会服务机构□ 机关法人□ 　　　农村集体经济组织法人□ 　　　城镇农村的合作经济组织法人□ 　　　基层群众性自治组织法人□ 个人独资企业□ 　　　合伙企业□ 不具有法人资格的专业服务机构□ 　　　国有☑ (控股☑ 参股□)民营□

续表

委托诉讼代理人	有☑ 　　姓名：唐×× 　　单位：××律师事务所　职务：律师 　　联系电话：××××××××× 　　代理权限：一般授权☑　特别授权☐ 无☐
送达地址（所填信息除书面特别声明更改外，适用于案件一审、二审、再审所有后续程序）	地址：××市××区××路××街道××律师事务所 收件人：唐×× 联系电话：×××××××××
是否接受电子送达	是☑　方式：短信139××××××××　微信139×××××××× 　　　　　　　传真××××××　　　　邮箱×××@qq.com 　　　　　　　其他＿＿＿＿＿＿＿ 否☐
被告（法人、非法人组织）	名称： 住所地（主要办事机构所在地）： 注册地/登记地： 法定代表人/主要负责人：　　职务：　　联系电话： 统一社会信用代码： 类型：有限责任公司☐　股份有限公司☐　上市公司☐ 　　　其他企业法人☐　事业单位☐　社会团体☐　基金会☐ 　　　社会服务机构☐　机关法人☐ 　　　农村集体经济组织法人☐ 　　　城镇农村的合作经济组织法人☐ 　　　基层群众性自治组织法人☐　个人独资企业☐ 　　　合伙企业☐　不具有法人资格的专业服务机构☐ 　　　国有☐（控股☐　参股☐）民营☐

续表

被告（自然人）	姓名：林×× 性别：男☑ 女☐ 出生日期：19××年××月××日 民族：×族 工作单位：××公司 职务：职员 联系电话：×××××××××× 住所地（户籍所在地）：××省××市 经常居住地：××市××区××巷××弄××号
第三人（法人、非法人组织）	名称： 住所地（主要办事机构所在地）： 注册地/登记地： 法定代表人/主要负责人： 职务： 联系电话： 统一社会信用代码： 类型：有限责任公司☐ 股份有限公司☐ 上市公司☐ 　　　其他企业法人☐ 事业单位☐ 社会团体☐ 　　　基金会☐ 社会服务机构☐ 机关法人☐ 　　　农村集体经济组织法人☐ 　　　城镇农村的合作经济组织法人☐ 　　　基层群众性自治组织法人☐ 个人独资企业☐ 　　　合伙企业☐ 不具有法人资格的专业服务机构☐ 　　　国有☐（控股☐ 参股☐）民营☐
第三人（自然人）	姓名： 性别：男☐ 女☐ 出生日期： 年 月 日 民族： 工作单位： 职务： 联系电话： 住所地（户籍所在地）： 经常居住地：

续表

诉讼请求和依据	
1.透支本金	截至2021年10月9日,尚欠本金39958.51元
2.利息、罚息、复利、滞纳金、违约金、手续费等	截至2021年10月9日,欠利息、违约金、手续费等共计18168.14元;自2021年10月10日之后的逾期利息计算至实际清偿之日止,计算方式:透支款58126.65元×0.5‰×天数 明细:截至2021年10月9日,被告林××欠利息4440.19元、违约金11486.96元、账单分期手续费2240.99元
3.是否主张担保权利	是☐ 否☑
4.是否主张实现债权的费用	是☑ 费用明细:律师费(以实际发生数额为准) 否☐
6.其他请求	
7.标的总额	58126.65元
8.请求依据	合同约定:《××银行信用卡领用协议》 法律规定:《中华人民共和国民法典》第六百七十四条、第六百七十五条、第六百七十六条
约定管辖和诉讼保全	
1.有无仲裁、法院管辖约定	有☑ 合同条款及内容:如发生纠纷向人民法院起诉解决 无☐
2.是否申请财产保全措施	已经诉前保全:是☐ 保全法院: 保全时间: 　　　　　　　否☑ 申请诉讼保全:是☐ 　　　　　　　否☑

续表

事实和理由	
1. 信用卡办理情况（信用卡卡号、信用卡登记权利人、办卡时间、办卡行等）	20××年××月××日，林××携带身份证件来我行申领信用卡，并签署了《××银行信用卡领用协议》
2. 信用卡合约的主要约定	透支金额：50000元 利息、罚息、复利、滞纳金、违约金、手续费等的计算标准：从交易记账日起至还款记账日止计收透支利息，日利率为万分之五 违约责任：按照当月最低还款额未还部分的5%计算 解除条件：
3. 是否对被告就信用卡合约主要条款进行提示注意、说明	是☑ 提示说明的具体方式以及时间地点：《××银行信用卡领用协议》中标红部分内容，并口头告知 否☐
4. 被告已还款金额	0元
5. 被告逾期未还款金额	逾期时间：　　　　日 截至2021年10月9日，被告林××欠付信用卡本金39958.51元、利息4440.19元、罚息　　元、复利　　元、滞纳金　　元、违约金11486.96元、手续费2240.99元
6. 是否向被告进行通知和催收	是☑ 具体情况：2021年7月8日通过我行客服电话95×××与林××在我行预留手机号×××××××××通话，告知其已逾期；2021年7月9日通过EMS向林××在我行预留地址邮寄催收函 否☐

续表

7.是否签订物的担保（抵押、质押）合同	是□　签订时间： 否☑
8.担保人、担保物	担保人： 担保物：
9.是否最高额担保（抵押、质押）	是□ 否☑ 担保债权的确定时间： 担保额度：
10.是否办理抵押、质押登记	是□　正式登记□ 　　　预告登记□ 否☑
11.是否签订保证合同	是□　签订时间：　保证人：　主要内容： 否☑
12.保证方式	一般保证□ 连带责任保证□
13.其他担保方式	是□　形式：　签订时间： 否☑
14.其他需要说明的内容（可另附页）	
15.证据清单（可另附页）	后附证据清单

具状人（签字、盖章）：

××银行股份有限公司信用卡中心　王××

日期：××××年××月××日

后　记

很喜欢罗曼·罗兰的一句话："世界上只有一种真正的英雄主义，那就是在认清生活的真相后依然热爱生活。"每个人所感知到的生活真相不同，由此产生的对生活的感受也不一样。从事律师这个职业接近二十年了，对这个行业有过彷徨，有过失望，也有过兴奋，但更多的是渐渐走向从容和坚定。写作本书的目的也是尝试将自己对法律职业的理解和发现作一个总结，既向内驰求，亦向外延拓。无论我们和外界如何评价、看待律师这个行业，也无论我们经历过什么，认清过什么，总归要保持一份希望和热爱，那么一切都会向好。或许这还够不上英雄主义，只是我们需要坚守的平凡之路。

不得不说，要将自己在工作中的专业感受这么主观的东西转化成体系化文字，是一件非常痛苦和艰难的事情。一方面，很多思维性的东西已然成为工作和思考的惯性，甚至只可意会不可言传。要将这些内在思维性的东西提炼出来，并进行拆解和表达，本身就是一个向内自我解剖的过程，其中的不适和疼痛感，或许只有亲历者才能体会。另一方面，这些完全源自个体内在的主观经验，向外表达时，除了体系化、逻辑化的艰辛，还面临着说服力、可信度构建等问题，于作者而言，又当是何其惶恐和不安。所以，期盼您在阅读时，对于作者的谬误、不当之处给予包容和理解。

于律师这个极富挑战性的职业而言，恰恰需要这种直面内心、接

后 记

受不安的勇气和力量,并尽量在这种内外双重压力之下,寻求到一种安定和平衡。放弃急功近利,打好基础,紧张而有序地做一个有准备的人;放弃心浮气躁,把心沉下去,改好每一份合同,做好每一个案件,将工作和生活变得心甘情愿,而不是怨天尤人,努力做到厚积薄发;放弃自以为是,学会倾听和接纳,每个人都有视觉盲区和知识盲区,尊重每一个跟你有不同观点的人,并感谢他们带给你新的角度和视野,少去想当然地否定别人的观点,多去思考,为什么他会有这样的想法?我是否真的想清楚、想全面了呢?放弃谨小慎微,在专业追求、建设上,学会纵横捭阖,勇于拓展和表达,既向内进行体系化构建,又向外打破边界,在进行知识输入和储备的同时,勇敢地向外输出、表达。

我写作本书的过程,也同样是在磨炼自己,并不断地告诫自己,要牢记梦想,不忘初心。近十年的坚持,一点一滴,日积月累,无论其质量和成效如何,毕竟这是我的心路历程,是关于我职业之路的文字记忆,也是内心的一份期盼、一个梦想。在中山大学法学院的授课经历以及参加"大成杯"争议解决诉辩大赛的过程,给了我很多启发,也给了我动力,这些都是我人生中难能可贵的际遇,我心怀感激。写作中还得到诸多良师益友的鼓励和爱护,中山大学程信和教授在看了本书初稿后,提出了诸多高屋建瓴的意见,北京大成(重庆)律师事务所聂炜昌律师给书稿提出了很多宝贵建议,付志刚、张敏发、卢雪林几位兄弟也一直给我打气、鼓励。同时还有郑超博律师在稿件校对工作中的辛勤付出,一并致谢。中国法治出版社编辑刘悦老师对本书的关心和指导,是本书得以和读者见面的桥梁和纽带。

还有我最想感谢的,给予我力量的许嵩越、许百杜两位同学,看到你们,我总觉得一切都有希望,总会不自觉地更加热爱生活。

图书在版编目（CIP）数据

法律文书写作思维与技能 / 许永盛著. -- 北京：中国法治出版社, 2025.4. --（大成·集）. -- ISBN 978-7-5216-4782-2

Ⅰ.D926.13

中国国家版本馆CIP数据核字第20240JY811号

策划/责任编辑：刘 悦　　　　　　　　　封面设计：汪要军

法律文书写作思维与技能

FALÜ WENSHU XIEZUO SIWEI YU JINENG

著者/许永盛
经销/新华书店
印刷/三河市紫恒印装有限公司
开本/880毫米×1230毫米 32开　　　印张/10.25　字数/236千
版次/2025年4月第1版　　　　　　　　2025年4月第1次印刷

中国法治出版社出版
书号ISBN 978-7-5216-4782-2　　　　　　　　定价：69.00元

北京市西城区西便门西里甲16号西便门办公区
邮政编码：100053　　　　　　　　　　传真：010-63141600
网址：http://www.zgfzs.com　　　　　　编辑部电话：010-63141819
市场营销部电话：010-63141612　　　　印务部电话：010-63141606
（如有印装质量问题，请与本社印务部联系。）